老子這樣說，這樣活

余世存 著

《老子這樣說，這樣活》說明

一、舉意、發願寫作本書得益於兩人：德國作家黑塞、中國作家王康。

二、本書寫作採取世所流傳的《道德經》通行本，對帛書本、竹簡本的校訂有參考，部分字句有所變動。八十一章經文全部穿插其中，部分有重複。如果讀者以為經文過於鑿實，可以在附錄的經文中自行巡覽這一經典的意義。

三、本書涉及上百個先秦中國的人名、地名、故事，只有三五人物虛構，附錄人名事典有說明，相信讀者自會明見。正文中所引詩句，皆以句讀標之，不復做現代標點。

四、本書寫作借用了從韓非、司馬遷到魯迅、穆旦以至當代徐梵澄、任繼愈等人的成果。如果讀者以為我的字句跟經典或時賢的思想相同，相信我，我是為了向自古及今的人類致意，我希望本書的寫作能夠取悅我們的文明。

五、本書的寫作要感謝我的朋友們，這是一串過長的名單。在此尤其感念浙江杭州奉愛瑜伽的朋友，他們給我提供了初稿寫作的環境。

〈序〉

回溯源頭活水：獨白與對話

王康

一

人生在世，其意義並不全在未來，上友千古，重溫塵封於史的智慧，續接偉大的傳統，尤其——如果稟有那份悟性和勇氣——復活先哲的經典，領略不囿於時空暌隔而彌久更新的啟示，也許才是真實不虛的存在價值。未來，恰如所有智者所預示的，那是一片無法預言的虛空。人們的自由，與其說在不可知的未來，不如說在過去，如參天大樹圍繞自已那顆種子長成的年輪清晰可辨，如浩瀚星雲總以巨大的渦漩狀環繞著某種神祕的奇點，所有的夢都是已然世界的反射，並暗示著未知天地的奧祕和訊息。

道術為天下裂既久，世象紊亂不已。中國總算窮盡三千年治亂循環的歷史週期性震盪，卻又陷溺於世界性文明衝突的全球化整體危機的悖論。種種不祥之兆紛至沓來，人類最大生命共同體世俗性生機勃發，有史以來最堅固的潘朵拉盒子已被撬開，數以億計的人眾要求分享天文數字般的財富

紅利，要求擁有陽光下最大物質份額和生存權利的意志已君臨東土。空前的整體同質性和同樣空前的個我主義一起膨脹，一場造山運動般犁庭掃穴式的中國再造浪潮正在席捲十數億生民，無人能丈量更無人能駕馭這氾濫無忌不知所終的浪潮。所有人都被裹脅而去，隨處可見舊世界的堤岸四處潰決。老中國正被連根拔起之際，極富憂患、矜憫、慈悲和生命意識的華夏靈性一片肅殺蕭索，唯有晨鐘暮鼓，蟬噪蛙鳴，唯見天凶地否，中國似乎又陷入某種罪與罰的輪迴。

萬物皆有始，一切都其來有自，這是這個不可理喻的宇宙和轉瞬即逝荒誕不經的人生唯一可以理喻的事象。對於這個滔滔者天下皆是的時代，對於這個為虛無主義和末世感所魅惑的世界，尤其對於被物性迷狂和現代虛憍征服的中國，若欲免除又一輪洪水時代的浩劫，只有一條路可循：回溯源頭活水。

幸而我們有清澈淵博的源頭，那是中華數千年不曾淪為禽獸也不曾徹底奴化的文明原典，中國斯文不喪的道德初衷，億兆生民歷經滄桑而不墮不隳的精神根據。

二十世紀五〇年代，世界籠罩在美蘇冷戰和核蘑菇陰雲之下。中國正藉西方十九世紀興起，在二十世紀由蘇俄改造輸入的激進學說和絕對主義制度，開始一場史無前例的歷史－文明－民族虛無主義聖戰，向不能做任何辯護的先賢先聖們宣戰。德國哲學家卡爾・雅斯貝爾斯卻在其卷帙浩繁的哲學世界史中，提出了「軸心時代」的文明史新理論，並且把孔子和老子尊為「思想範式創造者」和「原創性形而上學家」。

在經歷了二十世紀世界性的特殊劫難和罪行後，人們有權利質詢兩個攸關人類命運的大問題：為何人類沒有出現與其科技發展、財富增長和自相殘殺手段相對應，甚至駕馭前者的精神變革和道德復興？為什麼文明發展的趨勢朝向墮落毀滅而非昇華救贖？

而佛陀、孔子、老子、蘇格拉底、耶穌卻如此具有真正的現代性和永恆的示範價值。儘管人類心智繼往開來集大成者的人生背景和閱歷各異，但他們都驚人地達到並完成了對人類賴以存在的文明底線與邊界的認同：尊重一切生命的神聖權利，每個人的至高天賦是他追求自由人格和向善的權利；同情、仁慈和博愛是把人類團結成一家的基石；萬物皆分享宇宙法則的至高善意；每個人都是絕對真理的踐行者，並從中分享人生的尊嚴和意義。如若上述原則被蔑視拋棄，人類就勢必陷入絕望、虛空和死寂。

「軸心時代」的大哲先聖，並非生活在田園牧歌太平盛世。相反，他們都身處禮崩樂壞的亂世，洞悉世代的暴虐和人性的殘忍。他們共建的哲人共和國，面對的是一切不忍也不願放棄生命固有創造天賦與自由追求真理權利的男女公民，為一切人共同實現生命價值的理想國。

這個哲人共和國是一切文明史的原型，由個體生命在孤獨寂寥中的喃喃獨白發端，逾越時空和所有經驗王國從事開啟萬物靈性與心智的交流。它的國王不僅都是靈心善感的哲人，而且清晰地意識到自己的孤寂思考將長久引發後世的共鳴，喚起無數同樣孤寂者的當下覺醒。他們都使用創世式的自然語體，似乎與日月星辰春夏秋冬一樣真率、本色，直接呈現著真理現象並通向其本源。與所

有時代一樣，他們也深懷與生俱來的恐懼。最大的恐懼，乃是墜入虛無：福音不傳播，涅槃不顯現，真理晦黯，道心微茫……他們的真實使命，是接納全人類成為這個共和國的公民，遍布這個星球的廟宇、殿堂、經文、鐘聲、吟誦、史詩、讚美、祭祀、眼淚、安魂曲、祈禱文……都是他們在孤絕獨白中留給世界的熱切對語。一旦人類不再分享思想的喜悅和感念，一旦精神的相互欣賞被物欲權力的爭鬥壟斷所替代，一旦來者狂妄後世虛憍，他們就退隱於無形。教化、傳播，存亡繼絕，可長可久，臻於無限趨於永恆止於至善，世界才得以如旭日東升，才總有序幕，總在開端啟程，世界才總是萬象更新，生活才值得為之奮鬥。

我們的現代迷狂症之一，就是不知謙卑、羞惡，更忘掉感恩、報答。我們更深的迷誤，則是缺失了敬畏之心、追懷之念和承繼之志。

猶太人曾兩度遭受其聖殿被毀的悲劇，但《舊約》和《塔木德》卻植根於這個弱小而偉大民族的靈魂之中。即使遭逢天下最悲慘的命運，他們仍然頑強而壯麗地「流散」全球，並為世界貢獻了無數道德先知、科學泰斗、藝術天才和思想巨人。一個簡潔的封賜（The Promised Land，應許之地），就是一道神諭，一個召喚，一片聖地。這個占人類四百分之一的人群從此有了精神的家園和靈魂的歸宿。經典、先賢、聖哲與猶太民族永遠同在，即使在通往毒氣室和焚屍爐的最後時刻，他們還吟唱著自己古老的聖歌和經文。

與猶太人相比，中國人值得反省、懺悔、戒惕和警覺的地方太多了。

二

為世存的作品寫序，是我十餘年來甚感愉悅的事。這首先是因為世存比我年輕二十歲，讓我有後生可待的期望。他的運思和文字，靈氣煥發，浩蕩悠遠，正可與這個時代映襯。儘管有人消受不起他那近乎孟軻莊周式的恣肆鋪展，但我倒每每興味盎然。

摩西率猶太人出埃及，四十年跋涉。快到那片祖宗之地迦南時，上帝卻禁止包括摩西在內的老一代以色列人進入。原因冷酷而決絕：既已四百年為奴，就不配享有蜜、奶和自由。這近乎終極判決的命運，也適於我們一代。原因也很簡單，我們沒有留下一部類似《神曲》、《浮士德》、《悲慘世界》、《戰爭與和平》、《古拉格群島》那樣的文學巨構，更毋庸說《聖經》、《論語》、《奧義書》、《道德經》那樣燭照千古的不朽經典。雖然我們沒有犯下不可寬恕的罪責，但我們始終沒有勇氣把自己像約伯那樣交出去。

我們也做不了存亡繼絕的宗族孝賢和文化遺民。顧炎武、王國維、梁濟、陳寅恪、唐君毅那樣生死以之的殉道士，已經永成天鵝絕唱。我曾寫下《大器晚成的一代》，十年下來明白，那不過是一廂情願的明日黃花。餘下的，唯有俟諸來者的佇盼。

世存也許正是這樣的「來者」。

世存本賦詩人天性，二十年間經歷了世道和人生兩端巨劫奇變，我不知道他何以捨詩而逐史。

但自《非常道》問世以後，他似已遙追先人，捨當世而嚮往古，將歷史、人格、思想、傳統、文化、哲學、宗教熔爐而鑄。

這一次，世存徑直奔他的鄉賢老聃而去，與中國文明資格最老的卓異之士促膝而坐。這是一次歷險，一次朝聖，一次對逝者的復活，對自己的拯救。文本革命總是新靈感發軔的開端，中國最富智慧最寂寥的大哲，在兩千五百多年後終於紆尊降貴，轉身正面，在寂寥的獨白和熱切的對語中重返人間。世存以其匠心獨運的體裁，時髦而得體地復活並充實了中國二十五個多世紀中最神祕寂寥的道家始祖，對一本近乎天書的玄遠之作進行了一次空谷足音似的注解，與中華文明二分天下居其半的高明智慧開始了一場超越時空的當下對語。

無著妙聰禪師云：「曾見郭象注莊子，識者云：卻是莊子注郭象。」

即使雅斯貝爾斯的「軸心時代」不曾被指認，即使當下時流清澈如許，即使世存心如明鏡，他與老子，或老子與他的這番對語，還是會發生。獨白屬於老子，也屬於世存，對語屬於我們大家。這是一次久違的造訪，也是一則罕見的消息。它表明世運正在轉圜，人心正在復位，厚今薄古、侮蔑先哲的現代狂妄開始式微了。雖然還是充分個人化的——這種個人化，正是老子精魂所在，中國自由主義的活水源頭。

無論有無其事。孔、老晤見，乃是中國文明長河中，令人遐思遄飛的寶典豐儀。只需稍加想像，兩位體察天道放懷人倫仁智雙隆的曠世聖哲，四目互視，雙抱相拱，好一派山高水長，日月貞明。是以聲名漾溢於中國，千載之下，聞者莫不心馳神往。

世存以孔子對老子的贊語「老子猶龍」做書名，多少靈心神思盡在其中……問渠哪得清如許，為有源頭活水來。妙哉斯言，謹借為世存賀。

〔本文係王康先生為《老子這樣說，這樣活》（老子猶龍）所作的長篇序言，為照顧讀者習慣，文章有刪節。〕

目次

第一章　函谷之名

當我沉默的時候，我覺得充實。我將開口，同時感到空虛。

面對著關尹和他的幾個下人，老子坐在那裡，心裡一陣蒼茫。無窮的遠方，無數的人們，無盡的時光，都向老子湧來。老子想到了這句話。

在漫遊的歲月裡，老子經常發呆，幾天、幾個月都不必說一句話，但老子覺得自己是充實的，甚至有一種人生的饜足感。的確，人生最壯盛的階段已經過去，過去的生命已經死亡，老子沒有白白度過，老子有著躬逢過其盛般的歡喜，而對眼前的寂靜不免感恩。老子現在從容地、細緻地飽覽藍天白雲、山川大地。

老子騎著青牛，在楚國、宋國、晉國的大地上閒庭信步，友人、弟子可能還在掙命，還在謀

生，但老子只要合道。老子經常步入那人跡罕至處，想靜靜地思考自己一生的收穫。那種思考總是徒勞，自然總是把老子帶到比其一生更闊大以至無窮無極的時空中去：自有洪荒以來，並無盡地綿延千萬年後，老子的人生之道跟宇宙之道相比有什麼不同呢？那些愈演愈烈的諸侯爭霸稱王，那些太平或喪亂之間的民眾生存，跟天地間的大道有什麼不同呢？周王朝堅定不移地走向崩潰，鐵與犁，劍與火，將這個堯舜大禹以來的中國強行開膛剖肚，任意荼毒。人心之不足，在征服了高山、河流之後，在征服了荒甸之後，又作踐了王侯、百姓、禮樂、人心；而在這種人欲氾濫的年代，有了新的道理、榮譽、利祿、技術和人生百年可期可奪的目標……上古的玉石時代、三代的黃金時代跟眼前的黑鐵時代相比，又有什麼不同呢？

當老子多次踏入原始老林中去，看到年老的大樹跟年輕稚嫩的花草相伴，成全天地間無言的大美時，總是無來由地感動，像是自己也跟天地精神相往來而且合為一體了。是的，比起人工的美來，自然界自有無可計量的美妙讓人流連忘返。在青苔藤蔓間，在百年的枯葉上，死去了世間的聲音。那些青青雜草，那些紅色小花，和花叢裡的嗡營……以自然之名，全得到自然的崇奉，無始無終。人卻窒息在難懂的夢裡，窒息在人世的紛爭中。人走出自然，現在的回歸不過是強行闖入。人的闖入把一切驚動了。

當無限量的辭彙向我湧來，親愛的，正如這黑壓壓的人頭在我心中，我只能向你呈獻我的悲哀和感動。

老子的內心難以言喻。老子已經很老邁了，儘管服食導氣，一種年輕時發現的身體內視之道讓老子仍顯得健康而精神，但老子知道，他駐世的日子並不多了。老子將怎麼結束自己的一生呢？在中原一帶漫遊，老子很想跟人講講自己的收穫，但希望微乎其微。庚桑楚懂了一點，陽子居懂了一點，蜎淵懂了一點，文子懂了一點，孔子懂了一點……有力的人物不會懂的，他們的精力都用在建功立業上了；有才的人物是不要懂的，他們的精力都用在發揮自己的聰明才智上了。質實的孔丘懂了一些，但孔丘志不在此，孔丘跟老子一樣對眼前無可奈何，而且執著的孔丘跟老子分道了，他要知其不可為而為之。嗯，孔丘，這個齊魯大漢，他會大成的。

老子最後把目光投向了秦國，當今天下，只有秦國是向上的。在新興國家裡，在追新逐異的國家裡，秦國沒有被中原的禮樂崩壞的腐敗文化所污染，秦國的政治是有力的，也是清明的。如果在秦國也沒有人分享老子的大道，老子就到更西邊的西邊去。日出東方，人從西來。這是天地之道的祕密。人們迎著天地之氣到東方成就，可能更豐富了，可能更污染了，可能更神祕了。如同在山泉清，出山水濁。最潔淨的、最純粹的、最理性的靈性精神，可以向西找到存在的痕跡。西方，本來就是中原的發祥地，是中原、中國的源頭。

在僮僕徐甲的辛苦下，我騎著青牛慢悠悠地來到了函谷關。這裡兩山對峙，中間一條小路，因為路在山谷中，又深又險要，好像在函子裡一樣，故名函谷關。對人們取名的現象，我已經見怪不怪，即使如此形象的取名，也不過是方便說法。最初是無名的，無名者，天地之始。人們闖入了，琢磨了，取一名字，就開始生產一切可能性；有名者，萬物之母。

跟造字一樣，取名，最直接最初始的辦法就是取象。取象庶幾近乎實際，所謂名實相副，後來就有了轉注、假借、指事……疊床架屋，漸行漸遠，而人們在其中往而不返。山川河流、樹木花草、社稷王侯，名稱變幻。就像現在，國君、大夫、冢宰等等借用王、帝、攘夷、防衛一類的名稱作亂、兼併，而人們也居然跟著一次次地相信那些名稱，投入到運動動亂亂動的洪流中。

老子在函谷關前胡思亂想時，沒想到老子主僕的奇怪形象會被巡關的軍士注意到。一個看著不食人間煙火的白鬍子老頭兒，一個有點傻愣的小夥子，騎著青牛來到關口，慢悠悠地就像在自家村寨裡走路。老子和徐甲不由分說被軍士們圍住、盤問，徐甲和青牛為此吃了苦頭，讓軍士們拉來拉去，青牛馱運的行李、徐甲背上的行李都讓他們搜了好幾遍，除了幾枚散錢，他們一無所獲。沒有兵器，沒有走私的鹽巴，沒有諜報的書信。

搜了一通後，軍士們才開始仔細打量老子。確實是值得注意的一個人物，鬚髮皆白，而面容像孩子一樣紅潤、嫩透。一個人怎麼做到讓自己的臉上沒有歲月的風霜之色？一個老人的面孔怎麼這麼純淨、光潔？他們本來想煞有介事地威福一通，放老子過關的，但現在他們有興趣跟老子套套話了。哪裡人？過關做什麼？

老子愣住了，老子只是本能地說出自己的籍貫：楚人，苦縣，厲鄉，曲仁里。老子當年在周王的守藏室，那個琳琅滿目的圖書館裡整理圖書時，也曾恭敬地寫下自己的籍貫。但老子的籍貫，似乎充滿了不祥，楚、苦、厲、曲仁里，一切都跟苦難、不幸、曲折、嚴厲相關，這是老子的人生，還是人類的本質？

說出了籍貫後的老子囁嚅起來，老子過關做什麼，需要跟這些軍士們說嗎？說得清楚嗎？他們聽得明白嗎？老子說出來的話，只是吞吞吐吐的「過關走走」「到西邊看看」之類。

軍士們其實明白，他們遇到了一個奇異的人物。想到自己的關令尹喜一向好結交奇人異士，而且關令也交代過，遇到奇特人物時要跟他通報一聲，軍士們對老子開始禮遇起來。他們不由分說地拉起青牛，對老子說，請先生見見他們的關令。

我就這樣見到了關令——過去的熟人尹喜。尹喜年輕時也是好學之士，到各地遊學，在周王的守藏室向我請教過夏商的典籍，沒想到他現在也做了官，入了仕途。一晃二十多載，他該有五十了吧。

我看了一眼尹喜，明白尹喜還沒有失去年輕時的夢想。尹喜認出我來，大喜過望。寂寞啊，他說，不僅有過去的時光，還有人被固定在這個地方。緣分啊，他說，人生僅僅不惑於日常事務是不夠的，命運也在敲門哪，他沒想到能在最想找明哲聖王的時候遇到老聃先生。我說是啊，女七男八，九六之變，這些道理一般人不懂的。男子事業到了六八前後，是要主動被動地接近天命、天道了。

尹喜愣了一下，數字，人身人生，天命天道，先生，這些有關係嗎？我說，你該是讀過《連山》、《歸藏》的。人的身體跟數字有關，六、七、八、九，這是人的生命週期數。九六之動，貴剛尚變，而要之以中。七八之正，致柔守靜，而統織以大。你到了大變動的階段了，自然會重新打量某些東西。以前你拋棄的某種夢想，現在會再珍惜；現在輕視的他人生活，過一階段你也會經歷。才人老去，人到中年，一些爭強好勝的心思、一些爭名爭利的意志會有轉移，據說多有逃禪般突然平和的現象。

我看到尹喜的眼睛再次閃出一種光來。

尹喜說，他現在做關令已經做得很無聊了，迎來送往不說，還要提心吊膽，提防間諜、走私者、鬥毆者。雖有一夫當關、萬夫莫入的豪情氣概，但那也是把腦袋提在褲子上的職業，當不得人生之真和自然之真的。他年輕時好學深思，對天地自然也有會心。列國的爭鬥、兼併年復一年地加劇，雖然他的函谷關還平和，一種冷戰中的平和，但他已經感到了透骨的寒意。這樣的生活何時是盡頭？這樣的生活就是人生的內容嗎？

每當尹喜走上城頭巡視，他觀察得最多的是遠山、天空、風雲。軍士們因此傳說他在望氣，這個傳說流傳開了，他也想像自己會望氣。有時候，看著天邊各形各色的雲氣，他真的想過它們可能就是各種各樣的答案。因此，當他看到老子時，大聲地對在場的軍士們說：怪不得他這幾天看到東邊有紫氣過來，原來是聖人到了。

軍士們很高興自己立了一功，他們更樂意去傳播這個「紫氣東來」的故事。看到關令對老子由衷地尊敬，他們不禁對老子更好奇了。聽說老子對道很有研究，幾個受關令影響也很受寵的軍士提出要求，希望關令請老子講學，對他們講講話，也讓他們聽出個道道來。

招待老子一兩天後，尹喜就明白，老子是對關內周王室和諸侯國們失望，或說沒有什麼興趣，要西去隱跡了。他很理解老子，只是他的身心還有牽掛，否則他會跟從老子的。軍士的提議讓他很高興，是得讓老子留下點東西再走，人之將死將隱，其言至善啊。據說鳥之將死，其鳴也哀，那哀是善是美。龍鳳隱跡時，會有驚心動魄的風雲之變。天鵝辭世時，會唱出最美麗的歌聲。老子肯定有老子的龍鳳之姿或天鵝之歌。

知道軍士們都有求道上進之心，我不免感動。我當然樂意跟軍士尤其是跟尹喜分享我對道的體

悟，還未出關就有了聞道的聽眾，這是一個好兆頭啊，對好兆頭得謀用好才對。因此，這個對幾個人的講學就開始了。

但看到關令和軍士們懇切的目光時，我一下子又猶豫了。我能講明白嗎？我能講出來嗎？這種天地人生之道只有沉默地感受它，才會漸漸充滿；而一旦開口言說，就會更加空虛。

我想到了大道和函谷關的名稱。道是可以說的，但說出來的道就不是那個永恆的道了。在說與不說之間，在肯定和否定之間，有著我們能夠接近的永恆大道。名稱也是可以起用的，但起用的名稱就不是那個恆常的名了。在命名和懸擱的模糊之間，有著我們可以接近的本名。

（第一章）

道可道，非常道；

名可名，非常名。

沉吟良久，我終於對尹喜們說出這個簡短的格言來，儘管早在為王室服務時期，我就把這句話告訴這個世界了。但道的散播如此艱難，幾十年之後，仍需要我來努力傳播，以均衡道在這個世界的分布、自覺程度。這種不均衡的天地人生分布，使得道理在此時此刻說出，仍覺得新鮮。

是的，這個話如此有力，一下子讓關令欣喜若狂。軍士們也想到，是這樣的，我們經常有話說不出來，說出來時已經不是心裡想說的那個意思了。

老子接著慢條斯理地講起玄遠大道。一般人都知道，道的重要，這個事有門道，那個人有道道，從這些具體的現象中找出道的名字容易，但說明道是什麼卻很難。我們從極近的生活中一下子跳到極遠的宇宙盡頭，我們的心思如果足夠，那就要承認，那個盡頭的神祕也好，深邃也好，高明也好，其實是無，是虛空，是無所不包，是無生萬有，是虛空生成一切色相，那個盡頭、原始，就是道，它又在過程、終點之中。

如果勉強地給道命名，可以說，無是萬物創始者的名字，有是萬物母親的名字。這裡的無、有，就是永恆常在的大道，所以用常無這個概念，去把握萬物的原始，用常有這個概念，去領悟萬物的邊界。這兩者是同一個東西，不過表達時有了不同的名字。它們同是那深遠而神祕的物自體——道。這個無和有、肯定和否定的相同關係，就像在繩索的結玄處，微妙難以捕捉。道是如此玄得超乎我們的形象、感覺和認知，玄乎其玄，但它是這個美妙的大千世界的門戶、根源。

（第一章）

無，名萬物之始；有，名萬物之母。

故常無，欲以觀其杪；常有，欲以觀其徼。

此兩者同，出而異名。

同謂之玄，玄之又玄，眾妙之門。

人名事典

- 函谷關：歷史上建置最早的雄關要塞之一，因關在谷中，深險如函，故稱函谷關。傳說老子在此著《道德經》。
- 關尹：人名。又稱尹喜、關令尹。周王朝大夫，春秋時期的思想家。
- 楚、宋、晉、齊、魯、秦：國名。周王朝諸侯國。
- 周王朝：分西周、東周。西周跟夏、商一起，習慣被稱為三代。東周則分春秋和戰國兩個階段。
- 堯、舜、禹：人名，華夏文明邦國部落時代的領袖。
- 玉石時代：上古中國時代名，即考古學中的石器時代，在青銅時代之前。
- 庚桑楚，陽子居，蜎淵，文子，孔子：人名。受業受教於老子的春秋時期的思想家。陽子居即楊朱。
- 徐甲：老子僮僕，虛構名，書中為老子少時朋友徐任的孫子。

・《連山》、《歸藏》：跟周易一樣的上古中國易書，一般以為是對上古中國三個歷史階段的天地生人系統的定位。

第二章　樓觀講道

到得關上，立刻開了大廳來招待他。這大廳就是城樓中的一間，臨窗一望，只見外面全是黃土的平原，愈遠愈低；天色蒼蒼，真是好空氣。這雄關就高踞峻坂之上，門外左右全是土坡，中間一條車道，好像在峭壁之間。實在是只要一丸泥就可以封住的。

大家喝過開水，再吃餑餑。讓老子休息一會兒之後，關尹喜就提議要他講學了。老子早知道這是免不掉的，就滿口答應。於是轟轟了一陣，屋裡逐漸坐滿了聽講的人們。同來的八人之外，還有四個巡警，兩個簽子手，五個探子，一個書記，帳房和廚房。有幾個還帶著筆、刀、木札，預備抄講義。

千年後的聖人不免這樣猜測我在函谷關講道的情景。樓觀台確實是一個好地方，如果沒有戰爭，如果有「永久的和平」，在這裡著書立說真是不錯啊。其實我沒有應付關尹喜和他的部下，我要把在心裡沉澱的道理盡可能通俗地講給大家聽，我不希望他們聽得艱難。因此只有我艱難地講，才能讓他們容易領會我的意思。

而尹喜也如此重視這一次機會，他命令書記、帳房要記筆記，也要簽子手記筆記。至於軍士、巡警、探子、廚子，大字不識一個，就免了刀筆之苦。

有尹喜的配合，我的講道不至於太離譜。很多話，書記記下來，需要問一下我是否是那幾個字。我說兩個東西是同一個東西，說出來有不同的名字。他們要記下來，好一點兒記成「此兩者同，言出不同名」。經我點撥，刻寫成「此兩者同，出而異名」。我說谷神是不會死的。他們要記下來，沒有「是」「會」「的」等字，書記也不會寫「死」字，他刻寫的是「谷神不亡」，尹喜也能糾正出來，讓他重寫成「谷神不死」。

大家有這樣幾乎手把手的講解，很快都覺得有趣起來。

大家顯出苦臉來了，有些人還似乎手足失措。一個簽子手打了一個大呵欠，書記先生竟打起瞌睡來，嘩啷一聲，刀、筆、木札，都從手裡落在席子上面了。

老子彷彿並沒有覺得，但彷彿又有些覺得似的，因為他從此講得詳細了一點。然而他沒有牙齒，發音不清，打著陝西腔，夾上湖南音，「哩」「呢」不分，又愛說什麼「嗯哼」：大家還是聽

不懂。可是時間加長了，來聽他講學的人，倒格外受苦。為面子起見，人們只好熬著，但後來總不免七倒八歪斜，各人想著自己的事，待到講「聖人之道，為而不爭」，住了口了，還是誰也不動彈。老子等了一會兒，就加上一句：「嗯哼，完了！」

這完全是千年後吳越人對我教學相苦的想像，他善意地把人性中的病變捅了一捅，不了解我其實也是能夠教學相長的。

五千多字的道理不是一天兩天講得完的，何況尹喜和這些軍警們對文化有著基本的敬畏，對我這個老人有著高度的尊重。我要讓他們知道天覆地載、日月之行、春華秋實的無所不在，那就是道，就是我。

我甚至繞得很遠地講起《易》中的天行之歌：見龍在田／或躍在淵／飛龍在天。多麼簡潔地總結出人生自我完善的時位和可能性。還有那同樣流傳久遠的大地之歌：履霜／直方／含章／括囊／黃裳／龍戰於野，其血玄黃。多麼美妙地勾畫出一年或一生的狀態。

一句話，我的講學吸引了大家。我一會兒用大白話講解，一會兒用簡潔的文字，用雅言來總結。就像千百年後的不肖子孫或徒子徒孫，把我和我的道神祕化後，對一群又一群的無知之輩來講述一樣。

對軍警們來說，那麼多意思，只用三五個字就記下來了，也只有那幾個字可以用來記錄，真是神奇好玩兒。他們熟悉的一首歌，「彼君子兮，不素餐兮」，就是諷刺老子和大人先生們的。以他們平時看到的，他們覺得這首歌說得真是好。還有「碩鼠碩鼠，無食我黍，逝將去汝，適彼樂土」，他們唱得多了。自有人生憂患以來，他們似乎就沒有擺脫過心裡的苦悶、緊張、飄忽不安；雖然他們之間也有快樂，雖然關令對他們似乎較別的大人要友善一些。但他們似乎生生世世、子子孫孫都只能掙這種賤命了，大周天下乃禮儀天下，他們在其中的位置早就被規定了。

但老子卻把軍警們帶入了一個另外的世界，一個跟現實似乎無關卻又相關的世界，一個跟生命密切相關的世界。「鶴鳴在陰，其子和之。我有好爵，吾與爾靡之。」老子輕輕哼唱的，是周而復始的變易大道，在軍警們聽來高雅得很，跟尋常的俚曲小調最大的不同，就在這些話語和音調把人帶到溫暖的春日裡。

聽老子把人生的道理掰開揉碎地講出來，最後用精短的格言詩概括出來，軍警們開始覺得老子確實有些門道，老子沒有白吃飯、吃白飯啊。他們聽道，一下子從繁忙的日常雜事中解脫出來，讓老子領進了一個玄妙的世界。這個世界似乎比他們的日常忙碌，比那些大呼小叫的呵斥、唯唯諾諾，更有意義。他們整天跟人打交道，看盡了人心的反覆波折，如今他們閒暇下來，似乎接近了人生的本質。

我說，道無所不在，無始無終。生命的誕生就含有道的祕密：關於道的作用、局限性、偉大能力等等，都在生命誕生之意象上。每一個生命都來自母親。母親就是道。具體來說，母親的下半身體就是道。為什麼人們要尋找寶地？因為寶地會帶來無窮的好運，寶地會產生無盡的財寶。什麼是寶地？就是道，就是女人的下半身。看明白了女人的下半身，就看明白了風水寶地。我們大周王朝的開國者們，從公劉到古公亶父，到武王，都曾相宅相地，卜算陰陽，其實就是找到那種像女人一樣的寶穴。

河谷地帶就是風水寶地。像河谷那樣虛空而神奇的道，是永遠不會死的，它是宇宙的老母親。這個老母親的生命創造力，糙一點兒說，她的生殖門戶，就是天地的根源。它微細不絕，模模糊糊地存在著，它的作用永遠不會窮盡。

（第六章）

谷神不死，是謂玄牝。

玄牝之門，是謂天地根。

綿綿若存，用之不勤。

我還說，軍士可算是男兒剛強的象徵，但最陽剛的男人也不要吹噓自己的能耐。我們最偉大的歷史人物黃帝可謂武功蓋世，在道面前又如何呢？在女人的下半身面前又如何呢？

看見尹喜也瞪大了眼睛，我不禁有些後悔是否把道講得太俗了，我猶豫是否該把傳說中的黃帝事蹟告訴這些人。這可是文明的祕密啊。

是的，文明的祕密就在於，如果不近於道，色厲只會內荏。

軍士們此時笑了，我明白，他們還沒度過他們的青春期，他們還在揮霍他們的肉體。探子指著巡警說，他可是村村都有丈母娘，是有名的採花大盜，照老先生的話，道不僅在他那兒不起作用，反而被分裂了，被制伏了。

大家笑了。

我說，看來是這樣的，但你們羨慕正說明你們的自卑。何況，反者，道之動也。女人，能讓這個人一次次地返回到她們那裡去，說明了什麼呢？究竟是他玩弄了道，還是道玩弄他於股掌之上？

大家肅然。帳房先生一臉不屑，不就是個女人用品嗎，他是大道的工具啊。

大家哄然。

我告訴大家，黃帝確實在道面前自慚形穢。他位極天地之中，人間極品，卻在素女面前坦承身體的無能，腎虛、早洩、陽痿，導致人的精神面貌和社會交往的虛偽，猥瑣。黃帝也因此在天師面前「甘拜下風」，膝行以進，稽首請教。這個重大的歷史祕密正說明女人高於男人，說明男人要回

向女人，要珍惜女人，從而珍惜自己。

道虛空而神奇，發揮作用時又永遠不會有限得用滿用盡。它是淵深的，就像它是萬物的祖宗。人們見不著它，但它又模模糊糊地存在著。我不知道它是誰的產物，但它好像是上帝的祖先。

（第四章）

道沖而用之或不盈。
淵兮，似萬物之宗；
湛兮，似或存。
吾不知誰之子，象帝之先。

老子說，不要以為老子講的跟大家的生活無關。大家日用不知，老子把生活中的道抽象出來，是要讓大家活個明白。其實，無論明白不明白，所有的道理既是人生的本質，又是人生的展開。舉一個簡單的例子，大家都對人從哪裡來，到哪裡去有過想像。最明白最抽象的說法是，先有太極，後有天地。

說它明白，因為無知時代的人不會追究哪裡來哪裡去的問題，那時都混沌；當人開始有積累、有知識時，是從混沌一片中開始了解外界的象，具有劃時代意義的象不是雌雄，不是飛禽走獸，不是山川河流，而是一顆星，天極星，又叫天一、太一，後來多叫太極，有了太極這個點，一代又一代繁衍的人群開始了文明般的記憶，延續了幾百年的天皇時代開始了，幾百年的地皇時代也隨後跟來了。幾百年的人們靠天吃飯，人們感恩那樣一個天皇帶領或給予的時代。如此記憶再積累，如此積累的代際成就再創造，就是幾百年人們對大地的記憶強化，人們感恩這樣一個地皇帶領或給予的時代。這就是上古時代的天地人的形成和開闢史。

說它抽象，是因為種群的文明記憶跟個體的人生自覺大同小異。人在人生的展開中回到混沌，從明白到糊塗再到更高一層的明白，也需要對這種來世走一遭的開始和歸宿有一些了解。老追究過去的過去的過去，最終要追到太極，一個天地誕生的奇點，從此出發，大家才能更好地理解人生，才能更好地掙命。老子說，男女誕生的奇點，叫太極，也叫生理期的臨界點，在那個臨界點上，混沌無知的少年兒童成為男女。名利誕生的奇點，叫太極，也叫食色欲望的預期點，在那個預期點上，本能的欲望滿足開始了名和利的分別和統一。

看著軍警們被老子繞暈，老子有些懊悔，這確實深奧了一些。老子又想，如果大家用心跟著想幾遍，會有收穫的。老子說，要注意，太極雖然是星象的名字，但可以成為抽象的道。就像每天腳踩的大路小徑，也是抽象之道一樣。要記住同出異名，不同的名字說的是一個東西。

軍警們朦朦朧朧地想到，在他們之上，有一個獨立於他們而存在的道，那麼有力。這個道又跟他們的生命、他們的生活密切相關。老子說，大家經常講一講二講三。什麼是一？道就是一。但如

果把一放在一二三的系統裡理解，一就是由道產生。就像把道放在道德禮義的系統裡理解，道是由神創造的一樣。把太極放到北極南極日月的系統裡理解，太極是由易產生的。至於神、聖、哲、帝、王系統，同樣有最初的因。如此可以類推。

老子說，在一二三的創造學說裡，是道產生了一，一就是那原始混沌之氣，一則產生了二，天地陰陽之氣，二產生了三，陰陽及其和氣。萬物就是背負著陰氣，懷抱著陽氣，二氣相沖而成和合之氣。

（第四十二章）

道生一，一生二，二生三，
三生萬物。
萬物負陰而抱陽，
沖氣以為和。

軍警們明白，老子的道太大了，大得超出他們的想像，天下都為其囊括，天下的現象都是其顯現。老子說，像剛才說過的男女之事一樣，如果用一個字的意思來概括道的特點，就是一個「反」字。相反相成，所以男女組合是天倫天道；循環往返，男女之道也如此，周而復始，一次又一次；

物極必反，當男女之事走向極端，就會有不應期，有休止的時候。所以說，反者，就是大道運行的規律。如果用一個字的意思來說明道的本質功用，就是一個「弱」字。最大的弱，是虛，是無，是最強大的。所以，柔弱者正是道能作用的前提。日月星辰產生也能運行，就是因為看似最大柔弱的無邊無際的虛空；宇宙萬物從虛、無的大弱中產生，又自如地運行於虛無的大弱之中。一句話，天下所有的事物都是從原始物質之有產生出來的，有則是從原始物質之無即道產生出來的。

（第四十章）
反者道之動，
弱者道之用。
天下萬物生於有，
有生於無。

軍警們想，怪不得關令叫老子是聖人。這樣的人太不可思議了，老子怎麼會對那種玄之又玄的東西有興趣呢？老子怎麼會想得那麼絕呢？老子這樣的人還有七情六欲嗎？

軍警們私下問關令，老子有父母親嗎？有妻室嗎？有孩子嗎？問著問著，他們自己都大笑起來。

尹喜也笑了，隨即嚴肅地告訴他們，老子當然擁有人的一切，比起風吹日曬的兵士來，老子的生活更健康充實。當然，聖人有犧牲，聖人不婚，聖人孤絕，老子不看重家長里短的日常生活。老子的國度不在這個世界，老子活在道的氛圍裡。比如，老子的父母死得早，老子的妻子也不幸早逝，老子的兒子，叫李宗，已經出息了，所以老子無憂無慮，無牽無掛，能夠代替大家思考領悟天地大道，代替大家探索人生的真知。

至於七情六欲，尹喜告訴軍警們，不要把你們的食色享受當作人間極樂，不要把你們的那點兒感官刺激當寶。對聖人老子來說，這一切老子都經歷過了，老子放下了這些東西，做出了常人看來的犧牲；但老子不僅追求永恆並在永恆之中，不僅淵博並在真知之中，而且他的享受、他的喜樂也是無限無盡的。

軍警們聽了，唯唯否否。

聽到他們的笑聲，看到他們竊竊私語，看到他們跟關尹喜談話，我似乎能夠感應到他們在猜想、議論和交流我。如果年輕一些，我會孤獨而驕傲。現在的我，似乎只有平淡而寂寞了。

尹喜也來跟我交流感受，這是個難得的聰明人。他為部下的無知抱歉，為一些天道人道的關係來糾纏，他說，他很理解我，如果他沒有家累，沒有這些還忠誠甚至把他當親人的部下的生計，他也會跟我一樣孤身遠引。尹喜說，他還有一些目標或說夢想。

我理解。誰沒有夢呢？

我在年輕的時候也曾經做過許多夢，後來大半忘卻了，但自己也並不以為可惜。所謂回憶者，雖說可以使人歡欣，有時也不免使人寂寞，使精神的絲縷還牽著已逝的寂寞的時光，又有什麼意味呢？

尹喜還提到了我所講的黃帝事蹟，他問說這是否是一個象徵，連我們最偉大的祖先都在女人面前沮喪，是否說明我們華夏人陽氣不足？是否我們征服不了女人和世界？

我說，征服可能是男人的夢，卻不是人的夢，人的夢想跟萬物一樣，在天地之間自我展開，自我成全。人來世上一遭，是來觀看並呼應這個世界的。人不是來征服世界的，人是來世界裡適得其所的。

人名事典

・千年後的聖人：魯迅。

・樓觀台：地名，傳說老子在此講道。

・天行之歌：〈乾〉卦中的爻辭句子。

・大地之歌：〈坤〉卦中的爻辭句子。
・彼君子兮，不素餐兮：《詩經・伐檀》中的句子。
・碩鼠碩鼠，無食我黍，逝將去汝，適彼樂土：《詩經・碩鼠》中的句子。
・鶴鳴在陰，其子和之。我有好爵，吾與爾靡之：《易經》中孚爻辭。
・公劉、古公亶父、武王：周人的領袖。武王則是周王朝的開國領袖。
・黃帝：人名。上古中國領袖之一，號稱中華民族始祖，人文初祖，上古中國部落聯盟首領。
・素女：人名。傳說中的神女，與黃帝同時代。
・天皇時代：上古中國階段，三皇時代之一。
・地皇時代：上古中國階段，三皇時代之一。

第三章　慧極必傷

是的，我也曾做過許多夢，我的夢多半是成全道的。

在道面前，我也多失敗了。我已經快忘了那些努力、人生的事實和年輕時的夢想。

但我偏苦於不能全然忘卻，這不能忘卻的一部分，現在就成了我西行布道的來由。

哎，我是這樣矛盾的一個人。醒著而又追逐入夢，無所求而又全求，無所知而又博知，無所爭而又盡爭，無所思而又廣思周思。

跟夢一樣，思索是好的嗎？但思有它自己的慣性，一旦進入了思的境界，那就是信馬由韁，無能自控。過度的思是不好的，它會傷害。而無知無識的不思也是不好的，它會敗壞。

現在的情形是，曾經稱霸的東方不思，想要爭強的西方過思。有時候，真想問一下中原，這大地上還有人嗎？而面對西秦的崛起，也想問一下：你們做好準備了嗎？

至於我，在思和不思之間，在夢和現實之間，在上代人和下代人之間。我是充實歡樂的，又是痛苦寂寞的。

老子對人生天地的矛盾有著難言的痛，那種痛徹的經驗讓老子總是情不能已，思索不能穿越。老子在生活中，跟天地精神相往來。但看到大家那種人世的快樂，老子又有一種嫉羨，老子知道，唯有具體而微的生活，才有跟道相親相愛的可能性。如果只能遠觀，只能在心裡翻騰，又有什麼意義呢？就像家鄉人說面對漂亮姑娘，看了搞不到，心頭如刀攪。人是該有這種慕道之心之行的啊。

老子有過世俗的經驗，只是那太短暫，短暫得剛抓住就已經失去。老子想，如果人生可以重新開始，老子要跟親友形影不離，終生廝守。老子想，沒有人能做到這一點；做到時沒有想到，想到時已經做不到了。

老子沒有見過父親，但老子的父親真實具體得不容老子去想像、虛構，不容老子依戀。據鄉親們說，老子的父親是一個失意的士，一個醉生夢死、不怎麼戀顧家的人。老子對父親沒有什麼印象，也沒有什麼愛憎。老子知道父親在這世上存在過，這就夠了。老子不需要在世上去找一個替補父親，父親的在世跟老子的獨立都是真實不虛的。這就夠了。

我也沒有見過母親。據鄉親，還有我的養父養母，一生善良的老氏夫婦也這樣說，我的母親是當地最賢慧最善良的女人。我的父親離家出走杳無音信，讓我的母親獨自支撐著一個家的生活；雖然家境小康，但一個女人懷著孩子獨立生活，畢竟不是什麼福分。

更不幸的，我在母腹中九個月、十個月了都沒有動靜，十一個月了沒有動靜，我的母親驚恐、幻夢，巴望我正常一些地降生。巴了十一個月都沒有消息，她自言自語，四鄰都聽見了，巴到十一還不生。謠言也出來了，那個曲仁里的李家孩子是個老小子，巴十一還未生下地，所以打小就叫老子。更多的謠言也有模有樣地編出來了，我生下來鬢髮泛黃，黃得發白，生下來就是個老頭子了，所以我的名字就叫老子。

但我確實是第十一個月裡出生的，只是我太重了，母親身子太弱了，難產讓母親做了一個捨己救子的決定。產婆用最簡陋的工具剖腹，把我接生出來，母親看到我後，含淚而笑而逝……我不敢深想這一切，這一切都是我的緣故。

我為什麼晚生？難道在母腹中我就開始了思考？難道我不知道，晚生不僅給了母親以恥辱，也要了母親的性命？這一問題折磨著我的青少年時代，折磨了我的一生。這一問題使得我一生都擁抱了一種憂患之思，以至於我有時想，我一生什麼也不曾擁有，我唯一能夠擁有的只是一種憂思。

這種兒時即能自制沉思的早熟狀態也讓鄉親們驚奇，沒了爹沒了娘的老子，看來命硬命大啊。

看小看老，他們看老小子命硬卻不魯莽，覺得老子不像一個來討債的混子、二流子。他們很高興身邊有了一個有慧根有命運的人，多少年沒出啥人的曲仁里看來要出一個大人物了。

傳說當然也要加到老子的身上，據說，老子是從母親的左肋下出生的。老子的父母只有少數人知根知柢了，那麼老子的李姓是怎麼來的，是老子自己取的唄。這倒是真的，老子家是有一棵很大的李子樹。人們傳說，老子生下來即能言，指李為姓。還有傳說，老子的母親是吞食李子生下老子的，所以老子姓李。還有傳說，老子的母親是望著李樹梢上的日頭懷上他的。傳說，老子生下來即能走路，前後左右幾步，說天上地下，天王老子第一……

老子沒去爭辯家世，人們對老子的好奇倒是給了老子以某種壓力，老子一度以為要活出樣子才對得起他們的關懷。但活出個樣子，那不就是模子、模範裡出來的人嗎？活出個大家都以為然的模樣子是真實的、是盡善盡美的嗎？為人們的好奇而活符合道德嗎？

何況我已經有罪孽了，我要了母親的性命。這是我的經驗教訓。一切晚生晚成者，一切思慮過度者，都會傷害自己的至親，當然也會有所傷害自己。

我想過，自庶民以至天子，都有其母，有自己的至親。這種傷害無時不有，無時不在不為人知地發生。這種無聲無言的悲劇得有人說出來，要讓人們知道，涉及他人、民眾百姓，涉及社稷，當事者不能想得太多，不能有什麼私心私慮，否則害人害己。

因此，我雖然是一個活在思索中的人，我由衷地希望人們能夠免掉這種生命的枷鎖。智慧的痛苦是難言的，那種看透真相看透造化把戲的所謂聰明是有害的。

最痛苦的莫過於人生獲得了這種所謂智慧，它讓我們瞻前顧後，讓我們理智平衡，它毒戕了我們的每一個衝動。它的光亮讓人在黑暗中孤獨而無所適從。那些盲目的會發洩他們所想的，而智慧使我們懦弱無能。但智慧之樹似乎一經長大就再不凋落，我知道它以我的苦汁為營養，它的碧綠繁茂是對我無情的嘲弄，我詛咒它每一片葉的滋長。

只有懦懦無能者才會這樣為智慧之苦所害，就像我在王室見到的一些貴族破落戶們，他們面對這個世道以其辛酸屈辱可笑的一生所發生的一聲感歎：僅僅年少時領略過一種高尚的情操，一生不能忘懷，此乃人生絕大的煩惱。

現在我在幻想的盡頭，人生的老年，會靜觀落葉飄零的樹林，一生的每一歡樂都是一棵大樹，儘管葉子多已枯黃地堆積在內心，但仍讓我有著感恩天地的充實。唯有智慧之樹讓我情不能已，讓我對親情友情愛情無能穿越。

儘管當今之世，思考者實在是太少了。這是一個缺少智慧的時代，人們只能讓本能碰撞出結果，像摸著石頭過河，人們在黑暗中生活。

老子以為，世上人熙熙所求所標榜的那些，利祿、禮義、巧智、才思，正是過度思慮的產物，

是耍小聰明者合謀的誘餌。當然，說它們是智慧的結果，不如說是人欲本能的極端形式。那些東西攪動了人心，毀滅了上古至純之世時人們的那種幸福逍遙的人生，毀滅了親友們的天倫之樂。

老子見過不少母親、女子。她們看到自己的孩子、情人在本能的衝動下有所收斂，開始借東西、假仁假義時，總有一種天倫幸福終結的憂心。她們會說他們成熟了，實際上她們擔心他們不近人情了，擔心他們耍小聰明了。

那些王侯、大夫們耍小聰明、賣弄自己的智力來做事，來管理國家，不是枉費心機嗎？不遵從道，朝令夕改，拍腦袋拍成腦殘的智慧，國家和人民不堪其擾其害。小奸小滑的聰明人，最終多多少少都成為國庫、百姓腰包、社會財富的盜賊。這都是教訓哪。棄絕所謂聰明巧智的雕蟲小技，人們就會得到百倍的福利；棄絕仁義的高標，人們就會恢復自然的孝慈；棄絕技巧和財貨一類的商品化、技術化，就不會有盜賊出現。這三條作為治理天下、管理自己的原則還不夠，所以還要使人們有歸屬和認同：生存純潔，內心質樸，不過多思慮，少私心雜念。

（第十九章）

絕聖棄智，民利百倍；

絕仁棄義，民復孝慈；

絕巧棄利，盜賊無有。

此三者，以為文不足，故令有所屬：

見素抱樸，少私寡欲。

老子的這一主張在士和侯伯貴族中間流傳的時候，人們大為驚訝。這是對文武周公以來的說法的大顛覆啊，是對周室傲然於蠻荒四夷的禮儀之邦的反動啊，他們因此稱老子的學說為「三絕」。當然，自平王東遷，周室的天下事實上已經斷裂，文武之功、成康之治已經是上一朝代的事了。有人因此把老子的學說看作是撥亂反正的權宜主張，是矯枉過正之說。

只有老子清楚，老子的「三絕」源於人性天道最細緻之處。人世的發展也許確實需要一些智慧、技術和禮儀，但人生和社會不能依賴於它們。否則，瘟疫、爭鬥、疾病、殺戮……之事全部上演。

這一切收穫，最初的源頭就是我的母親。回到母親那裡去！接近她，榮耀她，從她那裡汲取，並奉獻於她！這是我的經驗，是我的夢。

如果不是回到母親那裡，不是回到大地大道那裡，那麼，一切的作為：正直和諂媚有什麼分別呢？禮儀和任性又有什麼不同呢？這並不是我的理想，這其實是人類的真實狀態，人類知母而不知父，與自然相處。當有足夠的平地可以躺下時，還需要床鋪做什麼？當人可以用自己的手臂時，還

需要欹枕做什麼？當人可以用自己的手掌時，還需要五花八門的器皿做什麼？……

難道為供養人類而存在的樹木、田野、河澤不再布施了嗎？難道河流乾枯，不再為口渴的人提供水分了嗎？難道大地荒蕪，不宜人居了嗎？……那麼人們為什麼要去奉承那些有錢有勢就得意忘形的人呢？人們為什麼要疊床架屋把自己層層包裹呢？人們為什麼熱中於聚斂、徇私呢？在這樣的時尚中生活，何時是一個盡頭？

只有拒絕這種學問，才不會有憂慮。這種忙於分別「美與惡」、「善與不善」的學問，甚至忙於關心「唯」與「呵」的發聲不同。俗世中的順從與反對，相差多少？他們覺得美好的與醜惡的，區別多大？一般人所擔心的、人的良心所畏懼的，他們不是也要害怕嗎。

眾人熙熙攘攘爭名奪利，就像在享受最豐盛的君王般的宴席，就像春天登台觀看美景。我獨自視之無所謂，不去分辨什麼徵兆。我心荒涼啊，它沒有盡頭。我渾渾噩噩啊，像還不會笑的嬰兒。我站在眾人的高端，就像無所歸屬。眾人都表現得小康有餘，我獨像是丟失了一切。難道我是愚昧之人嗎？我真的是混沌無知啊。大家都爭著顯示自己的聰明才華，只有我顯得昏聵。大家都表現得清楚明白，明察秋毫，只有我昏昧。我的心靜得像天池一樣沒有波瀾，又如高風飄逝而無止息。大家都有所作為，大家都像能為也在為朝政時世出力，我卻不奉迎，獨自愚頑而鄙陋，格格不入，像一位未開化的蠻子。大家都喜歡別人擁戴自己，我卻獨自以為從母親那裡汲取營養最重要，從大道這個母親那裡汲取力量最貴重。

（第二十章）

唯之與呵，相去幾何？
美之與惡，相去何若？
人之所畏，亦不可不畏！
眾人熙熙，如享太牢，如登春台。
我獨泊兮，其未兆；
荒兮，其未央；
沌沌兮，如嬰兒之未孩；
儽儽兮，若無所歸。
眾人皆有餘，而我獨若遺；
我愚人之心也哉，沌沌兮！
俗人昭昭，我獨昏昏；
俗人察察，我獨悶悶。
澹兮其若海，飂兮若無止。
眾人皆有以，而我獨頑以鄙。

我獨異於人，而貴食母。

回到母親大道那裡去！上古時代以母親、以女子為貴的傳統給了老子很深的印象。那是人類知其母而不知其父的時代，那個時代多麼純樸、自然、歡樂！母親給予孩子全部的愛，也任其自由地成長。女人天生就會吟唱，應和著日月四季的時光。那個時代人們崇拜母親，崇拜女性那偉大的生殖力。人們把男女的生殖器官刻在玉石上，刻在山岩上，刻在金銅上。人們把男女的性交形象刻了下來。

那個時代沒有什麼積累。人們不擔心來年，人們知道，山前有路，水窮雲起。人們生產什麼就享用什麼，人們從自然中獵獲什麼就受用什麼。大部分時間不是用於尋食、用於勞作，人們靠天生活，依天依道，人們多半在遊蕩，在靜觀，在吟誦，在祭天祀地，在取悅天地間的神靈、大道。大道為公，天下為公，財寶在人出生前就存在著，沒有什麼是人的私有，沒有什麼是人永恆占據的。離開了這一切去爭奪、積累，人們將無知於人性的歡樂和幸福，將無知於人身難得和人生道遙。

老子當然知道，那樣的時代一去不復返了。但老子因此總結道，只有把熙熙攘攘、放縱的心思求回來，只有收放自如、出入無間，並學會珍惜，不斷地觀悟天地之道，像上古時代一樣，人才能堅實地棲居在大地上，才能踏實地度過一生，才能頤養天年。看一個人的外表強健是容易的，看一個人的內在精神力量卻不容易。如果沒有內在的精神，外強中乾，虛架子，人很容易被打倒。只有具有深不可測的精神的人才不可戰勝，才活得長，看得久，才長命好運。同樣，看一個國家的有形力量也容易，但如果它不能藏富生慧於民，如果不能聚精會神於民，這個國家就是一個虛架子。只有內部具有高度凝聚力的國家社會，才能夠長治久安。

老子想到，自人身以至國家社稷，要安穩靜好，不都是如此嗎？治理國家，從事享盡天年的養生，莫如收斂，愛惜。這就要嗇服，什麼是嗇服呢？就是卑服、皂服，卑其衣服，儉樸於身，以黑白自然本色為主，這也是合乎自然的捷徑，是早早地服於大道。像大禹那樣，菲飲食薄衣服而致孝敬於鬼神，以挽救世人興起的厚葬等弊俗，以示知稼穡之艱難。自神農氏以來，社稷最可貴者，莫如農功；以農立國，不僅僅是把大地的產出收穫起來去養活百姓，或說以解決溫飽為滿足。農耕社會，最重要的是上下同其勞苦，從而使上下人人可以善其生。農耕社會講天時，勞逸結合，以勞為主，當人們沒時間去想這想那地享受，而讓勞動成了人本身，勞動就成了人的本質需要。這種勞動本質就會生出善心來，所以鄉下人多淳厚樸質，犯法犯事者少。

老子回想起，鄉下人笑話一個穿漂亮衣服的人：穿那麼好做什麼事？穿那麼好有誰看？鄉下人是不看不欣賞的。因為一下地一幹農活，再好的衣服也要沾裹泥土，所以鄉下人穿得灰不溜秋的，以灰黑衣服為主，實在暗合天道。只有做喪事了，才以白服來表達哀痛。只有作客了，才穿得乾淨整潔。商人尚白，跟自然作對，跟農耕社會脫節，他們最終被代表農工的周人推翻。

所以，收斂，就是樸素一些，只有這樣的原則，才稱得上及早準備，順從了道。及早服從於道，就是不斷地積累德行，發展我們的精神。不斷地積累德行，就能無所不勝。無所不勝，就是力量無限，道變成了他內在的精神。有了無限的力量，就可以獲得大到掌握一國的福報。有掌國之道，就能夠長久。這就是根深柢固，享盡天年、避免亡國殺身之道。

（第五十九章）

治人事天，莫若嗇。
夫唯嗇，是以蚤服道。
蚤服道，是謂重積德。
重積德，則無不克。
無不克，則莫知其極。
莫知其極，則可以有國。
有國之母，則可以長久。
是謂深根固柢，長生久視之道。

人名事典

・老氏夫婦：虛構。老子的養父母。

・文武之功、成康之治：世道名，指周人的文王、武王、成王、康王四個時期。

第四章　少年舉意

母親的意象給了我無窮的靈感。母親就是道，道就是萬物之母。而雌性、柔弱則是道之用。這樣的哲理沒有人講明白，我通過思索理解了。

但時世的移易讓人們生存的秩序空前地紊亂起來。很多人生下來跟我一樣失去父親的照顧，很多人失怙，只不過成長的環境不同，對生命自然的信仰不同，人生的收穫也就不同。對我來說，不幸的是父母亡失，幸運的是養父養母對我的養育，健康而通達，對我的關愛有加，並給予充分的自主自由。

聽說不少失去父親、由母親養育的儒生，總是對父親有一種想當然耳。他們對眼前的母親不以為意，不從中汲取人生的智慧、力量和精神，反而去想像虛無的父親，想像那種剛強的力量、占有。那些儒生因此習慣了依靠，習慣了去吃死人飯，習慣了給人辦紅喜白喪之事，習慣了在那種應酬中依靠一個強壯、果斷、有力的人物去施展他們的才學。他們總處於一種男人的第二性的人生狀態，他們生來願做二把手。他們是想像的父親的二把手。他們註定叫老二。

老子卻是孤絕的，是獨立不依的。老子天下第一。老子孤傲，老子也謙卑。回到母親那裡去！老子想，一切人世的榮華，一切人世的苦難，母親都看見了，大道都聽見了。回到母親那裡去，就是回到生命的源頭和真理。

儘管我們有罪孽，不誠實，易受誘惑，但無論如何，母親跟我們在一起，母親在天上地下看著我們。她有真理，她知道真理；她就是真理。那麼真理在地上就還沒有滅絕，將來遲早會傳到我們這裡來，像預期的那樣在整個大地上獲勝。

老子相信，人們會愈來愈推崇強者，會依靠強者。這會加劇人世的爭鬥，加速毀滅也加速創造，無數的人們將做了這一個大爭鬥場裡的看客，也做了其犧牲。但這一切在老子的道中，為老子的道所籠罩，並由老子的道來審判！一切都在母親的眼裡，一切由母親承受了，也由母親裁決並包容了。

青少年時代的我遠未這麼明澈，幸運的是我遇到了明師和益友。

我的家鄉苦縣曲仁里，聽說以前是林木水草繁茂之地，鹿群極多，白鶴飛臨，間雜其中，鹿鶴

同春，美妙極了。這個曾稱鹿邑的美好家園卻一變其名稱為苦縣，真的是如鄉親們所說是窮山惡水之地了。

鄉親們說，這是命。從小到大，我對命這樣的話都聽厭了。文武周公的命好啊，這個人敖，他有這個命，那個大夫，命衰……至於苦縣人，當然命苦命賤。我聽得最多的教育，莫過於父母數落自家的孩子，你這個短陽壽的，你這個短命的，你這個狗日的……即使父母可憐自己的孩子，也只會把悲苦的人生宿命傳遞給幼小的心靈：唉，可憐，養你就像養個性命，像小貓小狗一樣的性命，長大了還得自己討生活，做牛做馬……

這些性命如此自足於貓狗一樣的歡樂日子，又如此怯情地觀察每一個外來的陌生過客。我們熟悉方圓十里的一草一木，而除此之外，我們就一無所知，失去了想像力。日子的分別就是：太陽曬屁股了，太陽有一人多高了，太陽到頭頂時，太陽落山時……太陽底下沒有新鮮事。當人們在寒冬臘月談論最近一年的新鮮事時，事情可能是春暖花開時發生的，已經供人們咀嚼了整整一年。而烽火戲諸侯愛美人不愛江山的故事，那個周天子的孩子做了諸侯國人質的故事，傳到鄉親們耳朵裡，仍是那麼生動，如戲如劇。

我兒時就熟悉了鄉親們的表情、話語，他們認命，我不能。他們日復一日地、年復一年甚至生生世世地過下去，我不能。我想，宿命、天命外一定有一條路，我要通過這條路走出童年的王國。

鄉親們似乎也知道我跟他們要過不一樣的生活，我還記得懵懂記事時，就有人對我的養父母說，這個小老子有出息，該讓他識字啊。養父母說，那敢情好啊，我們省吃儉用也要供孩子的。那樣的聲音若有若無，影影綽綽地，一直伴隨了我的一生。我每次想起那些聲音，就想起了我的鄉親，他們多麼樸實、純良，他們成人之美善的言行，無意中成全了一個人的命運。

苦縣離周都洛陽很近，儘管有一些山丘，但從洛陽到苦縣幾百里還算是一馬平川。儘管窮苦，我成長的環境並不閉塞，夏、商、西周三代的故實我都聽厭了。

更重要的是，自古及今祕傳、只為少數人所知的《墳》、《典》、《索》、《丘》、《詩》、《書》，也開始在中下層播散。東周的衰微，使得不少學習過王室圖典的人物失意於朝堂，而遊走民間。我的養父養母就曾請過這樣的人給我開智啟蒙，這其中，最為我感念的明師就是常樅了。

沒有人知道常樅的來歷，這個上知天文、下懂地理、中通遠古和三代治亂的人以喜歡樅樹知名，他起居處總依止於樅樹。我甚至不知道他叫商容還是叫常樅，一樣的讀音，不一樣的文字。

跟隨常樅的青少年時光，是快樂的，又是憂患的。當常樅給我講解《詩》的大意，跟我一起吟誦那些美麗的詩篇時，師徒二人都是快樂的，像是沉浸在商周那「五百年的歌唱」裡了。「昔我往矣，楊柳依依；今我來思，雨雪霏霏。」「知我者，謂我心憂；不知我者，謂我何求？」「青青子衿，悠悠我心；但為君故，沉吟至今。」……當常樅給老子講炎黃以來的治亂時，師徒二人是憂患的、歎息的。「百川沸騰，山冢萃崩。高岸為谷，深谷為陵。」「天生烝民，其命匪諶。靡不有

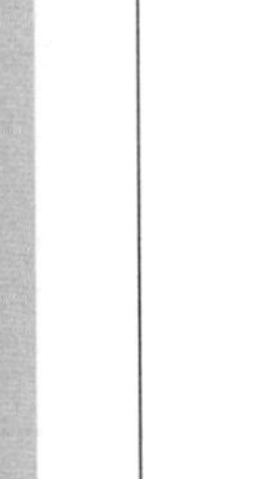

初，鮮克有終。」……

沒有任何中國功名利祿的常樅老師，卻有著中國的一切。也許常樅老師有過給周王室和國際諸侯服務的過去，但他在苦縣過著平淡的生活。他散淡，論某種學問甚至沒有苦縣的大夫們厲害，論記憶也沒有我們孩子們驚人。但在我和學友們眼裡，他就是中國。是天地開闢以來的歷史，是諸侯開拓疆域的大陸。一個人能夠成為天覆地載的化身，成為天地、自然和歷史的人格象徵，跟他在一起生活，是多麼幸運的事！

是常樅老師讓老子知道，上古中國的純樸，民眾結繩記事。「斷竹續竹。飛土逐宍。」多麼簡潔有力的歌謠。「日出而作。日入而息。鑿井而飲。耕田而食。帝力於我何有哉。」多麼美妙的人生天地圖景。

是常樅老師讓老子知道，炎黃蚩尤大戰的重要性。黃帝一統天下，只是黃帝處理炎帝部落和蚩尤部落的方式是暴力的，和平統一是強力鎮制下的穩定，所以自處、相處彼此防範而無力共和，這種均衡的脆弱從一開始就註定了。從此，人們開始強化不勞而獲，人們不去生產創造，而是去爭奪別人的所有。力成為人們之間的標準，虛妄的部落生死成為個人生存的意義，個人被牢牢地綁到家國天下上了。

雖然此後仍有堯舜等人的治績，但個人一經綁定則往而不返。

卿雲爛兮。糺縵縵兮。
明明天上。爛然星陳。
日月光華。旦復旦兮。
日月有常。星辰有行。
四時從經。萬姓允誠。
遷於賢聖。莫不咸聽。
鼚乎鼓之。軒乎舞之。
日月光華。弘於一人。
於予論樂。配天之靈。
精華已竭。褰裳去之。

那種德治、孝治已經無濟於事了，時代不可避免地由爭奪來決定。人們生活在自然中，卻在自己和同胞之間建立起禽獸不如的叢林法則。是的，禽獸也許弱肉強食，但牠們自己從不相互殘殺。

然後是大禹治水，那最後的神，華夏人的大功臣，給人們樹立了一個高標典範，卻在臨死前也殺人立威。他要開會算帳，防風氏僅僅因為到會遲了，他就殺了防風氏，使得人們之間的敬愛公道

關係急轉直下，成為主從利益關係。常樅老師說，大禹在治水實施這樣一個大工程時，身體力行地付出了，但也體會到號令大家的權力滿足。事實上，在舜帝爺把帝位傳給他後，不到八年的時間，他就起意要把帝位傳給自己的兒子了。歷史也確實如此，他的兒子啟以天下為私。這種意識經過夏、商兩代強化，到周朝，王道樂土跟一姓之私不可分地結合在一起了。「普天之下，莫非王土，率土之濱，莫非王臣。」

登彼西山兮采其薇矣。
以暴易暴兮不知其非矣。
神農虞夏忽焉沒兮。
我適安歸矣。
吁嗟徂兮命之衰矣。

常樅老師的歎息讓老子一生難忘。

老子當時就舉意：以一生的時間來為人們找到安身立命的大道！

如果不從根源上反思，一切的修補又有什麼意義呢？就像帝王們的功業一樣，對人、社稷、時世有什麼意義呢？常樅老師說，上古的和諧一點點撕裂了，道術為天下分崩離析了。人們絕地天通，信神的人生為凡俗的人生取代，一種快樂取代了另一種快樂，只是憂愁、恐懼、身心的摧殘也相伴而生。人世的創造確乎層出不窮，但人世的絕滅和痛苦也代代不已。

這種數百年間治亂循環的反思修補沒有太大的意義啊。常樅老師說，王公貴族們不是沒有反思，從大禹以來，到大禹子孫的五子之歌，不都是反思嗎？又如何呢？

皇祖有訓。民可近。
不可下。民惟邦本。
本固邦寧。予視天下愚夫愚婦。
一能勝予。怨豈在明。
不見是圖。予臨兆民。
懍乎若朽索之馭六馬。
為人上者。奈何不敬。
訓有之。內作色荒。
外作禽荒。甘酒嗜音。
峻宇雕牆。有一於此。

未或不亡。惟彼陶唐。
有此冀方。今失厥道。
亂其紀綱。乃底滅亡。
明明我祖。萬邦之君。
有典有則。貽厥子孫。
關石和鈞。王府則有。
荒墜厥緒。覆宗絕祀。
嗚呼曷歸。予懷之悲。
萬姓仇予。予將疇依。
鬱陶乎予心。顏厚有忸怩。
弗慎厥德。雖悔可追。

有扈氏為義而戰，夏啟鎮壓；少康復辟；夏桀無道，商湯代夏……都充滿了犧牲、殺戮。小小的偏居一隅的周，推翻了天邑商，那種以小勝大的不可思議，那種血流漂杵的殘酷場面，同樣是有史以來空前的。暴力藉王霸的名義似乎一統天下，以周公的大才睿智，制禮作樂，禮儀三百、威儀三千，規定了天下每個人的座標、位置、言行方式，他同樣需要以暴力做後盾，東征三年才能壓服叛亂。成功也只是暫時的，成康四十年間刑錯不用，可謂大治。但宣、幽蠢蠢欲動，為所欲為，導致周政衰敗；厲王不思悔改，相信暴力，弱小的人們只能道路以目，結果國人暴動，厲王只能逃到彘，一個名叫野豬出沒的地方，並死在那個豬狗不如的地方。

常樅老師說起國人暴動來，總是充滿了驚奇、讚歎。在那以前的歷史裡，人們總以為只有地域、部落間的戰爭，也只有這種戰爭才有勝負的可能性；人們很少以為部落內部、同姓同胞之間也有你死我活的戰爭，弱小的百姓、國人、野民也會有力量反抗，人們總以為那種上下等級秩序是永恆的，在上者強有力，在下者弱勢，這個秩序是天經地義不可改變的。但弱者一旦覺悟，那些作威作福的所謂強者，不過是可笑的殭屍。

常樅也給老子講《詩》。知道嗎？這些詩篇都是人們用來祭祀吟唱的產物，多半是女子歌哭的結果。其中有亡人的音容笑貌，有死者生前的歡愛，有生離死別的沉痛，有生者的嗔怨，有歌哭者的美好回憶。他們哭於墳頭，呼天搶地，明心見性，直面生死，並評點時政，他們的歌聲、他們的傾訴流傳開來，為采詩官采去，上獻於朝堂，刪改作樂，供王公貴族們舉行祭祀、大典、會盟時吟獻。「關關雎鳩，在河之洲。窈窕淑女，君子好逑。」「蒹葭蒼蒼，白露為霜。所謂伊人，在水一方。」「高山仰止，景行行止。」「如切如磋，如琢如磨。」……

知道嗎？這些詩篇可以興觀群怨，可以察知人心。如果說在文武周公時代，詩還是在吟誦祖先

的業績，歌唱男女的美好，詠歎人生的短暫，「昔我往矣，楊柳依依，今我來思，雨雪霏霏」，「相土烈烈，海外有截」，「噫嘻成王！既昭假爾。率時農夫，播厥百穀」……那麼，成康之後的歌謠就已經開始問天、刺天、詈天了。「人而無儀，不死何為？」「悠悠蒼天，此何人哉！」……

知道嗎？不要怨天尤人。人世的一切不過是天道的大舞台，如果人自我作孽，那當然不可活了。對天地來說，對聖人來說，一切都是莊嚴的、重大的，就看當事者自視如何了。如果大家自視甚低，那就是自我作踐；如果大家自我珍重，那就是珍愛生命。而天地卻似乎是無情的，又是永遠給萬物提供生長舞台的。

老子因此想到，天地是無所謂仁愛的，它創造萬物而不主宰萬物，它把萬物當作祭祀時用草紮成的芻狗，即使是芻狗，它的態度也虔敬莊嚴；聖人也是無所謂仁愛的，它把百姓當作芻狗，都要在祭祀中跟大道合一。天地聖人，是博愛無私的。天地萬物，在道那無形而浩瀚的虛空中，道同等地包容萬物。天地萬物，不是由仁和禮給予的等級秩序所可以分別的，萬物互動平衡的秩序，是一個平等自在的秩序。強求尊卑，是違天違道之舉。天地之間，一切都像那不起眼的芻狗一樣，無窮無盡，無始無終。天地之間，它不就像個大風箱嗎？空虛而不會窮盡，動起來則生生不息。

（第五章）

天地不仁，以萬物為芻狗；

聖人不仁，以百姓為芻狗。

天地之間，其猶橐籥乎！

虛而不屈，動而愈出。

人名事典

·鹿邑：今地名。

·苦縣曲仁里：古地名，即今鹿邑。

·《墳》、《典》、《索》、《丘》、《詩》、《書》：先秦經典，多失傳不可考，《詩》則指《詩經》，《書》指《尚書》。

·常樅、商容：人名，一人而異名，老子的老師。

·昔我往矣，楊柳依依；今我來思，雨雪霏霏：《詩經．采薇》中的句子。

·知我者，謂我心憂；不知我者，謂我何求：《詩經．黍離》中的句子。

·青青子衿，悠悠我心；但為君故，沉吟至今：《詩經．子衿》中的句子。

·百川沸騰，山塚萃崩。高岸為谷，深谷為陵：《詩經．十月之交》中的句子。

·天生烝民，其命匪諶。靡不有初，鮮克有終：《詩經．蕩》中的句子。

・斷竹續竹。飛土逐宍：上古中國歌謠，即《彈歌》。宍，古同肉，音肉ㄖㄡˋ。

・日出而作。日入而息：上古中國歌謠，即《擊壤歌》。

・炎黃蚩尤大戰：上古中國的炎帝部落、黃帝部落、蚩尤兼併戰爭。

・卿雲爛兮。糺縵縵兮：即傳說中的《卿雲歌》，是舜帝傳位給大禹的音樂。

・防風氏：人名，大禹時代的部落領袖。「昔禹致群神於會稽之山，防風氏後至，禹殺而戮之，其骨節專車。」據說防風氏也是治水英雄，大禹殺他既是嫉妒又是立威。

・啟：人名。大禹之子。禹病死後繼位，成為中國歷史上由「禪讓制」變為「世襲制」的第一人。

・登彼西山兮采其薇矣。以暴易暴兮不知其非矣：即傳說中伯夷叔齊所唱的《采薇歌》。

・皇祖有訓。民可近。不可下。民惟邦本：即傳說中的《五子之歌》。

・有扈氏：人名，夏初的邦國部落領袖。啟繼位後，有扈氏不服，啟興兵討伐有扈氏，身死族亡。被與時俱進論調者稱為「知義不知宜」。

・少康：人名，夏王朝第五任國王，自幼歷盡苦難，復國後能勤於政事，講究信用，使夏朝重新強盛起來，史稱「少康中興」。

・夏桀：人名，夏王朝的最後一王。又名癸、履癸，商湯給他的諡號為桀（凶猛的意思）。履癸文武雙全，可以赤手把鐵鉤拉直，但荒淫無度，暴虐無道。為歷史上著名的暴君。在位五十四年，國亡，被放逐而餓死。

- 商湯：人名，商王朝的開國領袖。由於商湯以武力滅夏，打破國王永定的說法，從此中國歷代王朝皆如此更迭，因而史稱「商湯革命」。
- 宣、幽、厲：周王朝的三個王。
- 國人暴動：周王朝的革命事件之一。又稱彘之亂，是西元前八四一年發生在西周首都鎬京，以平民為主體的暴動。這一年，被視為中國歷史有確切紀年的開始。
- 關關雎鳩，在河之洲。窈窕淑女，君子好逑：《詩經．關雎》中的句子。
- 蒹葭蒼蒼，白露為霜。所謂伊人，在水一方：《詩經．蒹葭》中的句子。
- 高山仰止，景行行止：《詩經．甫田之什》中的句子。
- 如切如磋，如琢如磨：《詩經．淇澳》中的句子。
- 相土烈烈，海外有截：《詩經．長發》中的句子。
- 噫嘻成王！既昭假爾。率時農夫，播厥百穀：《詩經．噫嘻》中的句子。
- 人而無儀，不死何為：《詩經．相鼠》中的句子。
- 悠悠蒼天，此何人哉：《詩經．黍離》中的句子。

第五章　常樅絕學

在被推薦入周室效力之前，常樅就已經將周代的歷史演變全部講給老子聽了。歷史的沿革得失，是這對師徒最為關切的。眼前的這一切是怎麼來的，禮崩樂壞，君不君，臣不臣，民眾怨天尤人。常樅老師說，易言，履霜堅冰至。皆非一朝一夕故，其所由來者漸也。都是逐漸走到今天的。重要的是，得從根子上找出原因。

常樅老師說，由古公亶父到周公，姬周的治理方式發生了轉變。周公既是開闢也是守成，對偌大的家業，他用禮樂來守，改變了古公建國時的方針，有一定的必然性，但效果不大。因為禮樂是外在的，光顧外在的模子，那模子風吹日曬，也就風化了，異化了。

古公地處偏僻，地處弱勢，而當時的商王朝強大、中心，影響遍及蠻荒，商王朝流行「得風」，以貴族們為主流的時尚都以獲得為榮，為參照。他們在金銅鼎器上刻上「得」、「得鼎」、

「囗（ㄨㄟˊ，古同圍）得」、「貫得」、「得父乙」、「得亞父己」、「亞（得）父丁」、「亞（得）父癸」、「亞（得父庚）」等，追逐「得」、讚美「得」、崇拜「得」所形成的時尚，發財成為硬道理，成為一個共同體的精神，使王公大臣都不擇手段地從事聚斂財貨的事業，巧取豪奪，無所不用其極，一切為了「得」而奮鬥，貪「得」無厭。

當時的姬周卻似乎處於無處打洞藏身的生存的狼狽境地，為避開犬戎的糾纏，古公亶父及其家族丟失了原來的居住地，搬到周原來，在那裡重新建立根據地。他們這種「不得」的精神，也喚來了其他小國的歸附。當時，西北邊地的戎狄進攻古公，「欲得財物」。給了財物以後，他們還不滿足，又要再來進攻，欲得地與民。百姓被激怒了，紛紛主張打仗。

但古公說：「老百姓擁立君主，是希望君主保護老百姓的福利。現在戎狄想來攻打我們的原因，是因為我有了土地和老百姓。老百姓在我這裡，和在他那裡，只要生活得好，那又有什麼關係呢？現在老百姓們為了我個人的原因去打仗，用殺死別人的父子的手段去達到我當君主的目的，這樣的事，我不忍心去做！」（有民立君，將以利之。今戎狄所為攻戰，以我地與民。民之在我，與其在彼，何異？民欲以我故戰，殺人父子而君之，予不忍為。）

古公亶父只帶了少數親信，像祖先不窋（不再打洞住窯洞的偉大祖先啊）一樣，背井離鄉，遷徙到岐山之下定居。這個舉動被大家知道了，不僅民眾扶老攜幼，離開戎狄而追到岐山來，照舊跟著他，而且附近的鄰國，也久仰古公的仁義賢名，都來歸附於他。

武乙三年，商王「命周公亶父賜以岐邑」，得到了天邑商的承認。古公還給自己的行為找到了一套說法，用他的話說：「上（王）德不德（得），是以有德；下（民）德不失德（得），是以無德。」看哪，歷史、部落、人心，在上下、權利、得失之間發生某種轉化。不得的，反而為老天爺喜歡，有德了。不失得的，反而不為天所喜歡了。這種德治使得古公有足夠的信心建國立業，據說就是古公說過這樣的話：「我無為而民自化，我好靜而民自正，我無事而民自富，我無欲而民自樸。」這樣的建國綱領讓老子一輩子也沒有忘掉。

常樅老師還說，從德治到周公的禮治，是一大轉變。周公其實對自己的禮治並沒有多大的信心，小周吞併大邑商，這是蛇吞象的功業。但那麼一個才幾萬人的家族部落，那麼一個翻牆打洞的血統國家並沒有做好接管治理天下的準備，如何用德治來消化王朝的更迭？如何在血統之外，建立政統和真正的道統？

周公雖然也標榜了德治，以德配天，但他顯然沒有耐心也沒有精力去建立行之有效的政統了。周公封土建國，要求同姓子弟、親戚們能夠「大啟爾宇」，去跑馬圈地，但他的心裡是保守而不自信的，因為他希望這些姬姓子弟、這些親戚故舊能夠「屏藩成周」，嚴防死守。這種用心也為大家心知肚明，他的政統只不過是血統的組合而已。比起黃帝以來的邦國制度，周公的封建制度也就是五十步跟百步的距離。上層之間還是沒有找到一個好的共處方式，除了像黃帝們一樣鎮制、監控、屏藩，周公只不過多求助了禮樂的手段。

周公的禮治，禮儀三百、威儀三千似乎威嚴了，似乎神道設教了，似乎給予了榮譽，給予了王公貴族們遊戲的可能性，但那實在是一個花架子。那個花架子可以好看一時，作用一時，遲早要被拋棄。常樅說，儘管追求先知預言是不好的，周公就以先知的身分裝神弄鬼地嚇唬過殷商子弟，但他老常還是要預言說，周公的禮治，那個花架子的結果將讓姬周的後代變成一個個的笑話。

老師的話讓我震驚過。敢直刺周公，我小時候就知道的神聖、日月、天地一樣的人物。但這個人物在老師眼裡是一個普通人，遇到大歷史問題卻以個人一己智慧提供方案的驕傲者，是少有敬畏之心的人。而周公制禮，卻是要我們都有敬畏的。那是一個什麼時代啊，不說中下層之士，就是鄉野之人，都以上層人之禮要求自己，要求大家。我小時候聽慣了人說：哎，這個孩子真懂禮貌；嗯，那個人像國中的上等人一樣講禮，講義氣，有出息啊。儘管喪亂的消息、禮樂崩壞的消息時有耳聞，人們仍要求彼此守禮，以禮義相標榜。常樅老師卻大逆不禮，這讓我震驚，也讓我深思後更覺得痛快淋漓。

我曾經質疑過老師，聽說周公是非常謙虛謹慎的人，為了善待人才，連頭都洗不乾淨，吃飯幾次都被打斷，「一沐三握髮，一飯三吐哺」……老師說，當成王年幼時，周公代為執政，那些諸侯對他又敬又怕，他可不謙虛啊。我又問，聽說周公為人節儉……老師不客氣地說，周王朝雖然不是

獨夫天下，卻為他們姬姓把持，只要不傻，腦子稍微正常一點兒的子孫都讓周公封為諸侯，這能夠說他儉樸嗎？兄弟之國有十五個，姬姓之國有四十個，大家罵大禹把公天下變成家天下，但那只是邦國部落的聯盟而已；天下其實是在周公手裡變成了實實在在的家天下。

老師看我一臉困惑，笑著說，孩子，你一定要記住，人跟人其實是一樣的。真相並不神祕，以己心度之即可得到，同樣，真相也並不可怕，那都是人的現實選擇。無論人如何選擇，都有合理性。尤其是周公，已經不容易了。他不可能走得太遠。要記住，他不可能走得太遠。

我問老師：那麼，周公是老師心目中的聖人嗎？

常樅老師說：他是聖人，但他不是老師心目中的聖人。

老師說，周公承認天命靡常，卻不承認他人身上、後人身上也肩負有天命。這裡有是非對錯，或說有個人選擇的偏好。人心惟危，道心惟微，惟精惟一，允執厥中。要記住這十六個字。這是華夏的祕密。

據說這是堯舜禹代代相傳的心法，我曾經為此苦苦思索它的意義。它跟現實生活的關係。最終得出結論是，人心道心相通，之所以有不同的結果乃在於人的選擇不同。而無論什麼人，其實在自然的考驗中，在人際關係中，都最終獲得對彼此作為人之平等的認識。因此，唐堯虞舜要求後人的，在於承認大家的各自具有的生命；他們這麼認識了，也這麼要求自己了，所以他們得到了天下，成為道德的象徵。

有的人這麼認識了，卻不這麼要求自己。小人們之所以無德，就是他們明知道大家一樣的處境，卻還要斤斤計較，貪得無厭。大人先生們話說得漂亮，卻在背後男盜女娼。用鄉親們的話說，揣著明白裝糊塗……常樅老師說，也有人不自量力，以其昏昏，使人昭昭……

什麼禮啊。天子死了叫崩，諸侯死了叫薨，大夫死了叫卒，士死了叫不祿，百姓死了才叫死……這叫什麼話？橫豎不是個死嗎？

我至今記得常樅老師的幽默，以及他冷嘲中的悲涼。不祿，不領俸祿了，不吃官飯了，不吃公家糧了。只要不死，一輩子都是官，都是公家人，都要魚肉百姓。這種重名稱禮儀的結果就是讓社會亂套，讓人活得寡淡、冷漠，失去了尊嚴和幸福。

我聽說，生死以禮，死者為大。但常樅老師說，禮節規定到死者那裡，也很可怕可笑，就以周公規定的讓死者口中含葬什麼物品來說，他要規定天子飯黍含玉，諸侯飯粱含璧，大夫飯稷含珠，天子之士飯粱含貝，諸侯之士飯稻含貝。常樅老師說，這樣的結果只能是讓人死不瞑目，合不攏嘴的……

我確實感覺到道德和禮儀的不同。

老師的話還讓我思考，他和周公之間的不同。他們一定是相互懂得的，只是歷史讓他們分開

了，甚至讓他們分裂了。我想，無論歷史如何曲折、迂迴，應該讓他們在心理上溝通、在現實裡會師才是天地之福，才是民眾之福。這裡也有得與失的大學問啊。

我在鄉下也一再見識了各種關係中的人，那些心底無私的人，那些德高望重的人，那些宅心仁厚的人，那些講義氣的人……還有一類人，他們都心知肚明自己旗鼓相當，大家都半斤八兩，見面時話都懶得多說一句，眼神都不碰一下，最多給對方面子，所謂不失禮，然後有事說事，就事論事，在雙方都知道的邊界內說話，沒有多餘的寒暄，通通氣而已。

我後來總結說，上等品德者不去獲得什麼，他們這些最有德的不講德，所以他們才有德。下等品德者，追求外物，希望有所得，他們這些最無德的，不失德，所以他們沒有德。所謂滿口不離德者，反而最為缺德無德。更不用說，他們一肚子男盜女娼，所謂親民愛民如子，德治不離口，法治不離手，德法雙修，當面說好話，背後下毒手。

上等品德者，無為而無不為，無私欲而不會破壞無為而治的狀態。下等品德者，有為而有所不為。在這兩極之間，那些崇尚仁的人去行動而無私利，不去求得報答；那些崇尚義的人去行動就有私利，他們沒事找事幹也要創造回報，創造更多的機會。至於崇尚禮的人，他們積極倡導禮，如果沒有人響應，他們就會動手強迫人接受，照禮行事。

所以背離了「道」的法則和「德」的法則，才會搞出仁治；背離了「仁」的要求，才會弄出江湖義氣；背離了「義」氣，才講究什麼面子禮儀。禮這個東西，本身說明忠信的衰敗，是大亂的罪魁禍首。那些所謂有先見之明的智者，自以為先知先覺者，不過是學到了學問大道中的浮華，是欺詐愚弄的開始，是最愚蠢的。

因此，大丈夫處於厚道之境界，而不居於薄禮之處；處於實在之境，而不居浮華之表。所以要去掉後者，採取前者。

（第三十八章）

上德不德，是以有德；

下德不失德，是以無德。

上德無為而無不為，下德為之而有不為。

上仁為之而無以為，上義為之而有以為；

上禮為之而莫之應，則攘臂而扔之。

故失道而後德，失德而後仁，失仁而後義，失義而後禮。

夫禮者，忠信之薄，而亂之首。

前識者，道之華，而愚之始。

是以大丈夫處其厚，不居其薄，處其實，不居其華。

故去彼，取此。

對大周的聖人周公的批判，常樅是不留情面的。老子有時候不免想，現在的一切負面效果，去追訟到幾百年前的一個人身上，是不是有點兒虛妄？那不成了原因的原因的原因了？但老子跟著老師對歷史研究得愈深，愈認同老師的看法。確實，歷史既是大家的全部活動，又是一二人起了支配性作用的結果。大周數百年天下，確實由周公立法，他的所作所為，影響了幾百年來人們的生老病死，決定了大家的生活方向，人們相互之間的爭鬥、人們創造的方向，冥冥中，都由周公參與決定了。

老子明白，人確實需要敬畏，但人也不必妄自菲薄。個人的願心、野心、雄心等等確實可以讓歷史車輪改轍，讓歷史的長河改道。如果個人過於標榜自己，而不願跟大家構成合力，那既可能是天地間的偉業，又可能是荼毒千百萬人的罪行。天地之道，甚至統治者的高妙，就在於集眾人之智，而使得眾人和諧相處的成本最低、最小。如果個人無視這一問題，而僭越於眾人和天地之上，那只會帶來歷史、自然的報復。華夏的十六字心法，不就是講這個祕密嗎？

常樅老師說，周公制禮，就是以一己的聰明才智決定大家的生活；這種要聰明的個人英雄行為也給王朝的激烈競爭開了先河。周公不斷地制誥，想讓大家明白事理，明白他的良苦用心，禁止人們做這個事，允許人們做那個事，但這種昭彰之舉同樣會有反作用。甚至制誥這種事，你能制，別人就不能制嗎，別人的大誥算不算數呢？如果別人也能制的話，那麼人們應該怎麼樣才能使後人相信前人，並相信自己的創造力呢？古公的立國原則確實需要改，但也不是周公制誥制禮那種改法啊。

老子也是後來才理解了老師的話，老子堅定地站在老師一邊。在老子看來，政府的禁令愈多，民眾就愈貧困，暴政才會出貧民、暴民。禁令的苛刻繁重也太可笑了，什麼祭祀器具，不准市場交易；官員的服裝車輛，不准在市場上買賣；不符合規矩的農用工具，也不准進入市場交易，還有布帛、染料、衣服……都制定了市場標準，不符合標準的都不准買賣……

社會的管制專政力量愈強大多樣，國家也就更昏亂；因為上層與民爭利，會輕易地將國之利器用來對付普通百姓。社會的才智技能層出不窮，奸邪之徒、奇詭之事也就大量滋生。法令愈明白示眾，盜賊也就愈多。

所以古公在建國綱領上說，我無為，民眾會自動歸化。我好清靜，民眾會自己端正。我不多事，不擾民，民眾自會富足。我無欲，民眾自然淳樸。

周公確實移花接木，把古公的建國綱領改了。

（第五十七章）

天下多忌諱，而民彌畔。

人多利器，國家滋昏。

人多技巧，奇特滋起。
法令滋章，盜賊多有。
故聖人云：我無為而民自化，
我好靜而民自正，
我無事而民自富，
我無欲而民自樸。

常樅還對老子歷數周王們的得失。自文武周公以下，成、康算是不錯的君主了，那時人們活得自在，僅僅知道有周王在而已，所以他們獲得了成、康一類的諡號；到宣王就開始亂了，一個王得到宣字的諡號，說明他在世時是如何沸騰喧天，如何要大家知道他的存在；到幽、厲，那諡號更不得了，他們一死，大家就把平時批評他們的話用來做了他們的諡號。

常樅給老子講起這些故事，曾經動情地吟誦過上古時代的《擊壤歌》。據說，那歌聲一度傳到堯舜的耳邊，堯舜們欣慰地笑了。常樅吟誦的時候，老子看到老師的眼睛是潮濕的。

是的，帝力於我何有哉!?

老子因此想到，最高明的君主，百姓只知道他的存在；其次，民眾讚美他感激他；其次，民眾害怕他辱罵他。

如果君主的誠信不足，就會有不信任他的事發生。謹慎啊，不要輕諾寡信。無為而治，大家的夢想成真，當陳述功勞的時候，人們說，這是我們自己做出來的。

（第十七章）

太上，下知有之；
其次，親之譽之；
其次，畏之侮之。
信不足焉，有不信焉。
悠兮，其貴言。
成事述功，百姓皆曰：我自然。

人名事典

・不窋：人名。周人的祖先之一。窋同窟，音ㄎㄨ。
・戎狄：部落名。先秦時華夏中國北方、西北等地少數民族的統稱。
・岐山：地名。周人的發跡地之一。

・周公：人名。姓姬名旦，周文王姬昌第四子。因封地在周，故稱周公或周公旦。歷史上偉大的立言立法者，被尊為儒學奠基人。

・人心惟危，道心惟微，惟精惟一，允執厥中：即上古中國領袖總結並傳承的治道，書中稱為十六字心法。據說當堯把帝位傳給舜，以及舜把帝位傳給禹的時候，諄諄囑咐代代相傳的就是這十六個字。

第六章　禮刑規範

老子確實過於早熟了，老子善於觀察自然，並用山川河流的道理來打量人世。

老子發現，萬事萬物雖然各有命運，但無不合於某種道理。自然有自然之道，人世有人世的道理，天道跟人道有所不同。人道多有逆天而行者，天道是最初的，也是最終的裁決、審判、參照。所以常樅老師的教學很對老子的胃口，不僅要說出事實，而且要認清事後的常理常道。

老子還記得十來歲時打抱不平的故事。鄰里一個有權有勢的太爺，姓房還是姓國，似乎模糊了，他跟一個窮得叮噹響的大爺，似乎姓原，同一天生日。國太爺的生日過得熱熱鬧鬧，原大爺的生日過得冷冷清清。平時巴結不上的人們會在生日時正大光明地去送禮、去作客、去祝壽。人們都去恭維國太爺壽比南山，禮多禮少，禮輕禮重，都往國太爺家送，堆得屋子裡都放不下，但沒有人去祝願原大爺福如東海。

那一年，老子已經懂事。養父母事先外出，囑老子把禮物到時送到國家去，以表心意。老子在送禮的路上曾經一陣子高興，覺得自己長大了，「見龍在田，利見大人」，老子能夠也將要見世上的大人物了。老子一路上想著該怎麼稱呼，聽說國太爺是吃俸祿的，是肉食者。在鄉下，吃公家糧吃官飯的人多讓人眼羨啊；面對他，老子是稱我好，還是稱鄙人的好呢。但快到國家時，看到送禮的人絡繹不絕，大家心知肚明地相互微笑，老子忽然感覺到那笑容的曖昧。而看到原大爺的兒子也提著一籃新鮮水果走來時，老子一下子明白人世應該有更有力的文字來刻畫人的真面目，來說出人生自然的真相：溜鬚拍馬，太糙了；巴結，太俗了；趨炎附勢，又太文了。

老子就是快到國家門口時停步，轉身的。老子乘興而來敗興而歸的舉動當然引起了很多人的注意，國家的二少爺，一個胡作非為的惡少，聽說後覺得大失面子，帶人追趕老子，不少人也跟著去看熱鬧。國太爺聽說後怕自家孩子莽撞，也命下人駕車前往。

這個熱鬧的場面在曲仁里大概還是頭一次，人們都被前面疾步快走的老子領著，一直領到原大爺的家裡。當人們聽到老子把禮物交給原大爺，並向他祝壽時，震驚得半晌無語。國二爺氣得快瘋掉了，他想不到老子是這麼一個小瘋子，居然壞了大家習以為常的規矩，並給家徒四壁的原老頭子祝壽，這是什麼可笑的規矩。國二爺出人意料地沒有動手，只是要老子給他一個說法。

老子沒有半點恐懼。老子看著國太爺趕到，恭敬地揖拜敬禮後，用還顯稚嫩的聲音說出了這麼一番話：鄙人不是對國太爺不敬，鄙人也希望國太爺健康長壽。但大家都看到了，給國太爺家祝壽的人和禮品多的是，鄙人走到國家門口了，心意已到，不在乎鄙人的人和禮品到不到場。同樣是人，國太爺家的東西多得沒處放，但原大爺家窮得揭不開鍋，這難道就是人的規矩嗎？人們只知道挖凹地裡的土往高墳頭上添，只知道把黎民百姓活命的東西徵收徹底去堆積起來，或者去糟蹋做無用事。人們不知道山上的石頭是往山底下滾，不知道高處的岩土是往凹地裡補充。人往高處走是人的規矩，水土往低處平是天的規矩。我今天給國太爺祝壽符合了人的規矩，給原大爺祝壽符合了天的規矩。

沒有多少人聽懂我的話，但國太爺是懂了。

常樅老師也知道國太爺，他說國太爺還是一個人物，只是他們兩人來往不多。我後來一直想，為什麼人們長大了，會無緣無故地疏遠。常樅老師智慧，國太爺也絕非糊塗、庸人。只是生活中有這樣那樣的偶然讓人們失之交臂，再遇見也只能和而不同了。

國太爺同樣懷才不遇。我後來才知道，這個在朝政中失意的大夫，雖然在自己的領地裡仍作威作福，他的心裡還有著商、周以來數百年間大夫的尊嚴、是非感和榮譽，他的身上還流淌著大夫、士的血液。天下無道久矣，卻不意間聽見一個十幾歲的孩子說出了天道、人道，國太爺感慨，也許他這一輩子也就夠了，大夫的時代已經過去了，但滄海桑田，總會有人出現的，總會有人給這個世界安慰和保證的。

國太爺當著眾人的面稱讚老子，好啊，後生可畏，說出這麼淺顯而重要的話來，從今以後，大家也要這樣，周濟窮苦，相互幫助……這個後生了不起，會成為人物的！

國太爺的話不僅讓我身價倍增，聲名大噪，他還給大家講了以前的老禮。那些老禮、老規矩，既有定制，又有人們日常生活中自然而然的言行方式。比如，一家人吃飯前，得到屋外大路上看看，有沒有行人來，不能讓外出走路的人餓著，得把他請進家裡一起用飯。比如，過年過節，得想著周圍的人，有沒有困難的，要幫有困難的人度過難關……

當然，也有人說風涼話，說什麼小老子真有眼光，原大爺是堯舜帝四岳的後代，後來淪落成「原」了，小老子是來燒冷灶的……

老子從國太爺那裡學到了不少禮，老子想，那些禮才是天道和人道的完美結合啊。哪像現在，繁文縟節的禮完全成了人道的多餘，成了天道的反面。

老子漸漸明白，那個淳樸之禮的時代一去不復返了。老子不可能喚回那個時代了，但老子想，老子可以說出來，老子可以用言行來維持天道和人道的平衡。所以老子敬重常樅老師，老師也是在人道的洪流裡守護著天道，那飄零的花果。

老子還從國太爺那裡知道了「刑不上大夫」的真正含義。禮法和刑法各有適用對象。刑法是針對或說規範庶人百姓的，百姓犯法就拖到「市」裡解決，公之於眾，以儆效尤。禮法是針對統治階級的，失了禮就自行了斷，屍肆於朝而非暴露於市。因此刑不上大夫是貴族身分的尊嚴和榮譽表達，而非犯法失禮後渾然無事的官場文化。

幾百年後的明君、仁義君主面對失禮犯罪的親人，面對親人的不知恥，也許只能求他自行了斷。老子想像，君主打發一些公卿大臣上親人比如家裡喝酒，在酒席上大夥勸舅父自殺，舅父不幹，大臣們無可奈何。君主又派他們去舅父家「弔孝」，大臣們穿上喪服帶著孝一齊向舅父號喪，舅父只好自殺……老子想來，這也是天理啊。

說到底，刑不上大夫，是極有文明深意的官吏法，人間貴族必須要有更高的自我期許，必須用更高的自我期許來證明自己的價值，而不是以為自己是人，也有七情六欲來放任自己。說到底，在先知先覺、後知後覺和不知不覺間，確實沒有現實平等意義的人，個體歸屬於不同的價值實現，上層人士必須超越口腹之欲和食色偏好，而更好地踐行自己的天命。既然牧民，既然為民供養，那理所當然要在言行上有人格的自我期許，這不是壓抑自己，而是順應天道。

怪不得常樅老師激烈批評周公，也並不全然否定周公。禮樂刑法，也跟大道是沾邊的。無論如何，禮樂刑法的出發點仍是維持上下之間、朝野之間的某種平衡。大夫有禮有樂，也無刑有法；百姓無禮無樂，也有刑無法。順應了這種大道，萬事萬物也好，天下人民也好，才會競相展開，而不會你爭我奪。大道就是息爭的道路。是的，萬類霜天競自由。是的，在寬闊的大道上，人們還爭什麼呢？

老子想到，天之道，就像張弓射箭一樣。瞄得弦位高了就壓低一些，低了就要升高一些；瞄得過頭了，就得收回一點；如果沒有達到目標，就要加以補足。天之道，是減損有餘的，用來補給不足的；人之道卻不是這樣，它是減損不足的，用來供給有餘的。誰能夠減損有餘的財富，用以供給天下不足者？只有得道的人做得到。

所以聖人不積累，他盡為人服務了，自己反而更能獲得；他都給別人了，自己反而更多。天之道，利而不害；聖人之道，服務而不爭奪。

（第七十七章）

天之道，其猶張弓與？
高者抑之，下者舉之；
有餘者損之，不足者補之。
天之道，損有餘以補不足；
人之道則不然，損不足以奉有餘。
孰能損有餘以奉天下？唯有道者。
是以聖人不積，既以為人己愈有，既以與人己愈多。
天之道利而不害，聖人之道為而不爭。

我一步步地發展出我的不爭哲學。但我年輕時也爭強好勝過。聰慧早熟使我小時候就在曲仁里一帶知名，這讓人變本加厲地爭名，我要維護好自己的名聲，要永遠是第一聰明的人。我後來想，給原大爺祝壽其實也是一次冒險的戰鬥，我當時是要爭一口氣，卻無意中爭到了更大的名聲。

跟常樅老師學習，我的聰明、我的生活卻像是受到了挑戰。常樅老師的弟子中，不乏聰明伶俐者，徐任就是其中之一；不乏生活能力極強者，庚寅就是其中之一；不乏達觀而妙趣橫生者，秦佚就是其中之一。

跟徐任的學習比賽仍記憶猶新。那個時候的書簡不多，敬惜文字的老禮眾所周知，一卷兩卷的簡書被人視若比黃金還寶貴的東西，常樅老師無能也不屑擁有那東西，他一度用刀筆在竹木上刻寫他記憶的圖書，後來覺得麻煩也就放下了。他僅有的書簡因此也是殘編斷簡，給弟子們看看就算見識過了。

常樅教弟子的辦法就是口誦，讓弟子們強行記憶，這就免不了督促弟子們背誦。有人冒尖一些，有人落後一些。大家總是把榮譽、目光都給予冒尖的弟子，因此，人人追求更冒尖，追求聰明第一。而那些落後一些的弟子的心理是什麼樣的，永遠沒有人去關心；人們對他們多是不屑，是呵斥，是侮辱式的要求。

徐任的聰明似乎天然地感覺到不為第一的可怕，面子、榮耀所在，他拚得不遺餘力。為了死記

硬背，他休息不好，神情恍惚。跟他比賽幾次後，我用盡了心力，也似乎明白自己跟他相比總是略勝一籌，這才故意輸了徐任幾次。這事後來真相大白，讓徐任明白虛榮之外，更有一種同學和諧相處的情誼在。讓徐任和師生們意識到，聰明過度到虛榮，是比愚蠢落後還要愚昧的事。

這個真相如此堅實，深深地印在常樅和弟子們心裡。同樣，對美、善來說，如果過分強化，它們也會轉化到對立面那裡去，美將變得傻美，善將成為偽善，那都是醜惡的。

但老子深深地體會到了學習競爭乃至社會競爭的壓力、弊端以及其必然性。人活在世上，只要追求的人生價值是人為的，那就必然有競爭。老子想，人其實沒有必要把出人一頭地、把高人一等看作多麼了不得的事，因為那種出息那種高低都是相對而言的。沒有比較就沒有價值判斷，但價值判斷也因此不可避免地有人為之偽。在老子看來，只有在比較的同時意識到雙方或多方的相互依存，意識到它們的相互轉化，它們各自的存在才有希望和意義。

天下人都知美之為美，那麼醜陋的東西也就現形了，甚至說，天下人都知道去追求某種美，那個美其實是醜陋的，就像鄉下人說臭美一樣；天下都知道善之為善，那麼不善的事物也就現形了，甚至說，大家都去做善事比如捐錢捐物，這種善其實有不善的一面，就像鄉下人說偽善一樣。鄉下人說一個人的美或善，是不為時間占有或放棄的。而不是像有些人，在規定的時間規定的地方打扮自己去行慈善。一句話，物極必反。美和善一旦標準化、人格化為天下皆知，成為強行推廣、宣講的政教內容，它們就只配發揮醜惡作用的一面，擾亂人們的生活和精神自由。

所以說有和無是相比較而產生的，難和易也是相比較而形成的，長和短也是相比較而出形狀的，高和下是相對而言的，音和聲也是一起才能產生和諧的，先和後也是不可分離的。所以說聖人用無為的原則處理事情，不對外發號施令。像道一樣使萬物興起而不做其主宰，使萬物生長而不據為己有，施恩於萬物而不恃其回報，大功告成而不居功。正因為道不居功，所以道的功勞永遠不會消失。

〈第二章〉

天下皆知美之為美，其惡已；
皆知善之為善，斯不善已。
故有無相生，難易相成，
長短相形，高下相傾，
音聲相和，先後相隨。
是以聖人處無為之事，行不言之教，
萬物作而不辭，生而不有，為而不恃，功成而不居。
夫惟不居，是以不去。

跟良師益友相處，我學到了很多東西。庚寅的謙和、甘居落後或說下流是出名的，但他的人緣之好也是眾所周知的，跟他在一起總是讓人感覺到輕鬆。秦佚的風趣、鬼點子之多也是出名的，跟他在一起則開心之極，有時候會被他逗得肚子笑疼。當然，徐任的聰明博學也是令人佩服的。很久以後，我明白過來，也許人生最美好的歲月就是同學師友相處的時候。

從庚寅、秦佚的身上，我學會了知足、自知，我明白，他們有這樣的境界，所以他們不會為教學中的勝負得失而失掉自我。他們有這樣的境界，他們不會有這樣那樣虛榮或自卑一類的毛病。

我跟徐任成了好朋友，也是因為他真正解決了爭強好勝的毛病，當然，人不可能壓抑自己的優點，他的優點就在於聰明博學，怎麼能不讓他發揮呢？重要的是，他在大家面前發揮時不以為自己了不起，他只是在大家面前有錢出錢有力出力而已。所以，大家一旦接受了他，他就從孤寡的窘困狀態裡解放出來，友情會更加難得。

要把羞恥當羞恥，把罪惡當罪惡，把虛榮當虛榮，把無知當無知。這是做人最低的要求，卻也成了我們人類社會最高的要求了。

是的，我們知道自己的無知，那是至上的境界；如果不知而自以為知，那就是做人有毛病了。如果能克服這種毛病，人們也就脫離了困境。聖人脫離了這種困境，是因為他克服了做人的毛病，所以遠離了這種困境、不會失敗。

（第七十一章）

知不知，上矣；

不知知，病矣。

夫惟病病，是以不病。

聖人不病，以其病病，

是以不病。

人名事典

- 國太爺：老子鄉人，虛構人名。
- 原大爺：老子鄉親，虛構人名。
- 見龍在田，利見大人：《易經・乾卦》爻辭。
- 刑不上大夫：語出《周禮》，禮治時代的社會規範。
- 弔孝：漢文帝故事。
- 徐任：老子朋友，兒時學伴，虛構人名。

· 庚寅：老子朋友，兒時學伴，虛構人名。

· 秦佚：老子朋友。書稱老子死後，秦佚來弔唁，至老子靈旁，不跪不拜，拱手致意，哭號三聲即止。

· 四岳：堯舜禹時代四個部族的領袖。

第七章　文字之祕

我在函谷關跟軍士們相處日久，他們從最初的敬畏到熟悉後的隨便，讓我理解，一個人要獲得反思的習慣是多麼困難。一個人的生存秩序，在陌生人闖入後迅速失衡，甚至在陌生人的參照下明顯見出自己的不足，但人幾乎本能地捍衛自己，為自己找理由，於是又變成心安理得，活在舊有的世界裡怡然坦然。

在樓台上散步、望遠，感受自己在天地間的呼吸，是我每日必做的功課。從年輕時生龍活虎，精力充沛，到現在，生命愈來愈呈現出神的本質、氣的本質，我也就是天地間的氣息。什麼時候，這口氣上不來了，我也就回歸天地。也許過不多久，我就會四散天際。

幾天過後，巡警、簽子手們大著膽子靠近我，問我的養生之道，又跟我開起玩笑。他們本來示現過人生的卑微，這種自知之心如經擴大，如經反省，他們會有收穫的；只要那一絲上進之心還

在，他們或他們的妻兒都會受到影響。但他們現在不在意了，不在乎人生的正念、精進了。他們將仍卑微地活下去，並活出卑微來。

甚至帳房先生也搖搖頭：老先生，你的道當然有道，但天下沒幾個人感興趣，有什麼用呢，能變成帳上的數字嗎？能立竿見影嗎？

我回答說，這樣說不是一個好的角度。道當然可以變成數字，也可以立竿見影。只是你看不到而已，要是看得見，你就不止是帳房先生了。

帳房先生愣了一下，又明白過來：多謝老先生，我還以為我做帳房先生只是命。

我說，你們都有自己的煩惱，自己的困境，但你們不以為意，不以為病，而盡量忘掉，盡量活得快樂，這才導致宿命的產生。

帳房先生說，老先生的意思是說意識到自己的困境，再活下去，才活得踏實，才能改變命運，對嗎？

我沉默下來。

帳房先生念叨起我的「聖人病病、是以不病」的話來，樂滋滋地走了。

跟師友們相處的日子，是多麼值得回憶的日子。老子一直記得，常樅老師說的話：圖書、文字這些東西，只有幾百年的歷史，而且多為王公貴族祕藏。人們說話的歷史可能有幾千年幾萬年了，但寫成文字的歷史相當短暫。到目前為止的文字仍不足以表徵人們的話語，那些文字多是從祭祀備忘中發展起來的，即使文字開始用來記錄話語，也多是記錄帝、皇、王、公們的講話。誠然，那些講話多有重要可取法處，那是他們治理天下的得失、經驗教訓。

常樅老師說，到目前為止的圖書文字傳承傳統是，用圖像和文字配合，把要記的話簡要記下來，有時候一句話只用一個圖畫表示，有時候一句話只用一兩個字做記號，這些圖書就得有專門人來管理，記認。同時，要找那些記憶力好的人，比如像盲者、殘疾者，他們因為缺了一種感覺器官，記憶力就突出起來，他們要背記那些話。在王公貴族需要查對、學習先王遺訓時，他們就可以派上用場了。

不要小看記憶！記憶是生命的靈性展開，是生命跟世界完美相伴的橋梁。你還記得第一聲春雷前後的感覺嗎？還記得第一片落葉時的感覺嗎？那都是天地變顏的關鍵時分。你還記得月相是怎麼盈後虧缺，大逝而反嗎？你還記得日光是怎麼中天在上，晨昏而遠嗎？那都是日月運行的必由之路。你品味得出上游河水跟中下游河水的分別嗎？你感覺得出山間空氣跟平原空氣的味道分別嗎？那都是世界的參差多態啊。老子記得老師談起記憶的重要，記憶是先人具備的最突出的特徵之一。通過記憶，他們嘗遍花草，懂得甘辛酸鹹苦對人身體的作用；通過記憶，他們走遍大地，知道了山川河流的走勢和宜居的家園。

心不專一，還自以為享受世界、人生，導致了記憶的衰減。或者說，是人群的攀比、爭奪、壓

迫、毀滅導致了記憶的衰滅；當然，也可以說是人群的新發明發現流行或說進步導致了記憶的衰滅；甚至可以說是人的積累本身也導致了記憶的衰滅。人們確實愈來愈被拴在一起了，但人們反而更為孤獨，距離更為遙遠，無知生命的燦爛和歡樂。所謂的享受、占有，多半不過是簡單的擁有感。人們甚至記不清去年、上個月、昨天的事了，人們更記不清父親、爺爺、太爺等三代以上的事……

履霜堅冰至。冰凍三尺非一日寒，其由來也漸。千里之行，始於足下。故一年之計在於春，一日之計在於晨。但是，沒有人記得這些事了。

記憶、慈悲這些上古時代的生命特徵淡出後，人們開始不勞而獲，並且以各種名義去占有、享受。至於過去，則找出替代性的符號、甚至找出專人來記憶。

由此形成的習慣是，文字、文章是為王公貴族們服務的，記錄他們的陳跡，為他們著想的居多。比如《書》，完全是政治報告。《易》，也是為君子謀的憂患勸戒。至於《禮》、《樂》、《春秋》，都是為貴族們服務的。即使《詩》，收進了大量的鄉野小調，但經過採編，也雅得可以了。

常樅老師說，這種服務訓導精英貴族、王公大臣們的文字功能，有歷史的合理性。確實，對三代以來的華夏之民來說，只有上層有規矩了，有尊嚴是非感了，有價值榮耀了，社稷就會昇平太平。下層黎民，那些沉默的大多數，那些勞力出汗者，還不在文字的範圍內，這是無可奈何的事。

我想，這跟國太爺說的話異曲同工。上層的尊嚴、榮譽和歸宿感是一個大問題，只有他們的這些問題處理好了，社會才有和諧的可能。但是，記憶、慈悲跟人告別，究竟是進步發展的結果，還是墮落的結果；或者說，人的積累如果不可避免，那麼人就註定告別記憶嗎？有沒有更好的辦法呢？有沒有在積累和記憶中雙雙獲得呢？在某種意義上，記憶不也是積累嗎？難道積累就容不下記憶嗎？

至於文字的重要性，我完全理解老師的話。記得少年時代，因為我識字，在四鄰中獲得了多少尊敬啊。很多長輩、老人都對我另眼相看，他們在一起高談闊論，自有樂趣，但一說到他們的名字怎麼寫，一問到剛才說的一句話怎麼寫，他們就全傻眼了。難怪倉頡聖人造字後，天雨粟，鬼夜哭呢！在文字的定身術一般的魔力裡，鬼神無處逃遁了。但我的鄉鄰們確實是自足的，不會寫自己的名字，他們絲毫不覺得是一個缺點，不會寫字，他們絲毫不覺得有什麼不習慣。他們照樣日出而作，飽看天地間的風雲，享受自然、陽光、四季給予他們的福分。

別說野民，就是王侯又如何。晉文公號稱文，但他一生大部分時間是個睜眼瞎。他當了國君後，跟著一位大臣學識字，三天了，還認不全咫尺長的竹簡上的文字。這樣的故事太多了。當然，這不妨礙他讀過書，背過詩，未識字之前的流亡途中，他還在秦國的國宴上賦詩過〈河水〉。他的記性也算不錯了。

常樅老師教大家識字，完全因地制宜，他用刀筆在木頭、石頭、竹子上刻畫時，弟子就用木棍在地上或沙土上照貓畫虎。但教來教去，也就是千把字左右。從伏羲、倉頡造字，到商代卜筮大量使用文字，到周公借用商人的文字，到史籀整理文字，有用的文字確實並不多，有些字還被借了用來用去的。

比如獲得、取得、得到「得」字，大家嘴上說得那麼多，但就是沒這個字，也不知道這個字該寫成什麼樣，沒有人造這麼個字。所以道德、品德的德就被借用了。有名的古公的德論，其中一個德就是獲得、得失的意思。

比如「聖」這個字，本來是大好人一個的意思，是好是善的意思，但人們看圖說話，什麼耳朵好使之類，結果最近一段時間就有了聰明睿智成功等意思了。

比如沒有，冇得這樣的意思，也沒有一個字來表示，人們居然把太陽落山的那個莫字借來用了，而且一借不還。最後太陽落山的字只好畫蛇添足地再加一個日字，是為暮。

常樅老師說，文字是眾人的智慧，又是一兩個天才的產物。兩種情況相輔相成，約定俗成即通行流布。如果堵塞、屏蔽、祕藏，或不去學習，那麼文字就是少數人的專利。像當今天下，周王室雖然擁有圖書典籍最多，但它的文字記錄功能已經落後了，在這方面它早已落伍於魯國。周王有什麼大事，需要記錄的，還得派使者到魯國去通報，以便讓魯國的史官記到《魯春秋》裡。各國同樣如此，發生了可載之史冊的事件、人物、話語，就得去魯國報告。這麼一來，使得魯國的史官對文字的規定和創製工作做得更好了。雖然也有史官出於懶惰，知道了列國大事，但人家來告則書，不告就不書，這樣做其實也是對歷史不負責任啊。不過，總的說來，魯國發展文字最有成效，文字的記錄功能在魯國最有效果。

老子因此很早就對話語之道有意見了，道可道，當然非常道了。看到文字記錄的話語、道理，既非原初的思維，也非說話者原初的意思。

老子一度想跟秦佚等人造字。但造字總是取法於日常生活中的材料，取形於已有的文字，如果沒有大到與古往今來的天地自然同等的胸懷、氣度，很難造出精準的文字，反而造出的文字反映了自身的心地、偏見。秦佚是聰明的，但他又是偏頗的。這使得造字成為一時好玩的遊戲。

文字的起源在很大程度上也跟女人、母親相關，是母親、女性賜予了文字創造的靈感。人們造字也是紀念女性的功德，各族之姓都有女旁，女生即是姓。女人的私處就是一切的根源，就是開始，女人的私口，即始字就這樣產生了。

但在老子的時代，血緣關係已經離散，親親宗族制度已經成為擺設，人們棄絕了神性的生活，開始過一種爭鬥、動物般的生活，自許更人性更雄性更男人的生活時，女人就成了這男性世界的絆腳石。對女人的歧視已經根深柢固，連秦佚都難以避免。他對女人有偏見，造了幾個字，甚至把奇

異的祅字變成了妖，把女人拿著凶器說成是奸（奸即不做好事的意思），把張狂盲目、胡思亂想的芒、㠩變成了妄。氣得老子直翻白眼，秦佚樂不可支，認為自己開千古歷史。

但老子清楚，秦佚這樣的遊戲可能要讓人們世代玩下去了。秦佚說，女人到林下會做什麼，想要果子，想要情人啊。所以貪得的意思就應該是婪。老子反駁說，你這麼歧視女人，你還娶了我們這裡最漂亮的姑娘，從古以來，女子的意思就是好。老子告訴秦佚，如果說世間需要為美好不可言說的意思造一個字的話，非少女莫屬，女少為妙，就是那個美好的意思。所以老子在自己的哲學裡鄭重地把玄之又玄的東西稱作眾妙之門，這個妙字就傳開了。

秦佚太玩世了。老子想，造字不是隨隨便便湊合產生的，那會誤導後代人的思想和生活。秦佚的聰明非比一般，他對老子說，過去人們仰仗於力，未來更有一個高揚力的時代。田裡有力，是男字；力重會導致明顯的運動，是「動」字；有力推船，是做事如意的勝（勝，從力，朕聲。朕，舟之縫理也）字；掌握了力量又有法度，是勢（埶，古同「藝」，法度、準則）字……老子明知秦佚說得不錯，但仍為人類和即將來臨的時代悲哀。確實，把象徵力量的斧鉞加諸一個弱女子頭上，是一個威字。人性的權威如此產生，未免太歧視女人了。至於以手抓住一個女子就是奴（又，手也，象形），卑賤的女子就是婢……這樣的字會愈來愈多。

因此，老子後來對造字沒有了興趣，他更關注大面上的東西，關注本質性的東西，他對歷史敘事沒有更多的興趣，他對天地間的信仰情懷和道理更有興趣。

老子發現，比起《書》的佶屈聱牙、《春秋》的斷爛朝報來，《詩》給予的東西更豐富、更動情、更接近天地自然的大道。所以，他後來講學、回答問題時，寧願採取詩一樣的語言，那比敘事之《書》更清楚一些。

老子的三絕，「絕仁棄義」、「絕聖棄智」、「絕巧棄利」等等，很大程度上是從老朋友那裡獲得的靈感。放棄任何有所作為的想法，這種作為無論是成仁全義，還是希聖希賢，還是奇巧淫技，都該放棄，一切回到自然狀態。

比較起來，我還是跟常樅老師的研討更有收穫，更有知識含量。常樅老師說，天地間最深刻的本質其實跟日常生活息息相關，跟人們的言行相關。師生二人不約而同地想到了表達言行的文字、話語，路徑，道也，這個道就是人們日用而不知的公開的祕密。

但直到此時的文字，道字的運用範圍也是極為可憐的。日常生活中，人們說話被云、曰一類的字占據了，人們行走，被路、徑一類的字規定了。道只是指人從此點到彼點的一條路，但不是從此點到多個地點的多條路。這唯一的路，道，就是人生社會根本的東西。

太初有道，道與人同在，道就是言語，就是大路。

常樅老師跟我談到他的歷史經驗，一切的事物都在道上，在路上，在言詞中；一切的事物經過了又將返回，往返之道；道就在那裡，辦法就在那裡，你去取用好了，你去行走好了。道是偉大

的。

我想，把自己和常樅老師的心得傳達出來是我的使命，我要讓人們知道：有一個渾然一體的東西，先天地而存在。就像太陽、月亮一樣。尤其是月亮，比太陽更強化更多樣。月映千江，月照萬山，月上中天……天涯與共、周而復始。這個渾然一體的東西無比寂靜啊，寥廓無限啊，它寧靜美麗，讓天地萬物運行其間。它獨立存在而永遠不會改變自己，循環往復地運行，永遠不會停息，可以說它是天地的母親。我不知道它的名字，勉強給它取了個字叫作「道」，勉強給它取了個名叫作「大」。大於是運行，運行了於是行遠，行遠了於是返還。

所以說道大，天大，地大，人也大。在上下四面八方的範圍內有四大，人居其一。人效法地無私載的品德，地效法天無私覆的品德，天效法道的品德，而道是以不干預萬物、任其自然為法則。

（第二十五章）

有物混成，先天地生。
寂兮，寥兮，
獨立而不改，
周行而不殆，
可以為天地母。

吾不知其名。
故強字之曰道，
強為之名曰大。
大曰逝，逝曰遠，遠曰返。
故道大，天大，地大，人亦大。
域中有四大，而人處其一焉。
人法地，地法天，天法道，
道法自然。

人名事典

・履霜堅冰至：《易經・坤卦》爻辭。

・《禮》、《樂》、《春秋》：先秦經典。

・倉頡：人名，據說是黃帝時期造字的史官，被尊為「造字聖人」。亦有論者認為他是夏王朝孔甲時代的權臣，以國家權力推廣文字。

・晉文公：春秋五霸之一。他跟著手下人讀書，曾說：「吾不能行也咫，聞則多矣。」斗大的字認不了多少，也做不到書上教導的，但他記性好，記得多。

・河水：《詩經》篇目，有人認為是《小雅・沔水》的誤記，取「沔彼流水，朝宗於海」之意，記性好的晉文公背此詩，是表明自己回國後會像諸侯朝拜天子一樣事奉秦國。從而取得了秦國的支持。

・伏羲：人名，華夏文明的創造者。是我國古籍中記載的最早的王，所處時代約為新石器時代早期，他根據天地萬物的變化，發明創造了八卦。

・史籀：人名，周王朝的史官，文字的改進者之一。籀，音ㄓㄡˋ。

・不書：春秋時代史官規則之一。「告則書，不告則否」，「今不及魯，故不書」。

第八章　鍾情懷春

曲仁里的族長和鄉賢們看見常樅先生經常帶著幾個孩子在樅樹下轉悠，就像觀戲一樣，會看得津津有味。鄉親們也是，他們會笑著讚揚常樅先生，這先生真是特別，有學問，不古板，孩子們喜歡他，真是個孩子頭啊。

族長和鄉賢們一再請求常樅先生去鄉裡的公屋教孩子們學文化。那公屋雖簡陋，但卻是鄉親們聚會的場所，是鄉親們議事的地方，是禮堂，是消息中心，是死者臨時停留的所在，是老人們聚會消磨時光的俱樂部。常樅先生說，自天子之都以至郊野鄉里，自堯舜禹以至夏商周三代，都有這種公共場所。夏時的人稱其為校，商人叫序，大周人叫庠。雖然都有這種場所，但只有官才有學，庠序之教，才有真正的學校教育意義。

如果人們的生活、居住，沒有這種公共空間，那就是極為可悲的。人們會像一盤散沙一樣苟活

在自己的小小天地裡，而為專制的大盜小賊們各個擊破。拓展公共空間、建設公共空間，就是要建設好自己的生活，就是在學校教育、社稷輿論、時事新聞、家族傳承等等之間實現動態的平衡。

常樅先生說，官學的內容分為六種：禮、樂、射、御、書、數，每一種學問都有用。有禮走遍天下，儒生們就是有禮可以到處混飯吃；樂要高深一些，一般服務於廟堂，當然，落魄時也可以給人家做個吹竽的；射，顧名思義是射箭技藝，包括體格訓練；御是駕馭馬車；射和御都是可以臨戰格鬥、上場殺敵的。書是六甲，甲乙丙丁的天干配子丑寅卯的地支，一配六十天，六甲六旬一週期，涉及生活中的吉凶趨避，這是大學問；數就是九數，懂得加減，懂得九九乘法表。

但常樅先生沒有教弟子六藝，他說他只給孩子們講一講三代以來的典冊、歷史……

常樅先生沒什麼可教給弟子的時候，他就催弟子們遊學，或到外面的世界去建功立業。用他的話說，對這個世界，不能只是判斷它，還要經歷它，活在它的內部，而不是活在表面上。但他的最優秀的弟子們要麼嘻嘻哈哈地陪伴他，要麼莊重地服侍他。

常樅老師說，人可以不去爭搶，但活著必須經歷、必須做事。人一生做不了幾件事，必須抓緊時間，即使安靜地平穩地看天看地，也需要懷有自覺之心。

弟子們說，陪伴老師就是一件要緊的事啊。這件事看來很小很容易，但做好了不得了：他們就會有人之常情，冬夏長青。他們就可以面對天下的大事、難事。那時候再大的困難也就沒有了。

老子看到，常樅老師是欣慰的，又是不安的。老子問老師，老師說，是的，不隨意承諾是對的，能把一件事做好是對的。但人生在世建功立業，跟天地君親師的相處這件事有所不同，這件事是矛盾的，忠誠、虔敬、溫情……在極致處，往往不能用於當世。

老子不以為意。常樅說，人們可以不理解他的話，但是在人情和功業之間很難平衡，所以聖人不得已會動殺機。更不用說，那些奸惡之徒，滅去人情而成全事業。至於一般的純良之人，即使對世界充滿愛意，也需要一些世故，才能得到讚揚。

我後來總結時，沒把老師的話全部說出來。我確實明白了，人體驗的真相是不能全部說出來的，即使被誤解也不必說出，誤解不也是人生的常態嗎？心心相印證的機率低得幾乎沒有。人生的道理不是被指明，而是由生命去成就。這種成就也是從簡單入手，認定一個道理其實是簡單的，但這只是第一步。由生命成為這種道理、人要獻身為這種道理，還有很長的路要走。

我只是說，天下的難事，必須從容易處做起；天下的大事，必須從細小處做起。如鄉下人所說，一步一個腳印。處理困難的事要從容易處下手，做大事要從細小處做起。所以，聖人總是及早從事，而不會貽誤時機。

輕易承諾的話很少能講信用，把事情看得太容易必然遇到很多困難。因此聖人也要充分地估計困難，這樣做起來就沒有什麼困難了。

（第六十三章）

天下難事，必作於易；
天下大事，必作於細；
圖難於其易，為大於其細。
是以聖人蚤從事焉。
夫輕諾必寡信，多易必多難，
是以聖人猶難之，故終無難矣。

常樅老師要求弟子們及早想清楚自己一輩子要做什麼，不能隨波逐流，不能混時光。那些隱跡於山林的君子聖賢，並沒有混日子，他們在跟春花秋月相伴時更接近了天文地理，更接近了天地大道。

常樅老師舉例說，獨處是最難得的經驗。不經歷好獨處，人們就難以跟他人相處共處自如，人們就是浮躁的。只有享受到充分的獨處，人們才能有充分的社會狀態。在獨處中，人會發現自己是一個小小的宇宙，有自己的興衰成敗，有自己的圓潤自足。回到身體中來，回到心靈中來，就是回到自己的宇宙中來，這是一種往返反觀的人生。只有這種往返，人才能明白自己跟天地的親緣關係，跟天地的合一關係，跟天地的同命關係。沒有這種反思，人們就少有給予的能力而多是索取的心思。

常樅老師說，人們真正能夠擁有的就是一種反思的人生，但有此足以自豪。這是經過了宇宙的再生，人的再度出生。只有如此人才能公正地、懷著摯愛地去對待天地自然，才能跟他人和諧相處。人們有欲望，但生活的條件會限制人的欲望；人們有本能，但歲月的風霜會毀掉人的本能。所以，只以生來的欲望和本能去活著的人，既非真實，也不可靠。你能指望從只經過第一次出生的人那裡得到公正對待嗎？

老子後來想，老師的話是多麼高妙啊，然而又是多麼真實。第一次出生的人只是一種嬰孩狀態，成年人的欲望跟兒童的心智相結合，那是可怕的亂源啊。老子看多了五大三粗的人，他們誠然有著成年的身體，卻仍停留在極其簡單的孩童思維裡。鄉親們也會這麼批評一個愛衝動的人：四肢發達，頭腦簡單。這樣的人沒有積累，永遠停留在孩子狀態。

老子該如何表達老師的話呢？也許人的全部生活都只是用來印證並說明老師的思想。

但老子後來總結時，沒有把老師的意思全部表達出來，老子只是說，在安穩的狀態裡容易保持，在未萌芽、未顯露徵兆的階段容易謀劃。而在脆弱不牢的時候容易分裂，在微弱的階段容易消散。所以說，要在未出現前就得進行準備，要在未亂之前進行治理。合抱的大樹，是從微小的萌芽生長起來的；九層的高台，是從一筐土開始壘起來的。行走千里長路，是從腳下開始的。

（第六十四章）

其安易持，
其未兆易謀，
其脆易泮，
其微易散。
為之於未有，治之於未亂。
合抱之木，生於毫末；
九成之台，起於累土；
千里之行，始於足下。

常樅老師說，沒有人先知先覺，即使先天聰明睿智的聖人也要經歷一切。只有世間的一切對他不再陌生了，他才不需要重複勞動、重複經驗，而坐享人生世界的一切。只有那些在一日復一日的重複生活中不自知的人，才會經歷得愈多，懂得的愈少。

反觀、反思、反省、反動。

道不遠人，觀察自身和身邊的現象，就可以推測其他。我們周圍的一切，充滿了天道的語言，善於閱讀反省者能夠明白。不善反觀者即使周遊世界，也是一無所知。

老子後來在周王室經歷了一切，在藏書室裡翻看天文地理歷史之圖典時，油然地想起老師的話來。是的，老子坐在藏書室裡，不用猜想，就知道外面的世界在進行什麼遊戲了。王子朝、姬猛、劉公、召公、萇弘等等是什麼樣的人，老子還沒有接觸就知道了。

不出家門，可以知道天下事；不看窗外，可以知道季候的輪轉。人們出走得愈遠，他懂得的真知大道愈少。所以聖人不遠行就能獲得真知，不接觸事物就能有其概念，不用干預介入就能夠成功。

（第四十七章）

不出戶，知天下；
不窺牖，見天道。
其出彌遠，其知彌少。
是以聖人不行而知，
不見而名，
不為而成。

弟子們沒有去鄉遠遊，但經歷卻也不少。比如秦佚、庚寅和我都娶妻生子了，這也是人生大事啊，我經歷得自然而美妙。

三月初三上巳節，那是家鄉的青年男女約會的節日。每年的這一天，男女老少都會出來踏青；而已到懷春之歲尚未訂婚的男女，則會離開家人，自發組成青春的天地。那些俊男美女們，帶著家人的祝福，踏青玩翠，在陽光燦爛的良辰，或新月當空的夜晚，開懷放歌。彼此調笑、試探、印證。他們唱著「東門之枌，宛丘之栩」，他們唱著「視爾如荍，貽我握椒」，他們唱著「月出皓兮，佼人懰兮」、「舒憂受兮，勞心慅兮」等歌詞，在林中、水邊、曠野裡舞蹈，拍手作歌，由此他們的性情也暴露無遺，或者熱烈奔放，或者沉靜安詳，或者才思敏捷、妙語連珠，或者敦厚樸實、忠誠可靠。

又是一年三月三，楊柳花滿天。青年男子哪個不善鍾情，妙齡少女哪個不善懷春？青年男女們就在這樣的歡樂日子，不由自主地吸引了自己的對象，也被自己的對象所吸引。人們在歌舞聲姿中，相信了自己的直覺，也對自己的智的直覺和情的直覺有著青春的信仰，在直覺中，他們把自己承諾給了對方。在密林中、在水邊定情的男女，就會將心意告知父母，家人同意後就會請託媒妁。這種歡樂的日子一年只有一次，陌生的男女在其他時間是不可以隨意說話的，青年男女在其他的時間裡多半跟自己的好友相伴，以將男兒的氣魄、少女的美妙各自開發出來。

這種桑間濮上的歡樂，是青年男女的情人節。我參與了一兩次，很是興奮，甚至有著不能跟從它的羞怯不安，我希望我配得上這樣的歡樂和節日。我希望那些美妙的身體有著自然坦然的交流，而不是神祕著、禁錮著。事實上，這樣的節日就是青年人自我啟蒙自我激勵的日子。雖然，這種節日也是對青年人淑情才智的檢驗，但更重要的是身體崇拜和身心愉悅本身，而非才思性格。

我注意到了，當男女兩方陣營過於鄭重其事時，反而只會張揚那些個性突出的人。結果帶來忌恨、炫耀、爭鬥。長此以往，這種節日就成了少數人，那些優異的男女表現的場所，一個才智突出的美男子會得到眾多女子的芳心；更不用說，一個絕色美人，會得到更多男兒的追求。我不敢深想下去，這種情人節發展到後來會是什麼樣子：會剩下孤男寡女，剩下的男人剩下的女子將失去生命的平衡？剩男剩女們的出現，是否會使人們拋棄情感、靈性，而只有欲念或身體的刺激了？

不用說，在這情人節上，秦佚獲得了不少女子的芳心，以至於老子想，秦佚對女人的偏見來源於他獲得女子芳心太容易了。秦佚跟很多女孩好過，也不費事就把最漂亮的姑娘娶回家了。這中間有多少悲劇、認知的扭曲，老子只有歎息。比較起來，老子的情愛卻要曲折一些，但可能更幸運一些。

沉靜中的老子打量過不少如花的少女，老子不用說什麼話，老子的事蹟早為姑娘們周知。姑娘們看著老子時，也多是安靜的，只有調皮的女孩子開過老子的玩笑，叫老子老木頭。但沒有人知道，老子這個悶騷型的男人心中的波濤，老子偷看過所有美麗的、有個性的、自信的、獨立的女

人，老子似乎覺得那些女人都是自己所愛的，都是自己的愛人。

老子在極短的時間內跟自己的身體相撞，老子發現身體有自己的意志，身體會驅使老子的意識，身體會應和環境而發生變化。跟無數的女人相愛，每一種情境老子都想像、陶醉過了。但老子清楚地知道，在確定的時空裡，愛情只存於這一個男人和這一個女人那裡，老子不可能沒事兒似的出入不同的時空。雖然人生會有若干愛情，但落實者極少。人們不可能將剛才的愛情全然忘掉，而開始另外的愛情。人的心智、生理、靈感不可能經受太多的愛情。愛情中只有一個男人，一個女人。

老子的那一個在哪裡呢？

在這樣的玩樂、打鬧和心思走神中，我和一個安靜的女子對上眼了。嗯，那眼神是怎樣深邃啊。像遠山一樣，像深潭一樣，像百花盛開，像白雲無心。我們對視，又不約而同地避開，又對視，不敢，渴望，害怕……因為我們明白這樣的對視多一時刻，我們就只能相愛一體。

我的愛，玉姬，一個美麗的大家閨秀，就這樣走進了我的生活。我們結婚，在兩人世界裡崇拜、感歎、瘋狂，似乎一時間把老師、同學、父母、養父母、三代歷史、天下……都扔到九霄雲外了。

我再次發現了自己的身體，也發現了女人的身體，再次發現並理解了道。道就是女人，我明白了像妹喜、妲己、夏姬……最美麗的女人何以能夠傾國傾城，顛倒君王和眾生，那就是道的遊戲。

我多次癡癡地在玉姬的懷抱裡垂下自己的頭額，樂而忘返。對女人的生機之綿長旺盛，我有一種驚奇、崇拜和不安，我配得上這樣的福分嗎？想起那個禍亂天下、武功極盛的黃帝都在性愛面前自卑過，我不由得驚奇女人的力量。女人真的像月亮一樣生機無限，對這個世界流連忘返。女人也像月亮一樣是我們世界的祕密，是值得我們敬畏、顧惜並遵循的道。我把她打開又神奇地充滿，如同她對我一樣。

玉姬是善解人意的，她是我的妻、妾，又是我的母親、朋友、知己，她是我的道。在我們的歡樂中，她把我推向了饜足的高原，又使我一次次充滿了新鮮感、新生感、挫敗感、成就感，滿足、感恩而又希望，充滿了力量和從容的期待。那種曼妙和饜足，確實是身體最自信最幸福的時候。

我後來總結傳統的士人時，就把我們的歡樂逍遙時光當作對象寫進去了。我說，過去那些得道的君子士子們，微妙通達，深沉而不可識度。因為不可識度，所以我來勉強描述他們：他們是謹慎的，好像冬天過河那樣；他們是猶豫的，好像害怕他們的鄰居；他們是莊重的，好像是一個客人；他們是舒展的，像冰在融化；他們是敦厚的，好像未雕琢的木材；他們是混濁的，如水一樣不顯特異，不引人注目；他們是曠闊的，好像寬廣的山谷。

誰能對晦暗不明的事加以處理，讓它慢慢地明亮？誰能使混濁的東西沉靜，讓它慢慢地澄清？誰能使靜止的東西活動，讓它慢慢地生長？那些得道者不會滿盈，因為不滿盈，所以他們能夠不斷

地新生。

（第十五章）

古之善為士者，微妙玄通，深不可識。
夫唯不可識，故強為之容：
豫兮，若冬涉川；
猶兮，若畏四鄰；
儼兮，其若客；
渙兮，若冰之將釋；
敦兮，其若樸；
混兮，其若濁；
曠兮，其若谷。
孰能晦以已，理之徐明？
孰能濁以止，靜之徐清？
孰能安以久，動之徐生？
保此道者不欲盈。

夫唯不盈，故能蔽而新成。

人名事典

・禮、樂、射、御、書、數：即六藝。上古中國貴族子弟必須具備的六種才能。

・王子朝、姬猛、劉公、召公、萇弘：人名，老子同時代人。

・東門之朞，宛丘之栩：《詩經・陳風》中的句子。朞，同期，音ㄐㄧ。

・視爾如荍，貽我握椒：《詩經・陳風》中的句子。荍，同蕎，音ㄑㄧㄠˊ。

・月出皓兮，佼人懰兮：《詩經・陳風》中的句子。懰，憂傷，音ㄌㄧㄡˊ。

・舒憂受兮，勞心慅兮：《詩經・陳風》中的句子。慅，煩惱，憂慮，音ㄙㄠ。

・玉姬：老子妻子，虛構人名。

第九章　以身為度

在跟玉姬的歡愛中，老子發現了身體的某種可能性。身體自有其生命邏輯，精神、意識可以感覺到它的運行展開，而精神又是通過氣脈跟身體相生成長。有時候過於放縱了，就一連數日都沒有了精神；然後等待，耐心地等待，身體內突然之間一陽來復，溫暖升騰，充滿在五臟六腑之間，於是，又有表達、宣洩的要求。有時候滿溢得像夏天的洪水，像野獸，要放棄平時的莊嚴、面子、禮儀。但真要那樣不顧一切地發洩了，又會有無可奈何的憂傷和空虛，像泡沫，破敗後的形象慘不忍睹；像電光石火，瞬間陷入了黑暗之中。

誰能對晦暗不明的事加以處理，讓它慢慢明亮？誰能使混濁的東西沉靜，讓它慢慢澄清？誰能使靜止的東西活動，讓它慢慢生長？

孰能晦以已，理之徐明？

孰能濁以止，靜之徐清？

孰能安以久，動之徐生？

常縱老師是對的，要回到身體中來。自從盤古開天地、三皇五帝到如今，我們人類取得了驚人的成就，伴隨的卻是愈來愈嚴重的缺陷，這其中最嚴重的缺點莫過於我們愈來愈輕視自己的生命或說身體。我們在驚人成就的鼓舞下，愈來愈忽視身體，而以為自己可以征服世界，可以周遊世界，可是我們不了解自己的身體。

以身為度。

只有把握了身體，對身體的享用、展開才能如女人如月光如人生世界。人們擁有身體，這是多麼美妙的事，如此，精氣神才有了遊戲的可能，才有了對話和愛的可能。應該歌頌身體。

我歌頌身體，它像岩石，是在我們的不肯定中肯定的島嶼；它像海洋和大地，是我們得以活動的家園。我歌頌那被壓迫的和被蹂躪的，有些人的吝嗇和有些人的浪費：那和神一樣高，和蛆一樣低的身體。我們從來沒有觸到它，我們對它熟視無睹，我們畏懼它而且給它封以一種律條，我們在黑夜裡放縱它又在白天壓制它，我們在自然中放鬆又在眾人裡緊張。它原是自由得和那遠山的花一

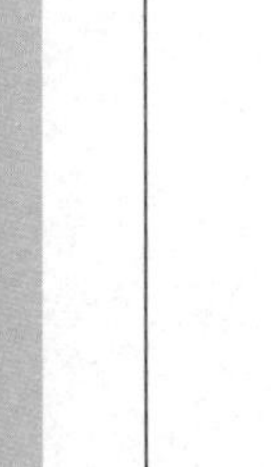

樣，豐富得如同山中的寶藏一樣，把平凡的輪廓露在外面，它原是一顆種子而不是我們的掩蔽。但我們這些飛在人生之風中的種子，為何不把自己種下，為何不找一處安家？

我歌頌身體，如果我們不能理解它，它就是我們的負擔，是我們的障礙和憂患。我們幻化了它的實體而後傷害它，我們感到了和外面的不可知的聯繫和一片大陸，卻又把它隔離。我們以跟從它的衝動自得，我們是身體的奴隸，我們又是它想當然的主人，我們以為自己可以保護我們的身體。但是自己不過是穿破的衣服，愈穿愈薄弱愈褪色，愈不能保護它所要保護的，自由而又豐富的是那身體。

我歌頌身體：因為它是大樹的根，搖吧，繽紛的樹葉，這裡是你堅實的根基；一切的事物令我困擾，一切事物使我們相信而又不能相信，就要得到而又不能得到，開始拋棄而又拋棄不開，但身體是我們已經得到的。這裡是黑暗的憩息。是在這個岩石上，成立我們和世界的距離，是在這個岩石上，自然存放一點東西，風雨和太陽，歲月和天空，都由於它的大膽的網羅而投進我們懷裡。但是我們害怕它，歪曲它，幽禁它，因為我們還沒有把它的生命認為是我們的生命，還沒有把它的發展納入我們的歷史，因為它的祕密還遠在我們所有的語言之外。

我將由身體走向世界，並返轉到沉默而豐富的剎那，美的真實，你的我的，身體。

事實上，早在老子癡癡地看著藍天、白雲、流水、月夜、群星、遠山之時，老子就感覺到身體的氣機存在。老子知道，氣通達四肢百骸，身體就精神、強健。在多次實踐中，老子感覺到精、氣、神的某種關聯，某種融合無間的重大性。當精神跟氣脈在全身從容緩慢地運行，周行一遍時，人的身體好像新生的孩子那樣力道圓融、充沛。當精、氣、神合一地在身內周行不殆時，人就像是無窮的時間、無盡的空間本身，人跟天地萬物、跟宇宙合一了。

老子在專注於身體的知覺中，意識到人身本來也是一個宇宙。老子觀察到，當精神意識專注到身體的某一處時，氣流也會到達那裡；呼吸有規律一些，專守身體的某一部位，很快那裡就有熱感。熱感最強的還是胸、腹以及肚臍下的部位。最不可思議的是，這種入靜就像入定，無怪乎姑娘們會叫他老木頭；入靜會像嬰孩一樣柔軟又有力量。

在入靜的修習中，老子發現了自己的身體既非陽剛也非陰柔，老子不像有的人那樣有強大的爆發力，也不像有的人那樣總是病怏怏的。老子是有力的、綿長的。這一發現讓老子覺得自己掌握了天地間的祕密。老子希望世人也能夠分享這一祕密，人不應該只一心聽從外在世界的召喚，只聽從外面世界的精彩和誘惑，也應該有足夠的精力來關注身體，來傾聽內心的聲音。

在後來的實踐中，老子還發現，入靜入定那種柔順的狀態如同女性的美德，但人在柔順中並非屈服於強大的世界，反而像是有了更充分的積累、準備，有了更充分的應對信心。人的欲念也會除蕪去雜，更純粹、更有效果。老子想，可能正因為對身體的自覺，使得老子和玉姬能夠有愛的饜足。

老子多次在內心吟唱：身體、魂魄與大道合一，能不分離嗎？聚集精氣使之柔和，能像嬰兒那樣嗎？清洗心鏡，能沒有疵斑那樣的欲望嗎？愛護人、治理國家，能不耍聰明才智嗎？接受並消化大千世界的訊息，能夠處於柔順的狀態嗎？或者說，政令的生殺之行，能順從百姓的意願嗎？明白清楚，洞察四方，能無為而治嗎？或者說，對世界能夠無所知而又全知，能夠無為而無不為嗎？用道德生養、畜積，生養而不擁有它，幫助而不憑恃它，長成了而不主宰它，這就是內在最深厚的品德。

（第十章）

載營魄抱一，能無離乎！
專氣致柔，能如嬰兒乎！
滌除玄覽，能無疵乎！
愛民治國，能無知乎！
天門開闔，能為雌乎！
明白四達，能無為乎！
生之，畜之，
生而不有，為而不恃，

長而不宰，是謂玄德。

在兩人世界的歡樂中，一個嬰兒問世了。我給自己的骨肉取名宗，正是看著小李宗在襁褓裡吃喝拉撒，我深刻地體會到人生的某種況味。

人如果一味地學習強者，不可避免地走向爭鬥、僵化、毀滅，而像母親、女人，甚至更弱的嬰兒，反而有著無窮無盡的生命力。人應該向嬰兒學習，嬰兒在母親、家人的保護裡，無憂無慮，一心一意發展自己的天性：生命的真純圓融。親人看到嬰兒的健康純真，也會有無來由的幸福感。

當然，不用說，嬰兒也有自己的問題，甚至，嬰兒是問題本身，他柔弱不能自主，他需要保護、關心、監督，他只會放縱本能。比如嬰兒在搖籃裡亂動，亂抓亂吃，既考驗家人的耐性、愛心，又傷害了自己。

我在無意中發現，天子、王公們跟嬰兒可以一比，甚至普通人也有自己的嬰兒本質。天子，天的兒子；王公們，則把黎民百姓當作自己的父母；普通人，是大自然的兒子。他們本應該像嬰兒那樣純真，一心一意發展自己的天性，但大多數人胡作非為，傷人傷己。很多人爭強好勝，臨頭不過是春夢一場，加速了自己的死亡。這本來是非常淺顯的道理。

那些真正自足而快樂的人多半是像孩子一樣，他們專注，他們簡單。甚至他們的外表，也有著孩子一樣的特徵，或者是嘴角，或者是容顏，或者是眼角眉梢，都像孩子一樣可愛。甚至他們的神

情，也多半是舒展的，或者沉靜，或者歡樂……

向嬰兒學習，並不是就要像嬰兒那樣本能、任意妄為。這種學習本身就是一種反省反思之人生道路，是人的第二次出生。只有經過這種出生，人才能既有嬰孩的專一純真，又有成年人的責任；或者說，人只有經過第二次出生，才能看護好本能、發展好本能，才能公正地對待自己、他人和世界。你怎麼能指望在一個沒有二次出生的人那裡得到公正的待遇呢？

就像國太爺和他的兒子，國太爺雖然有威有望，但其實是慈善的、圓潤的。國二爺卻似乎只是身體本能的象徵，精氣神失調了，在他身體內左衝右突。想起他，我就想像起一個無明的東西在麻袋裡四處亂動，註定是別人的探囊之物。是的，身體就是國二爺的麻袋。他沒有經過二次出生。

但我更悲哀於原大爺那樣的窮苦人家，他們一生像被命運之手勒緊了脖子，像被歲月的風霜一再抽打，就像鄉親們說的，連地上的螞蟻都可以欺侮他們。他們的精氣神也似乎委靡不堪，不能像國太爺那樣知曉並享受人生的燦爛。無論原大爺，還是年老後的國二爺，我想，他們的身體都將像是破麻袋一樣，本來元氣淋漓，卻因為這樣那樣的原因，精華頓失，而不堪一睹。

我想，一切含德純厚者，比得上剛生出的赤子。毒蟲不螫他，猛獸不撲他，惡鳥不抓他。他的骨弱筋柔，握手時卻牢固。他不知男女性交而小雞雞自動勃起，那是精氣充足的緣故。他整天號哭，嗓子卻不沙啞，那是他的陰陽二氣和諧的緣故。精氣充足、陰陽和諧，就是自然常道，懂得這種常道才叫明白。

常樅老師說過，有史以來華夏文明的奠基者伏羲大帝，就是因為懂得陰陽常道，而被稱作太昊，字面意思是第一明白人；後來的少昊也懂得陰陽常道，故稱少昊，第二個明白人。人生天地之間有定數，懂得這些常道定數順道而行就好了，不能勉強去追求增益什麼生命。如果縱欲貪生，追求所謂長生不老，延年益壽，那就會有災殃；勞心費神，耗損精氣，那就會筋骨僵硬。這就叫作違背了常道，背道而馳者必定早亡，不能享盡天年。

（第五十五章）

含德之厚，比於赤子，
蜂蠆虺蛇不螫，
猛獸不據，
攫鳥不搏。
骨弱筋柔而握固，
未知牝牡之合而朘作，
精之至也。
終日號而不嗄，
和之至也。

精和曰常，
知常曰明；
益生曰祥，
心使氣曰強，
謂之不道，不道蚤亡。

在跟母子相處的美好日子裡，老子對女性、孩子的認知豐富而深刻。

老子堅信，大道在女人孩子一邊，強者不過是男人世界對人生和大道的僭妄，是男人的虛妄和自負。看著鄉裡的一些中老年男人，老子常常感歎，他們受了什麼樣的磨難、造了什麼樣的孽，而讓他們像被耗盡了精氣，像秋日的瓜果，像霜打的茄子，蔫得人憐憫他們而躲避他們。他們本來也孩子過，青春過，壯盛過。但他們活著，就像拖著麻袋一樣的身子示眾，就像是被麻袋一樣的身子拖累著。

常樅先生說，華夏三代以來一直尊老、敬老，有著老吾老以及人之老的好傳統。但老子卻清楚地知道，鄉裡人是歧視老人的，老人雖然會有鄉人宴聚，但在很多方面是沒有資格的。老子知道，在人們請客時，老人跟女人、孩子一樣是不上席的。人們罵老人說，老不死的，或老劈柴，老王八蛋……

常樅先生講過趙氏孤兒的故事。老子對趙武那樣一個孩子的印象很深，那麼一個孤兒，儘管遭受人間的悲劇，有追殺者，有為之犧牲者，卻因為家族的積德，而更像是命運搖籃裡的赤子。趙盾過於強悍，在晉國上干天和，下招人怨，在他死後，家族遭到滅門之禍。而含德之厚，使得他的孫子趙武歷險而平安。趙武後來的執政成績斐然，也是得益於他的這種二次出生的經歷。他經歷過苦難，像一個孩子，沒有了名利心，只是順應大道，因此使家道再度中興，使晉國再度強大。

老子對趙武跟老人的關係也有很深的印象。趙武後來做了晉國的執政大臣，徵發徭役去給晉悼公夫人的母國杞國築城，工程完工後，悼公夫人為表示感謝，特地犒勞了役工們，遇到一個老人，大家感覺他年紀偏大，不應該來服役。按當時規定，凡身高已達六尺，年齡在六十五歲以下者才可應徵。據說老人沒有兒子，只好親自去服役。

大家對老人的年齡感興趣，但這個老人不肯說他的年齡，卻謙虛地給晉國的貴族們上了一堂課。他也是知書的，他懂得六甲之書，一生牢記自己的六甲之數。

老人說：「我是個卑賤的小民，不懂什麼紀年，只記得生日是正月甲子日，到現在已數到第四百四十五個甲子了。最後一個甲子才過了三分之一。」

晉國的樂師師曠聽說後，馬上說：「老者有七十三歲了啊。」

大臣史趙故作神祕地接著說：「亥字上端像個『二』，下身像個『六』，二首六身，就是這位老人歲數的日子了。」

另一大臣士文伯怕大家還是不明白，便補充道：「這就是二萬六千六百六十日了。」六十日為一甲子，四百四十四又三分之一個甲子，正好是二萬六千六百六十日。

趙武為此向老人道歉，說自己不才，工作失察，讓老人受苦；並希望老人出來做官，幫助為政。老人以年老為由推辭，趙武便讓他做了絳縣的縣師，同時免去了主管徵發役人的官員的職務。

這個故事裡，老子較感興趣的是老人的生命狀態，他一定是自足的，自得其樂的，他一生專注於身體、歲月，所以他能夠七十三歲了還有精力服役。他示現給大家的又是一種老人的光輝，以至於貴族們都對他好奇。就像知德知道的趙武一樣，這才是值得稱道的人生啊。

無名利心的孩子、柔美的女人以及自足清明的老人，才是大道。

就像趙武的祖父趙盾，那個夏天的太陽，永遠比不上冬日，即他自己的父親趙衰給人的溫暖美好。老子觀察日月山川，理解到高強的、明亮的、雄壯的東西是結果，是非凡努力的產物，是一時燦爛的功業；但低下的、暗昧的、雌柔的才是常態，才是生生不已的大德。

就像大易乾卦，只有九五之爻才是功業，飛龍在天，何等輝煌。但那種輝煌不過是人生一爻而已，如果執迷不悟，去把人生的全部努力用來抓住那一時刻，人就會一頭撞到第六爻，亢龍有悔上去。

人的大部分時間是卑微的、平常的，人必須明瞭這個道理，才能朝惕夕若，才能使童真和責任圓融地統一起來，才能像呼喚父母一樣時刻呼喚大道、天地、神靈，才能像接近取悅父母一樣接近大道、天地、神靈。人的一生，乾卦四爻，都處在晦暗不明的狀態，人必須明瞭這個道理，才能活出正常的人性，才能有無限的生機，並獲得立功立德間的平衡，才能活出神性、道理，從而榮耀道、榮耀神。

就是說，人只有意識到自己的努力時，才賦予了人生的靈性和無限可能，如果真有了飛龍在天的好命也應該返回，否則要麼孤懸，要麼為小人們包圍，失去了平易的物理和健全的人情。像夏天的太陽，猛烈卻使人畏懼，能近其身的多半是小人。國太爺的孤獨就是被包圍的結果，常樅老師的圓融自在是他返回的努力。

以身為度。

在我們的開始裡應該是我們的結束，應該是我們一直要把握住的。

老子後來總結說，深知雄強，有雄強的內在本事，不畏強暴；而保持雌柔的品德，寬柔待人，就像做了天下的谿（溪）谷。做了天下的溪谷，跟道一致的德行不會離散，人們就會回到嬰兒的童真境界。朝政的大德，就在於這種常德不離，像嬰兒一樣視百姓為父母，朝政完全依賴百姓的活力、創造力。深知榮耀，安守屈辱的狀態，去做天下的河谷。做了天下的河谷，跟道一致的德行就會充足，回復純樸的境界。深知明亮，守候自己暗昧的狀態，做天下的法則。做了天下的法則，跟道一致的德行就不會有差錯過失，人們就會回復到無限永恆的境界。

（第二十八章）

知其雄，守其雌，

為天下谿。

為天下谿，

常德不離，復歸於嬰兒。

知其榮，守其辱，

為天下谷。

為天下谷，

常德乃足，復歸於樸。

知其白，守其黑，

為天下式。

為天下式，

常德不忒，復歸於無極。

人名事典

・盤古：人名，傳說中開闢了天地的巨人。

・李宗：老子的兒子。

・少昊：人名，傳說中的五帝之一。

・趙武：人名，又稱趙文子，即有名的趙氏孤兒，晉國大夫。

・晉悼公：晉國中興國君。

・師曠：晉國大夫，博學多才，尤精音樂。

・史趙：晉國大夫。

・士文伯：晉國大夫。

・趙盾：晉國執政大臣，即趙武之祖父，時人稱「夏日之陽也，畏其炎烈」。

・趙衰：晉國六卿之一，即趙盾之父，時人稱「冬日之陽也，賴其煦暖」。

第十章　中年喪亂

但生活是殘酷的，或者說命運的奇特文本永遠不對人全部展開。只有到它的幕布拉起，人們才能體會到無常、變易、樂極生悲、否極泰來的真切含義。

據說玉姬是宋國蹇家的後人，其家族在亂離中搬遷，來到陳國落腳。家大業大，玉姬的父親卻也放浪不羈，跟老子的父親交上了朋友，兩人投機，就開玩笑要做兒女親家。但兩人命運都不幸，玉姬的父親早死，老子的父親離家遠走不知所終。玉姬為叔父養大，這門親事有人知卻再也無人提起。玉姬的叔父看到姪女貌美，就自作主張，許給了他的好朋友百里的兒子。

沒想到老子和玉姬在情人節一見鍾情，真是命中註定的夫妻。兩個人都不拘禮法，同居一起，玉姬的叔父無可奈何，只好裝聾作啞。聊起家世，再跟左鄰右舍們核實，算是對上了暗號，才曉得兩個人本是有緣人。這樣的日子是幸運的，是完美的。

一年以後，百里家才打聽到真相，惱羞成怒，派人來搶玉姬。老子碰巧在外，玉姬反抗不及，被抓去，在路上跳井身亡。

老子悲痛欲絕，半年多的時間都沒有緩過神來，老子的愛就這樣突然而來，突然而去了。老子甚至都沒有心思去照顧兒子，小李宗也就由族親們照看，父子兩人在人生的路上漸行漸遠。老子的性格、思想沒有影響到兒子，相反，李宗就像是老子的對立面。老子不想建立世俗的功名，李宗卻念念不忘要在世上建功立業，做個將軍，效命於疆場。

老子在愛人橫死的事件中，對人們的爭鬥有一種透骨的悲哀。人們什麼時候學會爭搶了？為什麼一定要以搶的方式來滿足自己？即使搶也是我們的本能，我們不是應該看護好本能嗎？爭強好勝總得有個邊界，有種敬畏，才能公正地對待自己和他人吧。爭搶對自己並不公正啊，爭搶只是放縱了自己。

老子甚至對玉姬的決絕方式也有懷疑。老子知道玉姬是為了愛而死，以死抗爭，人的愛有這麼大的力量，讓老子第一次真切地領悟到，愛的偉大。老子還領悟到，死雖然可怕，但人們其實是不怕死的。不過，老子多思的心裡不免想，要是玉姬忍辱一時，說不定事情還有好轉的機會，說不定夫妻兩人還有重逢的機會。這種說不定，老子也是說不定的。

老子在半年多的失魂落魄裡發誓：終生不再娶妻，要努力為人世找到終極的道理，以作為對玉姬在天之靈的慰藉。老子把自己的願望告訴了朋友，流傳開來，「終生不再娶妻」變成了「終生未

娶妻室」。老子三絕、無為的學說流傳開後，人們也就添油加醋地說，老子是棄絕實在具體的愛情，聖人不婚，老子愛的是自己的愛情。

我清楚自己愛的是什麼，那樣天地造化的尤物，那樣造化了天地的尤物，跟我融為一體。儘管這種陰陽男女化合之道被人類無數次經驗過了，但每一次體驗，只要用心，一定是獨特的，是新鮮的，是這一次交歡，而不是交歡；是這一個男子跟這一個女子的交歡，而不是男女交歡。我們人類有能力把這種男女之愛表達得普遍可傳，又讓人們以自己的體驗去印證。《大易》中的歌謠說得多好：「咸其拇，咸其腓，咸其股，執其隨。憧憧往來，朋從爾思。咸其輔頰，咸其脢。」

我多次吟誦著這首歌謠，想著跟玉姬的歡樂：感觸著你的趾拇，感觸著你的腿肚。感觸著你的大腿，撫摩著你的臀部。一來一往啊，應和著你啊。感觸著你的臉龐，感觸著你的頸項。

想起《大易》中的歌謠，我想，怪不得其中多有婚姻男女之事，甚至有那麼多搶婚的事，這本來是我們人類最重大的事實啊。「屯如，邅如。乘馬，班如。匪寇，婚媾。乘馬，班如。求婚媾，屯其膏。乘馬，班如。泣血，漣如。」

這首婚禮之歌唱得多麼有戲劇性。

躊躇不進，徘徊不前。駕著馬車，猶豫盤桓。不是盜寇，而是婚媾。駕著馬車，猶豫盤桓。尋求配偶，盛滿脂油。駕著馬車，猶豫盤桓。哭泣無聲，淚水漣漣。

泣血、漣如。哭泣無聲，淚水漣漣。我就像看到玉姬的哭泣，確實是在泣血。

有時候覺得這就是命，因為從一開始我就有虧欠於妻子。我違禮了。記得一開始就有鄉親勸我要四方鄰里走動，要把跟玉姬過日子的事跟大家通通氣，但我沒有盡到這一份男人的責任。我對玉姬的親友甚至百里家人，都沒有禮貌啊。

娶妻生子是多麼重大的事。別說鄉裡談婚論嫁得有采禮，就是《大易》的納采之歌也把對女子的尊重、求婚的神聖和儀式唱得完美：「賁其趾，舍車而徒；賁其須，賁如濡如。賁如皤如，白馬翰如：匪寇，婚媾。賁於丘園，束帛戔戔。」

那才是娶女子的禮節，那才配得上男女的一生。斑白的馬足得得地走，走近時人們下車步行。斑白的馬尾，光潤的馬毛。馬毛白又亮，馬尾白又長：這不是盜寇，這只是婚媾。馬兒來到坡上的果園，納采的布帛堆積如山。

妻子走了，我像是失去了愛的能力，我又像是愛每一個人，我祝福每一個人。但我還能如愛玉姬一樣去愛另一個女子嗎？也許能夠，不過愛的性質似乎全然不同了。我像是耗盡了愛的精氣，因為偶然、因為失禮而敗壞了上天賦予的愛，這殘留的愛已經配不上美好的女子了。

為了她我要擁抱每一個人，為了她我已經失去了擁抱的安慰。

我的老師和朋友為我難過，時日久了，他們又覺得命運的安排未必全錯。命運自有其神奇之

處，如今我棄絕家室了，也就無家室之累。我需要到外面的世界去闖蕩了。

秦佚來勸我，並說這是老師的旨意。常樅在周王室，宋、晉等國都有朋友，可以推薦我去做官，施展抱負倒在其次，重要的是要有一些經歷。但我不為所動，我覺得自己跟玉姬轟轟烈烈一場，人生也就夠了，剩下的時間只需要思考、守住家鄉就可以了。秦佚批評我太消極了，他說，老師的學問只有我能發揚光大，我不能就這樣在家鄉窩一輩子。我則說，只要是參天大樹，在哪裡都能夠盡自己的本分。至於積極消極，守望未必是消極，只要能把自己的生活過好，就是最大的積極。

其實我也沒有說服自己。

命運的奇特不可思議。一波未平一波又起，常樅老師老了，要走了。那位奇人異士，三代之英就要離開人世了。弟子們聞說，從各地趕到，要見老師最後一眼。

我陪護常樅老師走完了最後的歲月，我每天都去晨請昏省，在病榻前陪老師說話。我發現，這位隱身鄉野的大師，仍念念不忘人世的安寧，念念不忘上人下民間的共處，念念不忘平易的道理和健康的人情。

常樅老師一再提起他聽聞的三代興亡，血流漂杵、國人暴動的慘烈，尤其是後者，誰能想到弱勢的國人能夠起而反抗？誰能想到下層翻騰如山川地震？常樅說，弱者的力量既讓人恐懼又是這個世界的希望。

水能載舟，亦能覆舟。常樅老師說，對水講心裡話吧，水聽得懂你的喜怒哀樂。對水笑，水也笑的；對水哭，水也會哭的。漠視水，水也會漠視你；對水凶狠，水也會凶狠。

常樅老師說，道啊，生命啊，女人啊，其實就是朝氣蓬勃的水。

當老子詢問老師最後的教示時，常樅說：「就是你不問，我也要說了。」

常樅對老子說：「經過故鄉要下車，你記住了嗎？」

老子回答：「經過故鄉下車，就是要我們不忘舊。」

常樅說：「對呀。」又說：「看到喬木就迎上前去，你懂嗎？」

老子說：「看到喬木迎上去，就是讓我們要尊老。」

常樅說：「是這樣的。」

常樅還說：「面向大江巨川，你要垂首；面對小河流水，你要尊重它的流向。」

老子牢牢記住了老師的話。

常樅欣慰地看著自己這個好道深思的弟子，他繼續啟發老子：「你看牙齒和舌頭，哪個剛強？哪個軟弱？」

老子回答：「牙齒剛強，舌頭軟弱。」

常樅無語，緩緩張開嘴巴，讓老子觀察。常樅年老體衰，牙齒早已掉光了，而柔軟的舌頭依然

存在。

老子明白過來：「舌頭還在，難道不是因為它柔軟嗎？牙齒沒有了，難道不是因為它堅硬嗎？」

常樅笑了：「啊！對啦。天下的事理已全部包含在內了，我沒有什麼可拿來再告訴你的話啦。」

老子含淚而問：「今後，我將以誰為師？」

常樅笑了笑：「人世沒有你效法的啦，你就效法天地自然，以水為師吧。」

常樅老師走了，我的情感心智世界再次受到打擊。跟老師在一起時不覺得什麼，老師走了，才明白這個完整世界的坍塌和缺失。生活，如果就是天、地、親、師、友的世界，該是多麼逍遙啊。但我明白，完整世界的喪失並非命運的殘酷，而是大道的作用。生生不已，代代相傳。我的使命，也是要將三代之英、上古以來的飄零花果、伏羲神農以來的大道薪火傳遞下去。我也將從弟子移位於師，並在天地之間盡完自己的義務。

老師說，要以水為師，女人也是水啊，月亮是水，嬰兒是水，水就是我們的大道。我想，揭示大道的真相，這不僅是我的責任，也是老師和前賢們生存於世的使命，我活著就是為了完成責任的。

更準確地說，我們活著就是為了道。

因此，老子後來講到大道時，明確地說，天下沒有比水更柔弱的了，但是攻堅，沒有能夠勝過它的。因為沒有什麼柔弱之物可以代替水，因為沒有任何力量可以改變水的本性。弱則勝強，柔則勝剛，這個道理，天下人沒有不知道的，但沒有人去施行，君王官吏沒有一個能以柔弱為本來治理百姓。所以聖人有這樣的話：忍受一國人給予的恥辱，這就是一國的國君；忍受各國的災殃，這就是天下的王。正確的話，聽起來就像反話一樣。

（第七十八章）

天下柔弱莫過於水，
而攻堅，莫之能先。
以其無以易之。
弱之勝強，柔之勝剛，
天下莫能知，莫能行。
故聖人之言云：受國之垢，是謂社稷主；
受國不祥，是謂天下王。
正言，若反。

我後來一再看到那些強者的悲慘命運，他們不自知地耗盡了上天賦予的美好生命，而成為天人共怨怒的對象。最遺憾的是他們自知時也不能自持，「強梁者不得好死」是大家都知道的道理，但人們仍要裝強作勢。周公教育兒子伯禽，恐怕兒子犯錯，親書銘文於老家僕的背上，讓兒子隨時觀看，以免忘記自己的訓誡。伯禽分封魯國，就鑄金人於祖廟，把銘文鑄於金人之背。強梁者不得好死，就是從這〈金人銘〉上流傳開來的。按常樅老師的說法，原話是：「強梁者不得其終，好勝者必遇其敵。」但這樣的箴言知道者多，實行者少。

齊桓公說過，金剛則折，革剛則裂，人君剛則國家滅。話說得頭頭是道，但他自己身死霸亡，為天下笑。晉國大夫伯宗諫晉侯不要強爭：川澤納污，山藪藏疾，瑾瑜匿瑕，國君含垢，天之道也。話也說得誠懇，但晉侯仍要爭強，楚材晉用，晉國在天下獨步一時，又會如何呢？

後來我在函谷關看到軍士們的耀武揚威，不禁為他們的不自知而悲哀。那些軍士在我面前雖然一時恭敬，卻改不了那種趾高氣揚的強悍勁頭。我想起了常樅老師的教誨，在牙齒和舌頭之間，在石頭和弱水之間，我希望人們懂得怎麼樣待弱守強，希望他們懂得有所忌憚敬畏，對弱勢有足夠的尊重。因此在給他們講道的時候，我說出了這樣寒光閃爍的句子。

嬰兒出生，身體柔軟；或說，人活著的時候身體是柔弱的，他死後，屍體就僵硬了；草木活著的時候是柔弱的，它死的時候也就枯槁了。所以說柔弱的東西屬於生的一類，剛強僵硬者屬於死的一類。所以說兵強了會被消滅，木強了會被折斷。所以剛強的處於下面，柔弱的處於上面。強梁者不得好死，我要用它作為教訓。

（第七十六章）

人之生也柔弱，其死也剛強；

草木之生也柔弱，其死也枯槁。

故柔弱者生之徒，剛強者死之徒。

是以兵強則滅，木強則折。

故剛強處下，柔弱處上。

強梁者不得其死，

吾將以為教父。

當老子跟師兄弟們為常樅守喪多時，大家催老子到外遊歷時，老子痛快地答應了。駕言出遊，以寫我憂。

玉姬走了以後，老子覺得自己度過了青春期；當常樅老師走了的時候，老子一下子咀嚼出「中年喪亂」的含義。天地有數，人生無常，一切變動不居。

天地把老子生命的一部分收走了，讓老子虧缺了，為的是什麼？也許就是為了讓老子能夠通

變，能夠達道。也許就是為了讓老子回歸天地，認清天地自然。這些喪亂、憂患是真實的，它其實又充實了遭遇者自己。只是人們需要慢慢地展開，這需要遠行。遠行正是為了更好地回歸。

利涉大川，應乎天地。

每一個人都是一個世界。由他所見過的、愛過的一切所組成的世界，即使他看起來是在另外一個不同的世界裡旅行、生活，他仍然不停地回到自己的那個世界去。遠行的必要不是因為想像力的喪失，而是因為我們需要跟世界相親相愛，需要我們回報活力、溫情和創造力。我們只有遠行了，才能經驗生命的博大和完整；只有遠行了，才能體會朝向大道的飛揚。

去哪裡呢？四顧蒼茫，哪裡可堪憑藉、棲息？秦佚說，這是一個建功立業的時代，做好了，可以成就老師說的王道，最不濟，也可以建立一代的霸業。

師兄弟們則連連稱好，甚至建議到各大國的都城裡去看看，看看當今各國統治的成績大小。統治以臨天地，以臨萬民，那是要咸臨、威臨、甘臨、至臨、知臨、敦臨啊。《大易》的兩言詩歌不正是說統治要靠感化，要樹立威信，要言辭動聽，要居高臨下，要智謀慧斷，要溫柔敦厚嗎？

師兄弟們唱起臨卦的歌謠時，老子卻和之以觀卦的曲折而堅定：童觀、窺觀、觀我生進退、觀國之光、觀我生、觀其生。是的，要獨自觀察，要暗中端詳，要看看我人生的沉浮，要看看國運的榮光，要看看自身的前途，要看看民生的災祥……

當時的周室已衰，列國之中魯國郁郁乎文，「晉國天下莫強」，秦楚如虎狼側視，但老子想也未想，就直奔周王室。老子想，周王室還是天下的中心，他要到中心學習、觀察，要在中心開花、結果，並把老師的成果傳播開去。

人名事典

- 咸其拇，咸其腓，咸其股，執其隨：《易經．咸卦》爻辭。
- 屯如，邅如。乘馬，班如：《易經．屯卦》爻辭。
- 賁其趾，舍車而徒：《易經．賁卦》爻辭。
- 血流漂杵：即武王伐紂事件。後來孟子曾質疑這一革命事件中的流血史實：「以至仁伐至不仁，而何其血之流杵也？」
- 伯禽：人名，周王朝魯國始祖，周公長子。
- 齊桓公：春秋五霸之一。是歷史上第一個充當盟主的諸侯。齊桓公任用管仲等賢能之士，打出「尊王攘夷」的旗號，使齊國強盛一時，成為中原霸主。桓公晚年昏庸，信用易牙、豎刁等小人，最終在內亂中餓死。
- 伯宗：人名，晉國大夫。
- 咸臨、威臨、甘臨：《易經．臨卦》爻辭。

- 童觀、窺觀、觀我生進退：《易經・觀卦》爻辭。
- 晉國天下莫強：語見《孟子》一書。

第十一章　周室尚賢

老子是作為大賢被推薦給周王的。多少年後，當老子提出他不尚賢的主張時，還懷疑自己是不是也玩世了。老子也是自相矛盾啊，豈止，老子本身就充滿了矛盾。老子既遲暮又青春，既女性又男人。老子剛強，老子溫潤。老子理智，老子敏感。老子既屬於天空也屬於大地，既為時間占有也不為空間放棄。老子既保守也激進，既不屬於這邊也不屬於那邊同時也屬於這邊那邊。

如果我們能夠看見我們的矛盾。看見這些微妙的分歧或大的結構，如同看見我們的毛細血管、大經大脈，它們嘗試了各個方向，對立又統一，而構成我們完整的身體。

如果我們能夠看見，我們的童年所不意擁有的，而後我們遠離了，卻又是成年一切的辛勞，同所尋求失敗的。如果人世各樣的尊貴和華麗，不過是我們片面的窺見所賦予；看哪，那條蛇蜿蜒著一路跟蹤，人生就為我們所窺見的半真理利用！所以，為什麼要相信他們的炫耀呢？為什麼要相信

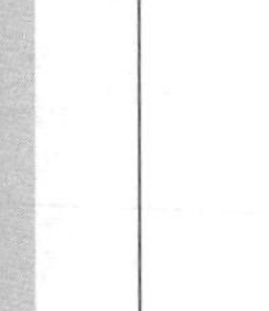

他們是成功了的呢？

如果我們能夠看見他，在歡笑後面的哭泣，哭泣後面的最後一層歡笑裡。誰能笑到最後呢？但是，為什麼要責怪呢？為什麼不寬恕他們的曲解呢？原諒他們吧，因為他們活著，他們並不知道，他們還沒有看見。

在虛假的現實底下，那真實的靈活的源泉，正等待著我們去獲得發現的歡喜。如果我們不是自禁於我們費力與半真理的蜜約裡，期望那達不到的圓滿的結合，就能看見我們的無知，並從無中生長大有的歡樂。

在我們的前面有一條道路，在道路的前面有一個目標，這條道路指引我們又隔離我們，走向那個目標。在我們黑暗的孤獨裡有一線微光，這一線微光使我們留戀黑暗，這一線微光給我們幻象的騷擾，在黎明確定我們的虛無以前。哎，讓我們欲行又止吧，欲言又止吧，讓我們講論我們所確知的，見證我們所看見的。

天何言哉。如果我們能夠看見他，如果我們能夠看見，不是這裡或那裡的茁生，也不是時間能夠占有或者放棄的。

如果我們能夠給出我們的愛情，不是射在物質和物資間讓它自己消損。如果我們能夠洗滌，我們小小的恐懼我們的惶惑和暗影，放在大的光明中。

如果我們能夠掙脫，欲望的暗室和習慣的硬殼，迎接他。如果我們能夠嘗到，不是一層甜皮下的經驗的苦心。他是靜止的生出動亂，他是眾力的一端生出他的違反。他給安排的歧路和錯雜，是為了我們倦了以後渴求，原來的地方。他是這樣地喜愛我們，他讓我們分離，他給我們一點權力等它自己變灰，他正等我們以損耗的全熱，投回他慈愛的胸懷。

如果我們能夠看見。我們都應該回頭，往而有返，在結束時看見我們的開始。

如果我們看得見自己的身體和心靈。

在靜修中，老子愈來愈覺得「看見」的甜美。

但老子仍得面對大周文德日益衰敗的現實。

平王東遷之後的一段時間，周王室和諸侯國還襲用世卿世祿制度，但這種制度早就顯出弊端來了。君王和臣下之間如果缺少了位勢之禮，如果缺少了共擔國運的目標，只是就權力的好惡分享來明爭暗奪，那就是目光短淺的鼠輩了。西周的幽、厲諸王，或用特務衛巫，或用好利的榮夷公，已經自己不正不禮了。平王父子因為鄭公長期在王室做卿，而心生芥蒂，無能處理鄭公在周室權大的事實，竟然可笑地用換自己人的辦法來解決執政坐大的局面。結果，周鄭開戰，周王被射中不說，周天子首善之區的莊稼一到成熟時，就被鄭國的軍隊搶先收割走了。

周王的愚蠢無能讓列國日益看輕，有野心有雄心的諸侯國千方百計地要發展自己，增強國力。國君自己沒有辦法，但只要他有一個優點，他知道有人有辦法，他就算得上明君了。

寡人好色、好玩、好利的齊桓公就是這樣一個人。小商人出身的管仲、鮑叔牙既非世襲的卿士大夫，跟姜姓齊國也非親非故，但齊桓公重用了兩人。任命管仲為相之後，齊桓公還任用「飯牛」的甯戚為三農部長（大司田）。

據說，齊桓公在尚賢方面的表現可為萬世之表率。他會親自問一鄉之長：你們鄉有沒有好學、慈孝、聰明智慧見稱於鄉里之人，如果有就要報告，否則就是「蔽賢」，犯了罪。如果鄉長進賢得當，就可以提拔，三次進賢有功而無過，就可以升為上卿之贊，做上卿的助手。實行這種制度，是想達到「匹夫有善，可得而舉也」。

這大概是齊桓公率先稱霸的原因，在周王衰弱的時候，他能夠九匡諸侯、一合天下，也算得上是人物了。有他帶頭，各國尚賢之風不斷。趙武子做晉國執政時，發現了絳縣的一個鄉野老人很有學問，懂六甲之書，就給他田地，委任他做「絳縣師」，還向老人道歉：「武不才……使吾子辱在泥塗久矣，武之過也。」

這些事，我在鄉裡的時候就聽人提起過。人們談起這些事時總是津津樂道，恨不得自己也為上面的人看中，馬上飛黃騰達。人們說，這個世道是公平的，有能力有才幹的就可以得到提拔，有本事的就可以鐘鳴鼎食。人們說，有本事的就去吃官飯，吃皇糧，沒本事的才會玩泥巴。能吃官家飯，是有本事的標誌。

但我從常縱老師的神情中明白，這種事也得打一個問號。是的，尚賢又如何？齊桓公不得好死，為天下笑；甚至身未死而霸業已衰，隨著人的興廢而興廢，興也勃，亡也忽，折騰的不過是黎民百姓。興起時，以超經濟強制和政治動員式的手段，要把民眾的勞動果實盡可能全部地奉獻出來；敗亡時，以暴力手段，要民眾全部奉獻甚至以生命做犧牲。那些東西，勞動果實、人的生命，本來是應該奉獻給天地神靈、宇宙大道的，本來是可以成全人生歡樂、逍遙、幸福的；現在卻都做了一個好色無行者的犧牲品。而這一切，都是那些所謂的賢人所費盡心機要去成全的。

更何況，尚賢到最後，不過是劣勝優汰的結果。這是註定的結果。所謂的才能、本事，最終會集中到逢迎之道上去，所謂的本事，不過是溜鬚拍馬的本事。尚賢的歷史帷幕拉啟之後，人們不再明白人生的自然歡樂。所謂的幸福快樂將是動員來的，將是人為的，將是此一時彼一時的。

至於官飯，如果一定要把吃飯的歸屬當作人成功或有本事與否的標誌，那不是說明人們沒有度過口腔期嗎？我們能指望從一個沒有度過口腔期的人那裡得到公正的待遇嗎？

老子也明白，唯賢是舉的做法註定要為有權勢者所用，因為賢能者壓榨出來的成果幾乎就是立竿見影、吹糠見米的。一個對攫取更多權勢和財富有想法的人，不可能不受此誘惑。連周王室都看到列國尚賢的成果，也開始請人物色賢才了。以賢才稱著於時的老子就這樣到了周都。

老子本來以為周王室的決策者們會有大的作為。進洛陽不久，老子就明白了朽木確實難以上刀

雕琢。王室吃白飯的公卿世胄太多了，因循守舊，坐享其成。就像詩中唱道的，碩鼠碩鼠，無食我黍。他們是大周天下的蛀蟲，是碩鼠，大周的梁柱早已被他們掏空。

老子對自己會被任命成什麼官職並不抱希望。但當聽到這個名叫姬貴的周王，很客氣地讓老子先做一段朝議記錄的史官，以後去管管圖書，老子還是出乎意外地心涼了半截。他們還是以自己為中心，不能平實地看待這個世界。老子不是他們的人，老子跟他們的距離難以消除。老子沒有說什麼，恭敬地接受了自己的使命。

老子後來才知道，三公們、周王的心腹們早把老子議論、打量了個透徹。老子人到中年，正是壯盛的年齡，卻有了不少白髮，因為喪亂不久，神情中不免壓抑，言行也很持重。有人以為老子是未老先衰，有人以為老子是思慮過度。「哦，看不出來，還是個思想家嘛。」有人這樣感歎。但這樣的感歎，卻給了別人理解的很大空間。思想家有道行、有德行，但不一定有功業。思想家是思想的巨人、行動的矮人。因此，周王任命老子做守藏史，已經屬於破格提拔了。

老子一再想起老師的教導，知道的不怎麼說，那些說的和做的又多不知道。守口如瓶，沉默是金，如〈金人銘〉。但老子現在壯盛之年，不能不說，老子不能只守自己的清白。雖然老子知道旁觀的好處，但老子只能捲入其中。周公在〈金人銘〉中的第一段話就是：「古之慎言也。戒之哉！戒之哉！無多言，多言多敗；無多事，多事必患。」

老子同意，智慧的人，不會誇誇其談。話多的人，心智不夠健全。那些不斷地發表重要講話的行為，那些忙於發號施令的人，那些口才很好的人，都是病人，給自己和他人帶來了災病。天道無為而清靜，正提示人們應該「希言」、「貴言」、「無言」。說話，要說到點子上；說話，不是單向的，而是雙向多向的交流有效才有必要。在上者無言少言，才能讓下面的各種力量自主運行，自然平衡。

閉上多話的嘴巴，關上擾亂別人的號令之門。首先要自己不製造混亂的垃圾一樣的訊息。以無為寬容的態度，來銼掉鋒芒，消除尖銳的矛盾，消解怨恨，解除人與人的紛爭。平等地對待一切，收斂自己的光芒，混同塵世裡那或光明榮耀的或昏暗低賤的人和事，一體包容，這可以說是玄深的統一，跟道同一了。

所以，在這樣的人那裡，人們既不可能得到特別的親近優待，也不可能受到什麼疏遠；不可能從他那裡得到什麼優惠好處，也不可能從他那裡受到什麼傷害；不可能從他那裡得到尊貴的地位，也不可能被他貶為下賤。所以，他這樣的人，才能擁有天下的尊貴地位。

（第五十六章）

知者不言，言者不知。
塞其兌，閉其門，
挫其銳，解其忿，

和其光，同其塵，
是謂玄同。
故不可得而親，不可得而疏，
不可得而利，不可得而害，
不可得而貴，不可得而賤，
故為天下貴。

接下來的工作讓我的心全涼了。所謂的朝議，都是些什麼呀：司馬、司空、司徒等三公坐而論道，雞毛蒜皮的小事能扯上半天一天，大家還興奮異常、樂此不疲，到散朝時，心滿意足地各自打道回府。那真是群居終日，言不及義。

我也見識了諸侯或他們的代表來朝的情景。人物百態，有的是來開眼的，見識見識天子的威儀或禮儀。用他們的客氣話，唉，鄉下人一輩子的願望就是到京城開開眼啊。小時候聽鄉裡人閒談，說起天子的風光，那些一年到頭吃不了一頓肉的人們流著口水說，天子恐怕頓頓都吃肉吧，那些把吃一個芝麻燒餅當作人生享受的人則說，天子一頓可能吃五個芝麻燒餅吧。他們哪裡想像得出天子的風光呢：天子的吃穿住行都有嚴格的規定，自他以下，公、侯、伯、子、男，一等等地減損，比如吃飯，作為權力象徵的鼎乃是煮飯的鍋，天子吃飯用九鼎八簋，鼎裡頭有牛、羊、豬、魚、肉脯、腸胃、膚、鮮魚和鮮臘九味，往下諸侯、大夫、士遞減……有些東西只有天子享有而公侯無能享有的，比如晉文公想要一種死後的風光待遇，就為天子冷冷地拒絕了。所以，大家能看看天子和京城，還是可以增長見識、閱歷和知識的。

只是行禮要有成本，王室已經愈來愈付不起行禮儀的成本了。有的人是來立威的，這些人把周王室看作破落戶，他們把行禮說成是擺譜，王室不大擺得起譜了……他們嘴裡說著尊敬的話，行為舉止之間卻有著暴發戶的傲慢。我一一看在眼裡，記在心裡。

最可笑的是，王室的王子、三公和卿士們在賓客走後，總要議論好一陣子。來賓有禮貌有禮物者，則表揚一番，得意一番，覺得畢竟天朝威儀，可以感化萬方。來客無禮，則憤怒、痛罵，有人甚至要痛哭流涕，覺得天朝顏面被掃滅了。他們總有興奮點，總有情緒、欲念的起伏，總能從一個興奮點跳到另一個興奮點上去，他們樂在其中。我後來對人心的欲念因此而深惡痛絕。

朝議的慣例是大家或坐或站。三公可坐，卿士則站，其實，坐也好，站也好，都不可長期依靠。站者依靠的是雙足，坐者依靠的是膝蓋和臂部。手、背無處可依。如果不誠心正意，如果不專注於所議事情，就都是相當辛苦的事，就會腰痠背痛。

我的工作尤其辛苦，我要站著聽大家的議論，盡可能地把一些重要的話記住。開始時還算很認真，日子久了，我也開了小差，記錄就成了苦不堪言的差事。有時候聽煩了，我真想說：你們忙啊，我要走了，我不打擾你們了。

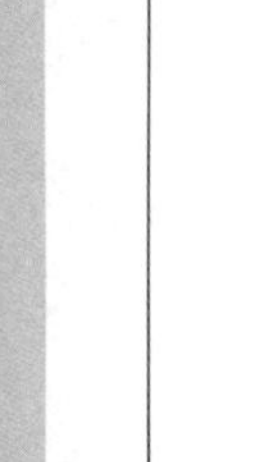

我想，我的生活在別處，我的生命不在這個地方，我的國不在這個世界。

倒是周王姬貴把老子的狀態看在眼裡，記在心裡。

在一次來賓的朝議上，周王室要跟諸侯們議論納貢的問題，諸侯們很不給周王面子，讓會場顯得極為難堪。小諸侯國願意向周王室納貢，但對他們來說，他們還要向大國進貢，負擔太重了；周王只是名義上的，大國才能決定他們的安危，故給周王的進貢能馬虎一點也就馬虎一點，能對付就對付算了。大國可以向周王進貢，卻不願意放棄小國給自己進貢的好處，對他們來說，這種好處是他們費盡心機、費盡國力，通過威脅、戰爭等手段爭奪到手的，不能輕易放棄。當姬貴要求各國討論一下給王室的貢賦問題時，除了一些人重複地說明一下自己國家曾有過的貢獻和現在的困難外，沒有人表態。

三公也無能打破冷場的局面，天子不得不開口給自己和諸侯們台階下。姬貴隆重地向大家介紹了王室新的守藏史：老子。他把老子說成大聖大賢大德之人，對天文地理、三代興亡得失、周公之禮、詩書易樂，都貫通的大才。姬貴說著說著，覺得自己做對了一件事，他想，別看你們中間有人暴發了，但要論禮樂文明，還得看我家的。姬貴說，如果你們誰家把禮搞忘了，你們可以向老子先生請教。

諸侯們對老子刮目相看。姬貴很得意，他宣明，當著眾卿的面，他要改一下史的規矩，他要老子記錄時由站而坐，他可以背靠龍柱而坐。老子先生就是龍柱底下的史官，他本來就是柱下即藏書之所的史官，他是當之無愧的柱下史。

得到天子的禮遇，我的工作總算順心了一些。我有更多的精力去閱讀、清理典藏室裡的圖書了，那些圖書幾乎都從常樅老師那裡聽過、學習過了。如今重讀，感受更深。

我發現，尚賢的辦法從黃帝起就開始了。黃帝跟炎帝、蚩尤大戰，本來失利，按傳統習俗，就該偃旗息鼓，退讓一步，以與民休息，跟炎帝部落、蚩尤部落三足鼎立，建設、發展均衡的和平。但面對有史以來最偉大的戰神蚩尤，黃帝使出了尚賢、尚技的全部本事，他請能人賢才，請旱神女魃，造指南車，利用風雨、大霧的天時地利，血腥地征服了對手。黃帝甚至一開始就把尚賢尚技的本事發展到最陰暗的人性高度，那就是從肉體上消滅賢德。他戰勝了蚩尤，沒有跟蚩尤相處共處的能力，就把蚩尤的人頭割下，示威天下。

黃帝的尚賢尚技使戰爭升級，使民眾從屬於部落、國家，展開了爭奪，冷兵器時代的戰爭因此率先讓陰謀加入進來。自黃帝以後，滅人之國的事更是頻繁發生。自黃帝以後，民眾的歸屬成了一個大問題，民眾不得不被牢牢地綁到家國天下的命運當中去。誰叫你是蚩尤的人呢？誰叫你生為三苗之民呢？比起偉大的伏羲氏、神農氏來，炎黃二帝應該有愧啊，他們的胸襟、氣魄都太小了。

堯舜以來的帝王更是舉賢任能，賢才確實賢明了，但也因此把天下為公竊為一姓之私。伊尹、

傅說、姜尚……都是大賢，因此說服人主挑動了戰爭。有扈氏滅國滅族的悲劇、后羿代夏和幾十年動亂、夏桀的悲劇、血流漂杵的悲劇、國人暴動的悲劇……以及更多近代近世的悲劇，都可以追究到人們用賢的問題上來。

老子想，老子不是不推崇明賢，但關鍵是，誰來定義賢才，誰有資格任命賢德？觀上古之世，賢德之人是自然而然地產生的，人們對賢才是天然地感受並以其為中心的。明賢受勞受累，為大家造福。明賢在眾人之中而非眾人之上，眾人知賢而不自以為輕，眾人從賢而自由自在地發揮自己的天性。

老子想，甚至那些真正一流的聖賢大隱無跡，他們跟眾人一樣自在，追求自己的興趣，同時監督那些檯面上的作為；必要時才會現出如天神般的才華以力挽狂瀾，拯救天下。而在眾人之中被認知的賢才不過都是二三流的人物，但對眾人來說，二三流人物維繫政治的力量、關係和發展，就已經足夠。

後來不同，明賢受制於君王、人主。明賢之拔舉來自個別人，也由個別人任命。它的後果是，它引起的不是發展大家的天性，而是同質化的競爭。政治也不是成為大家生存發展的保證，而成為異於人、變本加厲發展並吞噬人的怪物。

這種尚賢發展的必然結果，就是物以稀為貴，就是放縱人欲，就是提倡獲得之得，提供消費占有……

在周室的典藏室裡，在跟周王室的故老重臣交流中，老子還發現，三代以來的很多戰爭，原來都源於這種對賢德、財貨的推崇。商代的武丁，也是雄才大略的君主，但他跟鬼方的三年大戰，耗盡國力，爭奪的只是幾車石頭。老子聽故老傳說，那石頭其實是來自遙遠西域的美玉。周宣王北征，獲得的不過是四匹白鹿。周昭王南征，溺死在漢水裡，目的不過是要楚國的苞茅。這樣的例子舉不勝舉，耗盡了人力國力，也擾亂了人心。

因此，老子後來在總結一生的思想時，堅定地寫了這樣的話：不以識才善任標榜，這樣人們才不會圍著他爭風吃醋，鉤心鬥角；不貪財好利，不看重難得的珍寶，這樣人們才不會來偷竊；不讓誘惑顯現，這樣人們才不會胡思亂想。所以，聖人的治理之道，是要讓自己清心寡欲，不輕舉妄動。在欲望上，心虛志弱，只求腹內充實，筋骨強健，保障身體的康樂而已。他沒什麼想法，人們也就不必去知道去猜測他的想法，也就沒有可能從他那裡謀取什麼好處，人們對他只能無知無欲，那些投機取巧的聰明人也就無機可乘，無事可為，不敢胡來。這是順應自然、不加造作之道，這樣治理就是無為而大治。認真地無為而治，就是無目的的合目的性。

老子本來想過是否要解釋這種逆流而動的思想，使其更周密一些，但老子想，就讓它片面一些吧，讓它跟大家的順勢思維對立得更尖銳吧。老子不在乎人們說老子也是靠賢能獲得為王室服務的機會，老子不在乎人們說老子的矛盾。

（第三章）

不尚賢，使民不爭；
不貴難得之貨，使民不為盜；
不見可欲，使民心不亂。
是以聖人之治，虛其心，實其腹，弱其志，強其骨。
常使民無知無欲，使夫智者不敢為也。
為無為，則無不治。

人名事典

- 周平王：即東周第一任國王，西元前七七〇至前七二〇年在位。西周幽王之子。
- 榮夷公：榮國國君，西周厲王寵臣，理財專家。時人評論他「好專利而不知大難」，釀成國人暴動的大難。
- 管仲：人名，輔佐齊桓公稱霸的名相。治國專家，被尊為「管子」。

- 鮑叔牙：人名，齊桓公的重臣。鮑叔牙推薦管仲當上了宰相，被時人譽為「管鮑之交」、「鮑子遺風」。
- 甯戚：人名，早年懷經世濟民之才而不得志，後成為齊桓公重臣。
- 姬貴：人名，即周景王。
- 伊尹：人名，商初大臣。名伊，一說名摯。輔佐商湯王建立商朝，被尊為賢相，是歷史上第一個以負鼎俎調五味而佐天子治理國家的名廚。他創立的「五味調和說」與「火候論」，至今仍是中國烹飪的不變之規。
- 傅說：人名，從建築工地上選拔出來的商代大臣，輔佐殷商高宗武丁安邦治國，創造「武丁中興」的盛世。有「知之非艱，行之惟艱」的名言傳世。
- 姜尚：人名，字子牙，呂氏，一名望，尊稱太公望，武王尊之號為「師尚父」，世稱「姜太公」。
- 后羿代夏：有窮后羿，以善射見稱，是東方夷人諸部勢力比較強大的首領之一。他「因夏民以代夏政」，一度奪取了夏王室的統治權力。
- 武丁：商代第二十三王，即殷高宗。在位時期，武丁任用賢臣傅說為相，妻子婦好為將軍，商朝再度強盛，史稱「武丁中興」。
- 鬼方：北方與西北古代民族名。武丁討伐鬼方，經過了三年才取勝。

・昭王：即姬瑕，中國周朝第四代王。周昭王親自統帥六師軍隊南攻楚國，全軍覆沒，昭王死於漢水之濱。

第十二章　典藏觀想

我對周王室的禮遇還是很感激的，畢竟有了一個這麼好的機緣去了解三代以上的歷史。儘管常樅老師跟我講過一些，儘管鄉野的純樸生活讓我感受過一些，但我還是震驚於上古人類的幸福生活。

我意識到，古往今來的時間尺度，跟上下四方的空間尺度，是相對的。宇宙之間有那樣一個時空轉換的拐點。在那裡，時間空間化，空間時間化了。事實上，我還發現了，這個拐點存在於任何時代。那就是完全沒被污染過的空間，即最純樸的鄉野生活，保存著最遠古時間的本性，保存著遠古生活的樣子。

要知道上古生活的本相，就去觀察鄉野人民的世界吧。不要用國人、都人、城裡人的眼光打量他們，不要用現在時的思維去理解他們，不要可憐他們：以為他們愚昧、不幸，跟自己的生活世界

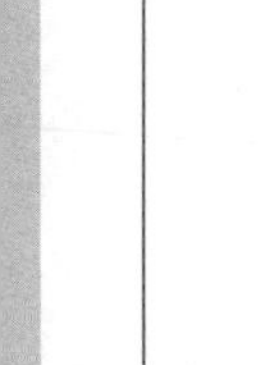

一樣鉤心鬥角。不是這樣的。我在曲仁里生活過，知道城裡人、國人的思維或生活是怎麼一步步浸入、滲透、污染一個世外樂園的。

那確實是世外樂園。人們沒有貨幣的觀念，沒有珍異的想法，人們只是在特定的時間裡「日中為市」，趕集，交換生活所需。人們靠天吃飯，也把大部分的時間用來取悅天神；人們靠地居住，也把大部分的精神用來崇拜大地山川。除了必要的農忙時節，人們大部分都生活在祭拜禮祀的節日裡，那些日子莊重、虔誠、身心以赴、激情、狂歡……我想，在農耕時代之前，狩獵時代，人們更是取得了食物之後，就一門心思地祭祀天地。

我從典藏室的圖書中看到那些遠古傳來的文字符號，經常長久地感歎無語。我像是觸摸到了上古的脈搏、心跳和笑容。那些符號，在我看來，單純、莊嚴、美麗無比。我想，先人們想過果腹、想過休眠，甚至公開地坦然地想過性交，但大部分精力在想天地神靈，在為天地神靈服務、積累、貢獻、生活。先人們沒有想過自己人中的賢才，沒有想過自己中間的王者，沒有想過還有部落、國家、宗族需要奉獻、犧牲。

當然，老子最終想到，那個時空變幻的拐點還是在人那裡。無論是鄉野之人，還是先民，其實還多是在黑暗之中生活，在不知不覺間生活，是具體的人感知並傳遞出時空的秩序、人生的經絡，帶領大家走出混沌並回向混沌，帶領大家走向合眾的歡樂並回向為一的自由。

是的，是具體的人把時空給予了大家，他們就是時空、天地、大道的人格化身。那些先知先覺者有發現的歡樂和幸福，他們發明發現的時間空間，他們是時間空間的拐點。要知道時間的長度、密度，要知道空間的廣度，要知道文明，就去了解他們的心思吧。他們帶動後知後覺者和不知不覺者，使後者有跟從有認同的歡樂和幸福。那些先知先覺就是一個鄉、一個部族的大德、聖人，他們像太陽，給予了光和熱，但他們更像月亮，照明了暗夜。是的，聖人是道路，他們如天地日月，如月，如女性，如嬰兒，吸引了大家的目光。他們因此被後人長久地紀念。

世界需要這樣的拐點。如果沒有這樣的拐點，世和界就分開了，時與空就分裂了，宇跟宙就分手了，人們渾渾噩噩，忘了何年何月。就像傳說中的商紂王，做長夜之飲，而忘了歲月。先哲們就是這樣的拐點，他們賦予了我們人類以世界。他們甚至擔心人類忘記了時間，因此把節日給予了人類，擔心人類忘記了空間，因此把東南西北的方位給予了人類，擔心人類忘記了時空，而把自己、把道給予了人類。

我在大周的典藏室裡觀想天下，觀想天地之道。由天地聯想到好人、聖人，聯想到那些經驗一切又頤養天年的聖人。我總結道，眾所周知，天地是長久永遠的。天地所以能長久存在，因為它們不自私，所以能長久存在。因此，聖人將自己放在後邊，不標榜自己的一己之知之得，反而能夠真正先知先覺；他將生命置之度外、不與人爭利，反而能保全生命，獲得大利，因為他無私，所以能

成全他的尊貴存在——這最大的私利。

（第七章）

天長地久。
天地所以能長且久者，
以其不自私，
故能長久。
是以聖人後其身而身先，
外其身而身存；
以其無私，
故能成其私。

我對大道的作用有了自己的理解。我想過，道是上下左右四面八方無所不在的，是古往今來無時不在的。當人們漠視它時，它看起來很渺小很無力；但一旦它反動起來，它的力量就是天地也將為之翻覆。三代以來，聖賢迭出，那些聖賢也是服從於道的。我發現，人身成道時的作用最為光華燦爛，但後來人們最多接近道而不能成全道，甚至一些人只是聞道了就滿足了。

大道是普遍的，它無所不在。萬物依賴它而生，但道卻不去主管萬物，它培育萬物成功，卻不占有它們。道養育萬物而不以為是其主宰，可以說道是渺小的；萬物歸附於道而不知道，可以說道是偉大的。所以聖人能成為偉大的人，因為他自始至終都不自大，也不去折騰所謂的大事，所以能成就大業。

（第三十四章）

大道氾兮，
其可左右。
萬物恃之以生而不辭，
功成而不有。
衣被萬物而不為主，
可名於小矣；
萬物歸焉而不知主，
可名於大矣。
是以聖人能成其大也，
以其終不為大，

故能成其大。

老子在閱讀思考中堅信了道的存在、德的存在，道德的存在如同月亮、女人、弱水、嬰兒一樣真實不虛。

在老子看來，道是通過德來展示其美好的。道、德高於世間的一切，道、德才產生了萬物自然。道德產生了宇宙時空，道產生它，德給它形體，畜養它，使它成長。所以萬物沒有不尊崇道的，也沒有不以德為貴的。道的尊崇，德的貴重，並沒有誰下命令給它們這種地位，而它們自己本來如此，它們永恆的本性使然。

所以道創造萬物，德畜養萬物，哺育萬物生長，使萬物成熟，給它覆蓋、保護，也使萬物停滯，毀壞，覆滅。天生天殺，它是最大的創造者，又是最大的毀滅者。生成而不占有，有所作為而不恃功自傲，育養了而不主宰支配，這可以稱作是玄德。

（第五十一章）

道生之，德形之，

畜之，成之。

是以萬物莫不尊道而貴德。

道之尊，德之貴，
夫莫之命，而常自然。
故道生之，德畜之，
長之育之。
成之熟之，
蓋之覆之。
生而不有，
為而不恃，
長而不宰，
是謂玄德。

儘管有黃帝以來的變異，儘管有三代以來遞嬗，我堅信，這一切都在道的作用之中。不要說那些壞的負面的，是道展開的教材；就是大德聖德也是道展開的過程，是其成果之一。至於亂世敗德者，只是道所需要的材料；那是道坎陷之際的活的材料。我想，生活在材料的世代而非生活在形式、本質的時代，確實是不幸的，但也是道考驗人心的嚴重時刻。道是萬眾之父，是萬有之有。

我後來總結說，大德這個模範鎔鑄萬物，可以說是大肚能容，唯道是從，完全服從於道。道這

個東西，恍恍惚惚、微妙莫測，遼闊而無邊無際。在恍恍惚惚、微妙莫測中，在無邊而遼闊的虛空中，運行著宇宙萬物；在微妙莫測、恍恍惚惚中，在無邊而遼闊的虛空中，也有著那最高的抽象、圖案和運行規律；在昏昏暗暗中，在幽深晦冥中，有著極精微細小的東西。這個精細的東西，是道的真實存在，其運行像守著信用一樣有著恆定的規律。

就像鄉間俚語，那些大白話說的，白天過後是黑夜，黑夜過後是黎明，冬天過後是春天……天道是多麼守信啊。

自遠古到今天，道的名字不會消逝，用它的法則就能觀察萬眾之父，天的運行秩序；而不必迷失於某個人某件事某個現象之中。我怎麼知道萬眾之父的本來面目呢？就是基於這種認識。

（第二十一章）

孔德之容，唯道是從。
道之為物，惟恍惟惚。
恍兮，惚兮，其中有物；
惚兮，恍兮，其中有象；
幽兮，冥兮，其中有精，
其精甚真，其中有信。

自古及今，其名不去，
以閱眾甫。
吾何以知眾甫之然哉？
以此。

老子考察三代以上和三代以來的歷史，他對古公的德論有新的理解。作為大周部落的開國者，古公對周王朝的奠基作用功不可沒，他的德論也一直為貴族階層傳誦。上德不得，是以有德；下德不失得，是以無德。因為有犧牲精神，所以上等人有德；因為有斤斤計較的小利益小獲得，所以下等人無德。聽起來確實了不起，但這種理論跟大道還沒沾上邊，跟玄德、至德等道的作用相差十萬八千里。

因為大德喪失了，人們才會把德建立在得失之上。古公的德論，不過是從日常經驗總結的道理，他的德是建立在主觀之私的基礎上，他不過是要吃小虧占大便宜。他對別人宣講他的理論時，他所想要的，比如他的權力、他的宗族的利益，是絲毫不願假借給人的。在這麼一個爭鬥的現實世界裡，他的讓渡要麼使他在世上即失去權力，要麼使他死後家族的利益喪失。這只是一個簡短的道理啊。

同樣雄才大略，紂王就比古公迂腐，結局也就不同。紂王敗在宗教的自負上，從而失去了聖人

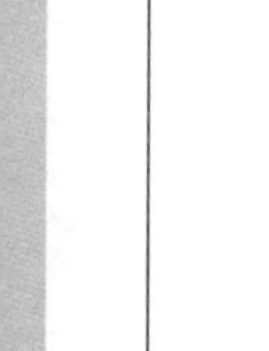

之治最可寶貴的敬畏和健康之道。在行動上，他也把財寶都用來祭祀用來戰爭了，他沒想到積累真正的德。在一個硬軟力量都將一較短長的時代，他完全無視這種力量即德行的積累了。

春秋以來的得失比較和力量消長更變本加厲。魯國大權為三桓掌握，魯昭公被趕出去，死在國外，魯公死在大德的缺失上，也死在他一無所有兩手空空的現實裡。晉公失之於六卿，六卿專政，晉公遲早要亡國絕祀；齊國大權旁落陳氏，姜姓政權遲早要亡國絕祀。一句話，光懂得攬權弄權，而不懂得德之力量的積累，那是死路一條。

老子想到，古公不過比目光短淺的自私之輩要聰明一些，他知道事物的變化微妙而已。任何一個觀察到變化之道的人都懂得：要收斂它，必然會姑且擴張它；要削弱它，必然暫且加強它；要廢除它，必定會暫時抬舉它；要奪取它，必定要暫時給予它。這種姑息其實是讓它盡快地走完自己的生命週期，一時放縱，盡早地釋放完自己的力量。這種姑息，其實是避開鋒芒，是一種時空利害的交換。這種姑息，可以稱作預見了微妙變化的大聰明。

但姑息不能走向姑息的反面，所謂往而不返。就像魚兒不可離開深淵一樣，治理之道，也不可脫離眾人而獨立存在。國家的鋒利武器，如核心權力，如日常治理，不可以甩手給予別人。如軍警力量，不可以丟人現眼，動不動耀武揚威，去管制干涉普通人的自由。

（第三十六章）

將欲翕之，必固張之；
將欲弱之，必固強之；
將欲廢之，必固舉之；
將欲奪之，必固與之：
是謂微明。
魚不可脫於淵，
邦之利器，不可以示人。

想到把大周的開國建設者都看透了，我不禁有一種快意。我將把我的理論說出來，讓萬眾認知。我想，自我以後，那些真相、祕密就不會再在上層傳播了。我要把王侯的那點事兒告訴所有能看到我的著作的人。

我站在誰一邊呢？那些真相或祕密並非我提倡，並非我主張，而其實是現實本身，我的工作在於揭露、描述。只要我說出來，只要人們都知道。一個王朝的陰謀、政變，統治者的橫暴，才能為大家所校正、監督。

我還認識到，如果離開自然之道，如果政治不以神為中心而只以人的欲望為中心，那麼一切迂

腐的觀念也就產生了。聽說齊魯國家的儒生開始大力提倡食色作為人性的正當，並引周公之禮，說什麼飲食男女，人之大欲存焉。這是在周公誤導的基礎上再次誤導萬民啊。

我想過，以神性為基礎的人性被廢了，人欲就會成為藉口。取悅天地之道的飲食廢了，就會有饕餮之徒和節食主義者。取悅生生之德的性交被忘掉了，就會有妻妾成群和鰥寡孤獨的現象。我想過，在人欲氾濫中，忠孝節義反而被當作模範被倡導，那種自然的人情物理被強行制定為人世的榜樣，不正說明人間的敗亂嗎？

據說，仁就是守住自己的位勢，就是讓人們安分守己；義就是禁止人們破壞既有的秩序。仁和義是一手軟和一手硬。廢棄了大道，人們就轉向講仁講義；一旦借助於仁義，所謂假仁假義就出現了，這是因為自然大道被廢置了。所謂的開發智慧，即那種分辨仁義的知識能力，就會有大欺騙的事情發生；國家背棄了大道，導致父子、兄弟、夫婦等六親不和睦，就會有國家力量來推行標榜孝慈的現象發生；政治清明，無為而治，各司其職，無需臨難見忠貞；只有國家昏亂的時候，才會出現忠臣，那時的國已不國了。

（第十八章）

大道廢，有仁義；

智慧出，有大偽。

六親不和，有孝慈。

國家昏亂，有忠臣。

老子據周都洛陽，以觀天下興亡之道，遙想洪荒草昧之際的先民生活，他的結論是，弱肉強食不是人世的規則。但在今天，暴力、強權卻左右了一切。天地廢，大道隱。道似乎消失了。

但老子清楚地感受到道的力量，它存在著。就像無月的晦暗之夜，但月亮是在的，人們都知道也都期待月光的出現。道的作用在於，使更多的人去認識它；如果人們忘掉了它，亂世的悲慘結局就會讓人們呼喚它、接近它、請求它。老子想，常樅老師就是從國人暴動的現象中感受到道的作用的。只是對道的體悟，有主動有被動，有先有後罷了。老子想，老子的使命就是向人們盡可能說清楚道。

在想像中，老子覺得自己有了《詩》一樣的思維，老子覺得詩比話語更真實。詩比一般的話語更接近道。就像月亮，看它看不見，把它叫作「夷」；聽它聽不見，把它叫作「希」；摸它摸不著，把它叫作「微」。這三種特徵是不可思議的，不可區別算計清楚明白的，所以說它是渾融不可分的一。

它的上邊，道的高妙處是不明晰的，它的下邊，萬物的展開又是清清楚楚的。道產生萬物紛紛紜紜，這個過程不可名狀，它最後回復於無，回復到道那裡。道的存在，就是沒有狀態的狀態，沒

有形象的形象，這就是惚惚恍恍，微妙莫測，若有若無。

它無邊無際，沒有頭尾、先後、中心。迎著它，看不見它的頭部；跟著它，看不見它的尾部。

把握住亙古以來的大道，以駕馭今天的萬事萬物，以明白太初之開端，可稱為道的原理法則。

（第十四章）

視之不見，名曰夷；
聽之不聞，名曰希；
搏之不得，名曰微。
此三者不可致詰，故混而為一。
其上不皦，其下不昧。
繩繩不可名，復歸於無物。
是謂無狀之狀，無物之象，是謂惚恍。
迎之不見其首，隨之不見其後。
執古之道，以御今之有，以知古始，是謂道紀。

人名事典

- 日中為市：即中午進行交易做生意，古代物物交換的集市方式。語見《易經》：「日中為市，致天下之民，聚天下之貨，交易而退，各得其所。」
- 三桓：春秋魯國卿大夫孟氏（亦稱仲氏）、叔孫氏、季氏三大家族。因為三家出自魯桓公，故史稱「三桓」。
- 魯昭公：魯國之二十四代君主。西元前五四一年即位，西元前五一七年，魯昭公伐季孫氏，但大敗，後來客死異國。
- 六卿：晉國六卿，即趙、魏、韓、范、智、中行氏六大家族。
- 田陳氏：即陳國的陳敬仲，到齊國安家坐大，最終取代姜太公的姜姓齊國政權，史稱田陳代齊。

第十三章　王室講道

姬貴在位日長，愈來愈焦慮於自家的威望之低。壽則多辱。他活著似乎成了一個笑話。他想出了一個又一個主意，到頭來總是竹籃打水一場空。那些世家望族，看著他著急，卻無動於衷，劉家、單家、召家、甘家、尹家……他們竟不知道大家是一條繩上的螞蚱嗎？

姬貴起用新人不能，他喜歡朝兒，喜歡賓起大夫，喜歡南宮極，這些人有危機感，有變革心思，有朝氣，但他們根柢淺，做不成事。要讓他們得勢做事，只有他來鋪路了。如果他不能做實幾件事，在他百年之後，不僅賓起們死無葬身之地，就是朝兒也沒有好結果啊。

姬貴因此用盡心機做事。當他利用諸侯朝議的機會，隆重推出老子時，不禁覺得自己向成功之路邁開了一步。不僅要讓諸侯們接受老子，也要讓王室的重臣們接受老子。

姬貴召見老子，跟老子談起開國建設者們的嘉言、令德，那些美好的話語德行，不禁感慨繫之。他突發奇想，能不能讓老子把先王的話、先國的治國方略整理出來，讓王室成員們學習、紀念、重溫呢？

我對古公、周公們已經不以為然，那都是些已死的話語人物，他們或它們誠然正確得可敬，但他們已經遠離了，無能穿透現實的物理、事情、人心；在今古時空中，只有道是無論古今的，古之道即今之道，但道的顯像顯形絕非先人發明發現後，就定像定形了，它仍需今人的努力，去擔當，去成全。不過，既然周王有此命令，我覺得整理一下未必是壞事；而且我還可以把那些好的東西做重點強調，可以把我的大道學說放進一部分。

周王讓我準備一下，給王公大臣們講講先王之道。我就當是王室的學習計畫吧，我會用心準備的，關鍵的問題是能否把我的無為思想跟古公的得失理論結合起來。我知道，關於自己的「三絕」主張，在貴族中間正在流傳，有些人說我是反智，開歷史倒車的人；有些人則說我深知先王之道，是黃金時代最後的守望者。

講道的日子到了。我在天子的安排下，把守藏室外面的明堂清理整潔，大家濟濟一堂。周王說，坐在列祖列宗的光榮遺產裡，看到先祖們的圖典、書策，不知眾卿有何感想？無論如何，我們坐在這裡不是坐以待斃，我們要發憤圖強……當年，孤的兄長，太子晉活著的時候，就一再想變法改革。孤坐位多年，寡德少義，有愧兄長，有愧祖宗……好在孤還有知恥之勇，還有眾卿家在，大

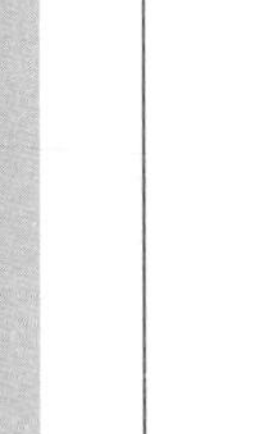

周的天下仍會康強下去。現在請老聃先生給大家講講先王之道，眾卿家對文武周公的大業雖然不陌生，但溫故知新，一起學習可以同心同德，共建大業。

周王說得囉唆，有些大臣都不耐煩了。我看了一眼周王，周王會過意來，他哈哈一笑，說自己就不占用寶貴的時間，請老聃先生開講吧。

老子對這樣的講道提不起精神，但他還是努力地莊重地回顧了從古公以來的王道業績。老子強調說，古公的得論曾經著名一時，現在沒有多少人提了。其實在今天仍有意義，那就是作為治理者，作為王侯，不能在乎一時的得失，不能在乎眼前的得失。要捨得。只有捨得，才有真正的獲得，才有真正的美德。

周王跟著老子一起朗誦了古公的得論：「上德不德，是以有德，下德有德，是以無德。」單穆公、劉獻公等人看著姬貴也朗誦了，只得跟著朗誦起來。

王子朝聽得很認真，老子看他一眼，知道他是想聽出個門道來，但他很快有失望的表情。老子明白，他雖然覺得老子講的有些道理，但直覺上覺得不太對胃口，不能解決他的現實需要。老祖宗的得論是在一無所有時說的，他王子朝現在的情況不是這樣的，而且他會覺得得失之論針對單家、劉家、甘家才是說得過去的。

老子小心翼翼地說，古公的得論在今天的意義，不是字面意義上的得失。因為大家都是世代相傳，有積有得，不可能把已有的獲得丟掉，重要的是在於看輕自己積得的財富，要隨時準備散財，來自天地人間，也要還於天地人間。更重要的，古公思想的實質意義在棄絕那些表面上的張狂之舉，棄絕自作聰明的干預，棄絕追新逐異的僥倖和虛榮。這方面，周武王時代的史官，史佚先生說過，居莫若儉，德莫若讓，就把古公的思想發揮得很好。

多年以後，我在函谷關樓觀台上給關尹、軍士們講道，不禁油然想起當年在王室的這些情景。往事歷歷在目，人生實難，大道多歧，但幸運的我仍從各個方面接近了道的博大和完整。

當年那些聽講的人都已經逝去。周王姬貴崩了，他被謚為景王；王子猛，就是後來的悼王也死了，他似乎一生都沒快活過、舒展過；王子朝死在異國他鄉；賓起橫死；還有那些我已經忘了名字的大夫不祿了；單家、甘家、劉家也衰了……他們當年，固然都是一世之雄也，而今安在哉？

道是公正無私的。人身難得，人的一生有很多種活法，每一種選擇都會得到大道的平衡。追求福分，就得接受某種報應；聚斂收藏，就有丟失損耗；在這裡追求成功，一定的，在那裡就要接受失敗。如果人一定要追求身體、生命、人生的瞬間完成，一定要折騰自己，引導自己，干預自己，一定要壓榨時間、空間，相應的，人生的時間空間也會大大縮短。

人身難得，人生難得，大道有情，要慢慢欣賞啊。

我看見了帳房先生在沉思，也看見巡警的不屑神情……

我看見了王子朝在沉思，也看見單穆公的不屑神情……

但我仍然說，無為就是不要折騰。治理國家要堂堂正正，不能搞陰謀詭計；至於兵事，是自然和人類出現殘缺畸變之際的產物，因此其原則跟治國不同，它生於「奇」而用於「奇」，打仗作戰要出其不意；治理天下要有無為而無不為的整體思想，爭取天下，當採取清靜無為、與民休息的辦法。

執政者不能去算計別人，更不能去算計百姓。上古時代，無為者就是大家的帝心，就是大家的帝。大家也知道，從黃帝到堯舜，都是不下席而天下治，垂衣裳而天下治，靠的是什麼，就是恬淡無為，不殺不誅，而民自化。開國領袖古公遵循的也是這種無為而為的治道。

我怎麼知道這些辦法的呢，是因為我看到了。我看到了，朝政的禁令愈多，則違反禁令、反叛朝政的人就愈多。大家的陋俗忌諱愈多，民眾就愈貧困。民眾的新工具愈多，謀利的手段愈多，加大管制的力度和鎮壓機器愈強大，國家也就愈加昏亂。民眾的生存技巧愈多，新奇的產品，奇案怪事也就愈多。把人們的生活劃定等級範圍的法令愈明白示眾，盜賊也就愈多。所以古公在建國綱領上說，我無為，民眾會自動歸化、進步。我好清靜，民眾自會走上正路。我無事，民眾自己富足。我無欲，民眾會自己淳樸。

（第五十七章）

以正治國，以奇用兵。
以無事取天下。
吾何以知其然哉？以此：
天下多忌諱，而民彌畔。
民多利器，國家滋昏。
民多技巧，奇特滋起。
法令滋章，盜賊多有。
故聖人云：我無為而民自化，
我好靜而民自正，
我無事而民自富，
我無欲而民自樸。

我看到周王也略皺起眉頭，我明白他是想有所作為的。我說，對比周公來，古公少一些江山社稷的責任和包袱，他更能夠像聖人一樣。什麼是聖人？不傲無告，不廢窮民，嘉孺子而哀婦人。聖人沒有成見，無可無不可，他以百姓的心意為自己的心意。善良的人，他以善良的態度對待；不善

者，他也以善良的態度對待，這樣就可以使人人向善，這樣就得到大善。誠信的人，他以誠信的態度對待；不誠信者，他也以誠信的態度對待，這樣就可以使人人誠信，這樣就得到大信。聖人在天地間生活，以身作則，以儉德自處，收斂和順，使天下之人心歸於渾樸。百姓都專注於視聽外物，與物遷移，對那些跟他們生活相關的君王聖賢，可以說千萬雙眼睛盯著，千萬隻耳朵豎著。俗話說，群眾的眼睛是雪亮的。聖人則像孩子一樣觀察現實和未來，他對一切都採取微笑接受的態度，他在心裡對大眾則一直保持著敬畏的態度。

（第四十九章）

聖人無常心，以百姓之心為心。

善者，吾善之，

不善者，吾亦善之，

德善矣。

信者，吾信之，

不信者，吾亦信之，

德信矣。

聖人之在天下也，翕翕焉，為天下渾其心。

百姓皆注其耳目，聖人皆孩之。

老子看到周王聽得舒展起來，知道他聽得片面。老子再一次抬出道來，老子說，一些計謀只能謀得一時，如果順從大道就能謀得永久。古代善於以道治國的，也是善於疏導民眾情緒的人，他們不是以讓民眾對真相知道得一清二楚為目標，而是以讓他們淳樸為目標。民眾難以治理，就是因為他們多有自以為是的才智。所以說，用才智治國，是國家的災害；不用才智治國，是國家的福分。這兩者也是治國的法則。經常把握這個法則，就是合乎道的品德。合乎道的品德深邃、遠大，與事物的表象相反，有了這種品德就可以萬事大吉。

（第六十五章）

古之善為道者，非以明民，將以愚之。
民之難治，以其智多。
故以智治國，國之賊；
不以智治國，國之福。
此兩者，亦楷式也。
常知楷式，是謂玄德。

玄德深矣，遠矣，與物反矣，乃至大順。

聽到老子說對民愚之的話，大家一時高興起來。一些人甚至交頭接耳起來，他們覺得，連老子這樣的大學問家大思想家都主張愚民，看來他們以前的作為也是符合道理的。老子歎息，人總是只聽對自己有利的話，卻不願把握全面的真實。

當周王宣布這一次的王室講道圓滿結束時，大家紛紛給老子抱拳作禮。身分地位不同，作禮的樣子也不一樣，有的只是稽首，有的是拳掌作揖，有的是深深的鞠躬，有的是作揖而又鞠躬、頭則深深地低下去……

我後來在樓觀台講道時，想起這一幕情景，不禁感歎，這些莊嚴的禮儀一旦離開大道人心的加持，是多麼僵硬可笑。事實也是，他們並不敬畏他們表現的禮儀，他們自亂禮儀，終將灰飛煙滅，活過一生而不能平安靜好。

而在當時，我很快接到旨意，周王希望我能把先王的德義治道寫成文字。他要鑄鐘鼎，將文字刻上去，讓天下人都知道大周的王道。

周王還說，他深知我是一個有思想的人，不要怕寫錯話，能夠把古公、文武周公的令德概括、昇華，那是最好不過了。他希望通過先王的豐功偉績、嘉言懿行，以及我的理論，能夠使當下的治道、世道發生變化，有根本性的變化最好。周王還讓人轉達了已故太子晉的名言，太子晉對國運世道憂心忡忡，承認自己「朝夕警懼」，省思自己「其何德之修而少光王室」，太子晉也遺憾自己和大家「未觀夫前哲之令德」，使得世風日下，沒有節制。

我因此寫下了《德經》，儘管苦於思密字少，文字實在不能精確地表達我的意思，但我的任務完成得還算不錯。意猶未盡之餘，又加寫了《道經》。我知道，這是給治理者們看的，給治人者們看的，所以我寫得矛盾、含糊。

但我相信，我的文字是給王者們看的，什麼是王，能生萬物即王，能貫天地人三者即王，能回歸二、歸一、歸道者為王。我希望千秋萬代的人們明白，要做地上的王者，這是我們大家一生的事業，每一個人都該做王。

姬貴認真看了老子呈上來的文稿。不用說，他非常滿意。以他所受的王族教育，以及幾十年治理天下的經驗，他承認，老子的學說是偉大的，雖然在目前看來難以實施。但姬貴想，他一生能為千秋後世提供這樣一種包羅宇宙萬象之道，也是值得的。

當時的人們習慣了用鼓聲和鐘聲傳播行令和律令，比如進兵時用鼓聲，收兵時用鑼聲。周王室的老禮是，不同的律令用不同的鐘來傳播，一共有六種鐘。所以，當子產鑄刑鼎的時候，很多人反對，姬貴其實是支持的，他不認為那是越禮了、犯上了，或開了惡劣的先例。後來的成績證明了他

和子產是對的。公布大綱大法，是可以給人們提供方便的。

姬貴決定將文稿鑄上大鐘，王室已經很久沒有在這方面支出了，他知道這是一筆不小的開支。但為了宏揚大周的王道，還是值得的。

姬貴為此問了元老重臣，伶州鳩說，按周禮，宣哲人之令德，示民軌儀的律法和經書，應該鑄到一種叫無射的大鐘上。射者，是傳統的六藝，是華夏人民關於認識、聯想、推敲、意志和目的的學問，它是智的直覺，又超越了智的直覺。無射，並非不射，而是當其無，有生之用的意思。姬貴對伶州鳩的解釋很滿意，他記得老子的文字裡有關無和有的表達。

三十根輻條環繞軸心構成車輪，只有其中有空無處，才會發揮車的作用。摶土做成器皿，只有其中有空虛處，才會發揮器皿的作用。開鑿門窗造房子，只有其中有門窗等空間了，才會發揮房子的作用。所以說，實體之有給人們便利，但要有其空無才會發生作用。

（第十一章）

三十輻，共一轂，
當其無，有車之用。
埏埴以為器，
當其無，有器之用。

鑿戶牖以為室，
當其無，有室之用。
故有之以為利，無之以為用。

姬貴想，老子真是大才，這樣尋常的現象隨便拿來就能說明天下大道。是的，只有把王道大綱大法變成文字實體，才能給人們以便利；只有那文字表達的東西有足夠的空間，人們才能自如地運用於生活中。

我不知道姬貴是怎麼考慮的，但他要把我的文字鑄到無射鐘上，我還是有些感激的。我並不看好鑄鐘的效果，這跟子產鑄刑鼎完全是兩回事。子產是實力人物的實用主義做法，自然很快見效。周王日薄西山，何況在大家都尋求可操作性、都關心下一頓飯吃什麼的情況下，我的道也好、先王的德也好，都大了，都遠了一些。人們一時半會不明白道和德的大用，甚至一兩代人的時間也不一定明白。但我覺得，周王能將其鑄鐘，仍有不可磨滅的意義。道和德一經問世，就有它自己的命運，就會去尋找有緣人。

當我坐在典藏室裡，再三回味我的文字時，不禁有一些回甘的感覺。當然，還是有一些表達欠準確，我希望會有精益求精的機會。

當我覺得自己一生中最大的事做得差不多了時，宮裡遣來使者，宣示說周王賜給我一小塊土地。離鄭國國界很近的一個鄉，名叫南之沛。據說，王室調查了我的先祖，發現也是大周的遠房子孫，在文武周公時享有南之沛一帶的封邑。現在賜給的地盤算是物歸原主，雖然只有一個鄉，但田園風光，適合清修。

我很感謝周王的眷顧，我不求在天下有一塊土地，不過，知道自己有一小塊地盤還是覺得安心踏實。人真是奇怪啊，我還以為自己的心不為所動呢，但它還是會動一動的，它真的動了一動。

人名事典

・劉家、單家、召家、甘家、尹家：周王朝的權貴家族。

・太子晉：周靈王太子，人稱太子晉。溫良忠厚，聰明博學，後被平庸的父親貶為庶人。

・賓起：虛構人名。書中為周景王寵臣，支持王子朝。

・垂衣裳而天下治：垂下雙手，無所事事，無為而天下治。語出《易經》。

・伶州鳩：人名，周景王時的樂師。

・子產鑄刑鼎：華夏政治改革史上的大事。子產名僑，又叫公孫僑，是春秋後期鄭國的執政。鄭簡公三十年（前五三六年），子產鑄大鼎，將國家法律條文鑄在上邊，把鼎放在城中繁華之處向世人公布。

・南之沛：地名。

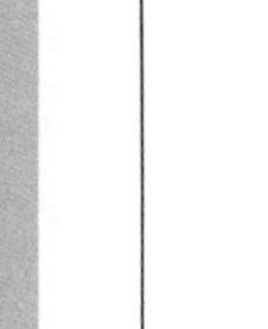

第十四章　景王變法

姬貴確實只有空架子了，為鑄無射鐘，王室東挪西湊，竟花了三年才鑄成。老子沒有參與其事，卻一直清楚其中的艱難過程。老子真希望大臣們、列國國君們能夠明白周王的苦心孤詣。即使周王真的糊塗、昏聵，人總還是有其高尚的超越的一面。老子對周王有一種說不清道不明的痛惜。

但老子沒想到，鐘鑄好了，單穆公公開出面反對；據說他一開始就反對了。老子意識到了問題的嚴重性、複雜性。老子想，老子可能冒頭了一些，老子檢討自己是不是做事太急躁了。好在反對者根本沒把老子當一回事，他們反對的是姬貴所謂的變法，他們認為那都是瞎折騰。單穆公說：「有狂悖之言，有眩惑之明，有轉易之名，有過忒之度……三年之中而有離民之器二焉！」句句都是衝姬貴而去。

口才很好的姬貴幾乎一聲不吭，他知道，此時單家不是代表他自己說話，他代表了王室周圍的龐大勢力，還有他家的靠山，那個諸侯中的強霸國家——晉國。單穆公也給周王下了一個台階，他提出的建議是，既然老聃先生說過邦之利器不可示人，這個無射之鐘也得祕藏起來，只有少數有資格的人才能觀看、抄錄。

姬貴想也只好如此了。他想起了子產鑄刑鼎時候的事，鄭國的貴族也出來反對，還裝神弄鬼，說什麼看見鬼顯靈了，並且預言說鬼要殺死兩個大夫，果然兩個大夫死於非命。子產心知肚明，也只好安撫人心，並封立了兩家心懷不滿者的子弟為大夫，一下子天下太平，鬼再也不來了。姬貴想，他連子產都比不上啊，他沒有錢也沒有職位安撫不滿者了。

老子曾說，治理大國就像煎小魚那樣，不要亂折騰。用道來治理天下，鬼就不靈了。不是鬼不靈了，是它的力量不傷害人。不僅鬼靈不傷人，聖人也不傷人。兩不相傷，這樣就各得其所，天下太平了。

（第六十章）

治大國若烹小鮮；

以道蒞天下，其鬼不神。

非其鬼不神，其神不傷人。

非其神不傷人，聖人亦不傷人。

夫兩不相傷，故德交歸焉。

姬貴想，難道是他折騰嗎？不折騰是等死，折騰說不定還能闖出一條活路呢？他現在只能停下來，他跟單家、劉家等也不過是暫時休戰，他們還是要相傷的。

有資格看到無射鐘的晉國君臣們了解了老子的思想，據說，那個先知般的樂師師曠評價說，這是修義經的盛德之舉啊，可惜沒有人重視。

我後來想，姬貴也只能如此，即使重臣不反對，他鑄了鐘又能如何，聽個響聲。以王室的資源，這個響聲不會傳到衛宋齊魯，即使齊國魯國的君臣聽說了大周的王道經書，也不大會有興趣來觀看、抄錄。因為觀看、抄錄不會變現成財貨、兵器。我想，好話即使出於衰敗弱勢者那裡，也沒有人聽的，大家會把它默殺。

我聽說了師曠的評價，這個國際聞名的人物，自我年輕時就聽過他的事蹟，沒想到人到中年，跟他有了這樣的一種聯繫。我想，這就是道的作用，殊途同歸，正如一切善念終將相遇一樣。不過，我想，他的感歎裡是不是有認為我的文字太大而不切實用的意思呢？他應該是懂得我的，只是他也知道這是一個強權而無公理公道的時代。我的人生大道原則跟強權推崇的相反啊，跟強權理解的實力、勇敢又完全不一樣。

我愈來愈清楚，我們擁有最大的人生之道是不能落實的，但它照耀了我們的一生。我有三個法寶，擁有它而發揮著寶貴的作用：一是慈悲，二是謙卑儉樸，三是不敢為天下先。我這次可能為先了一次，結果仍是遭遇失敗的命運。

有了慈悲所以能夠勇敢，有了謙卑儉樸所以能夠擴張力量，廣有積蓄，不敢為天下先，所以能夠成為天下的首領。現在的人們捨棄慈悲只取勇敢，捨棄謙卑只取擴張力量，捨後而去爭先，不留餘地，不給別人生存的空間，這就叫作入了死門。以慈悲進行戰鬥則能勝利，以慈悲進行守衛則能堅固。上天會以慈悲救助，會以慈悲護衛。

（第六十七章）

吾有三寶，持而寶之：

一曰慈，二曰儉，三曰不敢為天下先。

夫慈故能勇，儉故能廣，不敢為天下先，故能為成器長。

今舍慈且勇，舍儉且廣，舍後且先，是謂入死門。

夫慈以戰則勝，以守則固。

天將以慈救之，以慈衛之。

姬貴的王位坐得窩囊。這一年，他的王后去世了，各國都派使者來參加喪禮。周王本來希望通過喪禮收一筆財寶，畢竟辦喪事也要花錢，他要是只花錢不收錢，日子就更難過了。不僅周王如此想，就是幾大世家也希望能收到禮物。果如所料，魯國、齊國、宋國、衛國、楚國、秦國，都派使者來參加葬禮，對王公大臣各有表示，只有鄰近的晉國派了代表，卻沒有給周王禮物。

姬貴很生氣，他不是一個有話就放在心裡的人。喪禮完畢，除去喪服，姬貴和晉國的使者荀躒、籍談飲酒，用魯國進貢的壺做酒杯。姬貴愈想愈生氣，就問他們，諸侯都有禮器進貢王室，為什麼獨獨晉國沒有呢？

荀躒讓籍談回答這個問題。籍談想的是：天子啊，你已經不是我們的王了，叫你一聲貴哥總可以吧，聽說王室私下都叫貴哥了。但籍談說的是：諸侯受封的時候，都在王室接受了明德之器，所以能有彝器進獻於天子。晉國住在深山，我們離戎狄那麼近，離王室那麼遠，戎狄與我們為伴卻遠離王室，天子的福威達不到我們那裡，我們順服戎狄還來不及，怎麼有能力給王室進獻彝器呢？

姬貴反駁說：你這話是怎麼說的。唐叔是成王的同胞兄弟，當年沒有分得賞賜嗎？密須的鼓和它的大路之車，是文王用來檢閱軍隊的；闕鞏的皮甲，是武王用來克商的，唐叔不都接受了嗎？襄王所賜的大路、戎路之車，斧鉞，黑黍釀成的美酒，紅色的弓和勇士，文公不也都接受了嗎？讓文公保有南陽的土田，安撫和征伐東邊各國，這不是分得賞賜是什麼？有了功勳而不廢棄，有了勞績而記載在史書上，用土田來奉養，用彝器來安撫，用車服來表彰，用旌旗來顯耀，子子孫孫不要忘記，這就是福分。這種福不記在心裡，你的心到哪裡去了呢？而且從前你的高祖掌管晉國的典籍，熟悉國家大事，所以稱為籍氏。你是司典的後代，為什麼恰恰忘記了呢？

周天子的一席話說得籍談啞口無言。

客人都走後，姬貴連聲說：太沒有禮貌了，太沒有禮節了，太沒有禮儀了。籍談的後代恐怕與福祿無緣了吧，數典忘祖啊。

我聽到了這一事件，很為周王難過，也為周王的口才高興。

但很快，貴族中流傳晉國的反應，晉國著名的大夫、學究天人的叔向表態說，天子恐怕不得善終了。據以歡樂的必以此致死。現在天子苦中作樂，主動要求禮物，很不合禮啊。三年的喪禮，雖然貴為天子，服喪也要滿期，這是禮。即使不能服喪期滿，招待列國使者也不能開宴飲奏樂，至少天子鐘鳴鼎食的行為也不能太早。禮是天子奉行的重要規範。這麼一次招待晉國使者卻有兩次失禮行為，這就是忘了規範。言語用來稽考典籍，典籍用來記載行為規範。記了規範而多以言語，數典又有何用？老子不是說過了嗎，多言數窮，不如守中。

聽到叔向的辯解和預言，我不禁又佩服起叔向來。天下之大，人才還是足夠的，只是人們未盡其才罷了。叔向雖然有為晉國巧辯的心理，但也從禮的角度說明了人的命運。據王室貴族們私下議論，貴哥和叔向的預言都是對的。籍談家族無福了，貴哥也將死不瞑目。他們確實都違禮了，違禮

將遭報應，這就是禮的作用。命由心生，運由禮定。這就是禮治時代的祕密之一。

我對禮有了進一步的認識，禮節居然能夠參與人的命運，細想之後，我也同意有其道理。人一旦生活在禮的世界，必然受禮支配，怪不得禮樂制度能夠流行幾百年，而讓那些一流的天才們都為之俯首低眉。非禮勿動，非禮勿聽，非禮勿視，非禮勿行。

既然被周王宣稱是當世最懂禮的人，我想自己也確實應該對禮有全面的了解才是。就像周王說的，人是不能數典忘祖啊。因此，除了閱讀圖典，我的大量時間也是在跟周王室的故老、戚貴、卿士們談禮的形式和內容了。我想，也只有如此，才能消除大家對我的反感和敵意。

老子跟人談話的一個特點是，老子很善於引出對方的談話興趣，從而捕捉到自己所要的最精微的內容。當然，老子並不只是索取，老子也會把自己所知道的東西告訴對方，跟對方分享。

關於禮，老子幾乎知道周公制禮的全部內容。但老子在跟大家談禮時，總是在讓人講明何事用何禮之後，舉例說明。哦，那些例證，都是他們一生經歷的重大事件啊。

祭禮，在老臣心中，還是以天子的郊祭最為重要，那是祭天之禮。那是天下的大事，天下人一生中何思何慮，一年裡何思何慮，就是為了能夠參與祭天之禮。王室的禮部官員大宗伯以及世代為王室重臣、德高望重的劉獻公、甘平公、單穆公，在跟老子回顧周禮的美好時，都感歎異常。到大周時，祭天之禮就增加了次數，變成了四時之祭。

是的，老子此時就會補充老臣的話說，周公的四時祭：春祠、夏禘、秋嘗、冬烝，各有講究。春天的祭禮叫祠，那時候田野山澤還沒有什麼出產，收穫微薄，所以說是祠。夏天麥子熟了，用麥子祭拜天地，所以叫禘。秋天收穫穀子了，讓老天爺嘗嘗新穀，所以叫嘗。烝是眾多的意思，冬天積蓄得多，所以叫冬烝。老子還想到一個細節，四時的物產，比如春天的韭菜、夏天的魚、秋天的黍子、冬天的大雁，也都是重要的祭品。所謂春秋改節，四時迭代，蒸蒸之心，感物增思。不用說，老子的這些話，得到了大宗伯的肯定，得到了劉、甘、單等人的敬服。

而談到諸侯對禮的踐踏時，老臣們也總是痛心疾首。那些不知禮的傢伙，居然僭用天子禮，他們就不知道，這是自掘墳墓嗎？他們會僭用天子禮，大夫們就會學他們的樣僭用他們諸侯的禮。這樣大家都犯上作亂，天下不就亂套了嗎？消息靈通的大宗伯說，套套早就亂了。按說，只有天子才能祭泰山的，可是齊、魯等國也祭起泰山來了。按說，只有天子祭祖才能演奏〈雍〉這首詩，可是聽說魯國的大夫也演奏了。大宗伯說得激動起來，〈雍〉詩裡明明吟唱：助祭的都是諸侯，天子嚴肅靜穆地在那兒主祭。真不知道僭越的大夫和在場的人聽了是怎麼想的？

甘平公、單穆公們聽了，只能搖頭，人心不古啊，人心不古啊。大家告辭時，他們會向老子揖手，先生啊，您是知書識禮的，要保住我們的禮啊。

經甘公、單公的宣傳，老子懂禮的名聲更大了。一時之間，周都洛陽的上層，人人談起禮的話題。有人想起了當年跟著周王祭祖的盛大場面，有人記起了天子的喪禮，有人津津樂道一輩子見過

的最有禮的婚嫁儀式……一時之間，周都儼然復興了禮，周王室重光了它作為天下禮樂的中心地位。

於穆清廟，肅雝顯相。
濟濟多士，秉文之德。
對越在天，駿奔走在廟。
不顯不承，無射於人斯。

——這是〈清廟〉之詩。

維天之命，於穆不已。
於乎不顯，文王之德之純！
假以溢我，我其收之。
駿惠我文王，曾孫篤之。

——這是〈維天之命〉之詩。

天作高山，大王荒之。
彼作矣，文王康之。
彼徂矣，岐有夷之行，

子孫保之。

——這是〈天作〉之詩。

多麼肅穆，多麼莊嚴，多麼虔信，多麼安全！生活在這種禮儀中的人多麼踏實！

我在跟人談道論禮的過程中，還意外結識了一個好朋友——劉家的大夫、王室的樂師萇弘。萇弘懂樂理，三代以來的各種音樂，沒有他不會的。在跟天才藝術家的交流中，我發現，萇弘其實不僅是一個樂工、工匠、樂師，也是一個關懷世運的智者、聖徒。

萇弘並不在乎諸侯大夫們僭禮，也不在乎人們對音樂亂奏一氣。說起禮樂崩壞，萇弘說，不要指責諸侯大夫們了。這個禮也是周天子帶頭搞壞的。幽王的烽火戲諸侯，算得上第一次壞了天子與諸侯之禮。釐王收曲沃武公的禮，算得上第二次壞了天子與諸侯之間的禮。自此以後，天子就是名正也言不順了。

在萇弘心中，禮樂確實也是在變化之中，如果有人死守著陳舊的禮樂，那麼肯定有人會翻陳出新。他告訴我，周人推崇樂，其實並不在乎樂，周人更在乎以祭祀的名義大吃大喝一番。比較起來，商人倒是一個更有文化的部族，他們的祭祀就純正一些，他們是真正懂得音樂的力量和美好的。

這讓我想起，宋國的民謠就有上等下等之說，上等的男人講究穿著，下等的男人講究嘴巴。宋國是商人的後代，他們如此嘲笑暴發戶們。

我也想起，書上也是這麼說的，殷人尚聲，周人尚臭。殷商人祭祀，還保留著上古的歌舞狂歡精神，他們以聲音取娛神靈。而周人就實用得多，他們崇尚味道即臭，到嘴的東西才算踏實，他們以為神靈也是像他們一樣滿足於口腹之欲，故以食物祭品去取娛於神靈。這樣發展下來，祭祀也就變質了。人們懶得去發展音樂，反而沉溺於吃喝之中。

我對周人的吃喝也很厭惡，周禮規定，大祭、天子可享太牢，全牛、全羊、全豬，一級級減一點，少牢，則是全羊、全豬……我想，這就是禮規定一些人可以糟蹋食物，一些人只能吃糠嚥菜。我記得家鄉人一年四季都很少吃肉，只有冬天會有一些肉，人們養的牛羊豬雞鴨，全部獻給官吏，全部為上面徵收了。我印象中有五畝之地的農家，七十多歲的老人一輩子也沒嘗過幾片肉。

我想，這是什麼禮啊，一面讓人荒淫無恥，一面讓人莊嚴地獻身。

萇弘理解老子的憤激，不過，萇弘勸慰老子，禮也是歷史的產物。人們交流、做事、共事，會自然地產生一些反應、態度，會有一些共同的反應，這些東西被發現、總結，就是最初的禮。尤其是祭祀天地神靈，需要大家一起參與，禮由此產生。應該承認，那時的禮、那些禮還是非常好的東西。

萇弘舉例說，喪禮，人們需要表達悲哀的心情，但如只知道沒節制地哭泣是不夠的，只有把哭、號、嘯等結合運用，才能表達悲痛的平衡，才能告慰逝者，化悲痛為力量。比如一般人都知道「三長兩短」是死亡的意思，卻不知道這個俗話的真實含義，多以為是指沒釘上面棺木的棺材，人躺進了三長兩短的棺材裡了。其實，三長兩短也指親人的哭聲，這種哭聲最清楚不過地給左鄰右舍傳遞出喪音。為天子哭喪，聲音要一口氣一吐而盡，好像有去無回的樣子；為親兄弟哭喪，聲音要一高一低，好像有去有回；為堂兄弟哭喪，每聲都要有幾個起伏，最後要拉長餘聲；為遠房親人哭喪，只要哭得有個悲哀的樣子就可以了……

老子牢牢記住了朋友的話。

人名事典

- 景王變法：春秋後期，各國都先後變法，周景王也想發展王道、統一諸侯。子產在鄭國鑄刑書十四年後，周景王也在王城洛陽鑄成了無射鐘，被論者稱為景王變法。
- 荀躒：人名，姬姓，智氏，名躒。春秋後期晉國六卿，智氏之主。智氏家族復興的奠基人。
- 籍談：人名，晉國大夫，其先世代管理晉國典籍，故以籍為氏。
- 密須：國名，密須國經歷了周成王、周康王、周昭王、周穆王四朝後，被周恭王派兵所滅。

- 闕鞏：國名，為商和西周時封國。闕鞏國所產的鎧甲質地優良，一般箭矢不能穿透。
- 唐叔：周武王之子（姓姬）叔虞，晉國始祖。周滅唐（今山西翼城西）後，把唐封地給他，稱唐叔。他的兒子燮繼位以後，因唐地南臨晉水，就改稱晉侯。
- 周襄王：名姬鄭。因王位不穩，得諸侯幫助，有勤王之大功的晉文公向姬鄭「請隧」（要求在死後也享受天子規格的葬禮），被姬鄭婉言拒絕。
- 叔向：春秋後期晉國賢臣，公族大夫，以正直和才識見稱於時。
- 烽火戲諸侯：西周為了防備犬戎的侵擾，在王室周圍修築了多座烽火台，一旦天子有難，點燃烽火，諸侯必須起兵勤王。周幽王為博美人一笑，點燃烽火，戲弄諸侯，以國事為兒戲，最終身死國滅。
- 釐王：姓姬，名胡齊，東周第四代國王。
- 曲沃武公：姓名姬稱，繼父位成為曲沃的國君，在吞併晉國前稱曲沃武公。他攻占晉國後，把晉國的財寶獻給周釐王，周王受賄後，即封他為晉國國君。

第十五章　王都漩渦

當姬貴聽說老子掀起了一場禮樂運動時，不禁再次感慨起先人的業績來。他希望不僅王室周圍，就是列國諸侯都能夠尊重歷史，能夠記起他的祖先對大家的恩典。

但事與願違，從各國傳來的消息說明，沒有什麼人對禮樂感興趣。信使們說列國對老子的評價也毀譽參半，有人說老子很了不起，是繼絕興廢的大學問家，也有人比如魯國的大夫攻擊老子的「三絕」學說，說老子的「無學」就是「不學」，如果周王室都不學周禮，這會禍害天下。

姬貴聽了這樣斷章取義、一知半解的說法，哭笑不得，他知道魯國人自以為得周公禮樂之正宗，向來不大看得上王室，沒想到他們這麼狂妄。狗娘養的，知不知道祖宗說的無中生有？懂不懂老聃先生說的當其無，有有學之用？對於自己學到的和有所不學的都有把握，有所棄絕，才有所收穫，才是真正的大道之學，宇宙的相反相成。這些人數典忘祖不說，還狂妄到這種地步，真是不知

天高地厚啊。姬貴覺得自己要是做師傅，一定給這些人打板子，讓他們把老子的話背上一千遍、一萬遍。

姬貴也天真地做了一件事。他讓人把兩個兒子朝兒和猛兒叫來，他對兒子們說，老子懂禮，給大家講禮，讓他記起了祖宗的美德，他希望兒子們也能夠發揚先王美德，恢復大周的禮樂。姬貴說，他知道朝兒猛兒之間有些隔閡，他今天就是想讓兩人能夠當著他的面和解，能對他保證一起努力中興大周的天下。《詩》說，兄弟鬩於牆，外禦其侮。

姬貴想起了老子，他說，老聃先生說過這樣的話，大的怨仇調和了，必然還留下一些怨仇。怨仇無論大小多少，都要報以恩德，這是和解的最好辦法。因此聖人雖然處於有利有理的地位，處在所謂契約權利的一方，但並不苛責於人。所以道德高尚者以法律和習慣來調和糾紛，無德者只會徵稅只會罰款嚴懲。天道不分親疏厚薄，但總是跟善良之人在一起。

（第七十九章）

和大怨，必有餘怨。

大小多少，報怨以德，安可以為善。

是以聖人執左契，而不責於人。

故有德司契，無德司徹。

天道無親，常與善人。

姬貴說，他不指望猛兒朝兒一下子親密無間，但在如何確保大周天下上，他希望兩人要共同努力，發揮各自的聰明才智，相互取長補短。要記住老聃先生的話。

還沒等姬貴說完，王子朝就嚷了起來，老聃說不爭，我們再不爭，周家的天下就要改姓了。再說，老聃那個玩意兒鑄都鑄成鐘了，他單家人還到處說三道四，太不把我們放在眼裡了。父王不如早點以無禮之罪殺了他。

姬貴看到猛兒奇怪地看了朝兒一眼，心裡一下子涼了半截。

看到天下在自己手裡衰敗，他的政令威嚴不出周都洛陽，姬貴總是心有不甘，他跟命運屢戰屢敗，他仍想拚搏。而身體日漸衰老，他知道自己的日子不多了。他的兩個兒子，要繼承他王位的世子姬猛比較深沉，其實沒有什麼主見，王子朝敢作敢為一些，卻容易衝動。但比較起來，他更喜歡王子朝，周王朝太朽了，可能需要王子朝那樣的強心藥劑。

姬猛早就被立為世子，身邊聚集了單公、劉公一批元老重臣。猛兒也太過持重，世子之位一做幾十年，一直不露聲色，如今也四五十歲了。他究竟是有雄才，還是根本沒有任何能耐呢？姬貴也疑惑不解。猛兒沒有主動做事，但有事的話也做得妥當，姬貴猜想是他身邊人的主意和功勞。這讓

他猶豫不決，一直沒有表明對猛兒的喜惡。

但到了姬貴的晚年，他對王子朝的喜歡就人人皆知了。王子朝敢做事，也能說話，有王子朝陪伴，姬貴的一天就不會寂寞。姬貴聽過王子朝對列國諸侯的評論，他認為還是得當的；王子朝也說過他會如何對付那些霸主，那些對中原虎視眈眈的蠻夷國家，他認為似乎可以試一試。他私下也許諾朝兒，將來由他治理天下；他對心腹大臣如賓起、甘公也流露過可能朝兒更適合做王。但姬貴顧慮重重，一直沒有公開表態，要立王子朝為繼承人。他知道，要讓朝兒繼位，是得把單家、劉家的人殺一兩個。

老子很早就清楚了王室內部的複雜矛盾，現在更意識到事情的嚴重性。老子擔心姬貴不得善終，這樣的事例歷史上太多了。老子不明白，姬貴在位稱得上長久，達三四十年，卻還是一個蠢蠢欲動的急躁性格。聽說姬貴在宮中病得不輕，躁得不安。聽說姬貴念念不忘要在諸侯面前挽回一次面子。聽說姬貴表過態，如果不看到天下的諸侯對他真正地俯首稱臣，他會死不瞑目……老子想，恐怕駕崩了，也不會引起諸侯們的悲痛，他們最多派人來出席一下喪禮罷了。

老子多次體會到入靜的好處，為什麼人們不理解清靜之用呢？人生是動，但以不失清靜為美啊。老子跟姬貴講過商代的開國領袖之一、湯武王的謀士伊尹的話：「凡事之本，必先治身，嗇其大寶，用其新，棄其陳，腠理遂通，精氣日新，邪氣盡去，及其天年，此之謂真人。」只有自己的身體真實不虛，在新陳代謝的流變中日日新鮮，才會精力充沛，才會自信地面對世界。

大易之道，最講時、勢、位、己。自己能夠把握時位才算得上厚重，不離自己的本位才是沉靜，沒有時勢之力則輕若鴻毛，出離了自己的本位就是亂動急躁。就像輜重是輕車的根本，冷靜是急躁的主宰一樣，那些聖人每天行事都不會捨棄他的根本，雖然有深宮大院，但他安樂超然，持重又沉靜。他的身體勞累，他的心卻放鬆平安。但為什麼那些萬乘之主，會把自己的生命看得比天下還輕呢？輕率就會失去根本，急躁也會失去理智。

（第二十六章）

重為輕根，靜為躁君。
是以聖人終日行，不離輜重。
雖有榮觀，燕處超然。
奈何萬乘之主，而以身輕天下？
輕則失根，躁則失君。

幾十年的做王經驗都沒有磨礪出天下之王的品質和美德，這讓我感歎，人欲對人性人心的遮蔽是何等嚴重。幾十年的受挫都沒有軟化一個人剛硬的貪得之心，都沒有改變一個人的剛愎自用。

我想，一個中等智力的人坐幾十年的天下，也該從經驗中學到很多東西了，這些東西根本不用從書上看，從謀士那裡學到，從歷史事件中獲得。崛起的諸侯國此起彼伏，難道人們就不知道他們的興亡之道，一個國家繁榮富強了，別的國家對比一下，不就明白原因了嗎？一個鄉貧窮、落後、愚昧、亂套，看看那些井然有序富足的鄉不就可以了嗎？

在黃帝以來的興亡中，那些強勢者滅掉對手後，總是要表明自己的寬宏大度，說什麼「滅人之國，不絕其祀」。強勢者那樣做，其實也是怕自己的後人有一天會被別人戰勝，從而絕了後代絕了祭祀。事實上，那些被征服的部族、國家、宗族，往往就絕滅了。那些有勢有位的人，就沒有想一想更好地保存自己和後代的辦法。

我想，善於建設的不能輕易地讓其拔除，善於獲持地位的不會讓其跑脫，他們的子孫也不會停止對他們的祭祀。將這種道貫徹到自己的身上，從自己做起，他的品德就純真了，貫徹到全家，這個家族的品德就富餘了；貫徹到全鄉，這個鄉的品德就長久了；貫徹到全國，這個國家的品德就豐盛了；貫徹到天下，天下的品德就廣博了。

人同此心，心同此理啊。理解自己的身體欲念，就可以明白別人的身體欲念；理解一家人的自然關係，也就明白其他家庭的自然關係；以鄉觀察鄉，以邦國觀察邦國，以天下觀察天下，就可以知道他們的狀態和前景了。我怎麼知道天下變化的趨勢呢？就是用道來觀察。

（第五十四章）

善建者不拔，善抱者不脫，
子孫以祭祀不輟。
修之於身，其德乃真；
修之於家，其德乃餘；
修之於鄉，其德乃長；
修之於邦，其德乃豐；
修之於天下，其德乃普。
故以身觀身，以家觀家，
以鄉觀鄉，以邦觀邦，
以天下觀天下。
吾何以知天下之然哉？以此。

老子在天下中心之都生活得愈久，在上層社會周旋得愈久，愈覺得時世的浮華、躁動。他看到，自王公以至百姓，人人都飄忽、急切，人人都想去抓住什麼。王室的派系鬥爭，日益緊張，人人都在站隊、投靠、勾兌。人人都在享受，抓緊時間享受，所謂的享受也就是食色、懶惰、睡眠。

白天出門做事，掙所謂的薪俸，晚上性交、睡覺；甚至有條件的人不分日夜地吃喝、性交、睡覺。難道人就是饕餮一樣地簡單擁有嗎？難道大地自私了，不再給人歲月的啟示了嗎？難道天空一無所有，不再給人想像的空間了嗎？難道人不再自由，不再展開成全大道的朝氣蓬勃了嗎？

沒有人去看山看水，去觀察四時自然的運行，沒有人從容地生活，沒有人理解健康的人情，沒有人獲得生活的全部道理。

在老子看來，周天子應該對這一切負首要責任。他連一個小小的洛陽都沒有治理好，談何治理天下。洛陽的風氣說到底是他造成的，俗話說，上梁不正下梁歪。他連自己的身體都沒有調理好，怎麼調理得好外界的萬事萬物。病夫治國，跟盲人騎瞎馬、夜半臨深池一樣啊。

如果讓一個有道者來糾正風氣、移風易俗，那是多麼簡單的事啊。別說得道者了，就是堯舜禹那樣的賢德，也能夠很快糾正浮華、歸於平實。他們生活在哪裡，哪裡就是天下的中心；他們在哪裡，人們就會跟到哪裡。他們以身作則，讓人們知道是非善惡。史書上說，舜一年成聚，二年成邑，三年成都。那是多麼偉大的功業，兩三年的時間，就能夠在荒涼之地建邑建都。舜能夠如此，至於那永恆的道，它更是無為而無不為了。

是的，恆常之道無為而無所不為。王侯如果能遵守它的原則治理社會，萬方之人會自動歸化。歸化之後還要興起私欲，我們就可以用樸素的道來安撫他們。有樸素之道的安撫，人們就知足，不會有私心雜念。沒有那些私欲了，人們的心地就會清靜起來，而天下也會自動進入正軌，社會安定。

（第三十七章）

道常無為而無不為，
王侯若能守之，
萬物將自化。
化而欲作，吾將鎮之以無名之樸。
無名之樸，夫亦將無欲。
無欲以靜，天下將自正。

我對甘公、單公、劉公等世代重臣很不以為然，我想，他們也要負很大的責任。他們不去向天子盡一個臣子的責任，不去以道德的力量感化人，反而背叛了天倫人世之道，去逢迎、討好，去計較自己的利益得失。

我想，他們都是要在亂世求得巨財、安全，都想得到享受。這是南轅北轍啊。他們背道而馳，愈想得到保護，就愈是走進了危險之路。他們世代相傳的家風，居然都沒讓他們明白，人只有接近大道，才是最安全的。甚至那些愚人、心懷不軌者，最終也是要靠道來保護。

在衰敗的世道裡，每個人都負有責任。從天子以至匹夫，每個人都對衰敗造了一種罪孽，這是我們大家共有的業障罪孽。

多少年後，我在函谷關講道，看到那些軍士們無知無畏的神情。我再一次想起天子、三公和諸侯們的責任。上層貴族不能示現道理，導致下層民眾也跟著犯錯受罪，大家一起在造業、作孽。

我看到軍士們把一生最好的年華都浪費在不可知的命運中，都參與到一個無能自主的針對假想敵的活動裡，不禁悲哀。治國、清明的政治、共和體制，或說忠孝天下，本來是大道給予上層人的規矩，是天子三公們的義務，甚至說俗一些，是貴族們的遊戲，現在卻一再波及百姓，一再哄騙號令百姓為之奉獻。就像月夜，本已足夠，人們卻要秉燭而行，人為地擾亂了夜的安寧和光明。

是的，在上古時代，以道保護天下時，人就是目的。人生的目的不是成為軍士，但現在，軍士已經成了人的身分，成了人的職業。長此以往，軍士再從保衛者變成了攻擊者，變成了一把雙刃劍，傷人也自傷。長此以往，軍士也不夠治理天下，於是再設置司民、司市、司稽、司寤氏、禁暴氏、禁殺戮、司爟、野廬氏、司隸、司門、司關、司險，再動員全民，全民皆兵……長此以往，王侯的遊戲就是殺人而已。秋高馬肥，可以開戰消遣。

一個本來是貴族們的責任，因為「肉食者鄙」，而不得不靠人民來保護自己，更可惡的是煽動人民自相殘殺。這是怎樣的變形扭曲啊。只要貴族們嚴守遊戲規則，只要貴族們懂得遊戲中的責任義務，這個天下就是合乎道的。但貴族們自己玩不起遊戲，自己不講道，自己墮落，卻拉百姓墊背。這是怎樣的悲哀啊。

我後來總結道，道是萬物的保護神，是萬物的皈依處，是善良者的法寶，不善者也要靠它來保護、教化。在衰敗的世道裡，美好的言辭可以獲得別人的擁戴，換取好處；美好的行為可以感化人，取悅於人。人們多矯揉造作，所謂會說話，會來事。人們問起君王之子的年齡，如果還小，就說他「還不能駕車」或「已能開車了」；如果已經長大，就說他「能夠參與社稷之事了」。至於普通人的孩子，如果還小，就說他「能背柴禾了」或「還不能背柴禾呢」；如果長大了，就說他「會種田了」。還有各種用語，祭祀時，牛不叫牛，叫「一元大武」；羊不叫羊，叫「柔毛」；兔子不叫兔子，叫「明視」；雞則叫「翰音」，水叫「清滌」，酒叫「清酌」……人人都裝模作樣，所謂「言語之美，穆穆皇皇」，否則被視為土、俗，不入時。這些虛偽的言行，這些繁文縟節，居然都用來換取好處，人們有什麼資格去說別人不善，責怪並唾棄別人呢？甚至說，對於懷有不善之小節者，有什麼理由要拋棄他們呢？

所以天子即位、任命三公，雖然按規定在各位公卿送駟馬這樣的禮品前，天子要先賜拱璧之玉，但還不如惠而不費地向大家進獻這個道理。古代的人尊重此道，是為什麼呢？因為一旦相互之間獻禮或賜禮，不過說一些「心想事成，免犯錯誤」一類的話而已。遵行此道，就不必這麼虛禮客套。遵行此道，才能為天下人所重視。善良者可以得到他們想要的東西，有罪者能夠免罪而改惡從

善啊。道是天下最寶貴的，天下最終殊途同歸於它。

（第六十二章）

道者萬物之奧，善人之寶，不善人之所保。
美言可以市尊，美行可以化人。
人之不善，何棄之有！
故立天子，置三公，
雖有拱璧，以先駟馬，不如坐進此道。
古之所以貴此道者何？
不曰以求得，有罪以免邪？
故為天下貴。

就是這樣，外面的世界愈紛亂，變化愈劇烈，老子愈懷想道的偉大。看著姬貴的可憐狀態，老子愈懷想真正的王者氣象，真正的王者，像道一樣既是獨立的原子個體又無所不包，真正的王者，像大海一樣寬廣，像羽毛一樣渺小。

這些眼前的可憐生物，他們的眼光多麼短淺，他們只看到自己和家人的威福和口腹之欲，他們只看到自己青壯時代的本能。他們沒有想過，自己並不完全屬於親友，並不完全屬於青壯時代。他們也屬於萬有，屬於江海，屬於天地。

恆常之道，是無名的、樸素的。雖然微小，天下卻沒有人能夠使它屈服為臣。王侯若能以道的精神去治理社會，萬方之人都會自動賓服。那時就如同天地自然相合而降下甘露一樣，沒有誰下命令，人們就能公平相處。人們組成的社會一開始管理就有名分，名分一經建立，人們也會了解道的存在，並知道自己的歸屬依止，而不因名害實，人們歸止於道就不會有什麼危險。就像水止於江海而不溢，天下人止於道而不害。

（第三十二章）

道常，
無名之樸；
雖小，
天下莫能臣。
王侯若能守之，
萬物將自賓。
天地相合，以降甘露，

人莫之令而自均。
始制有名，名亦既有，
夫亦將知止，知止可以不殆。
譬道之在天下，猶川谷之於江海。

人名事典

・肉食者鄙：吃肉的人，引伸為有權位的人。語見《左傳》：「肉食者鄙，未能遠謀。」

・司民、司市、司稽、司寤氏、禁暴氏、禁殺戮、司爟、野廬氏、司隸、司門、司關、司險：東周末年執行各種警察職能的官吏名稱。司民，為秋官司寇所屬，其管理事務為進行戶口登記，戶分城鄉，人分男女，每年對出生、死亡進行統計，頗似現今的戶籍管理。司市，由地官司徒所轄，負責市場的治教政刑，量度政令，類似現今的管理市場的治安人員職能。司稽，為地官司徒所轄，負責巡邏、拘拿盜賊及司察犯禁者等。司寤氏，由秋官司寇所轄，為掌禁夜的官員。禁暴氏，為秋官司寇所屬，執行鎮壓暴亂，打擊行為欺詐、違反禁令和製造謠言者職能，並有權誅殺敢於觸犯禁令的人。禁殺戮，為秋官司寇所屬，對相互殺戮者、見毆鬥傷害不告者、官方有文書追捕的逃犯、遏止他人向官告發犯罪者等四種人，禁殺戮應及時報告上司而進行誅殺。司爟，為主管消防監督的官吏。野廬氏，掌通達道路，往來順暢，類似今天的交通警察。司隸，管理奴隸、俘虜、勞役、囚徒及追捕逃犯的獄吏。司門，負責京城諸門管轄，稽查走私。司關，負責檢查出入關的貨物、稅收及查驗過關人員的證件等。司險，平時執行修路架橋任務，戰時行使邊防保衛的職能，類似現今的邊防警察。

第十六章　禮聞來學

我在你們中間行走，你們卻看不見我。

即使我要你們都看到了我，你們卻永遠不知道我是誰。

我在你們中間行走，心裡是一片曠野。這一片曠野，有荒天古木間的嘯叫，有淒厲如無邊黑暗的哭聲，有生動的畫面，有鮮花，有孩子的真趣，有無知的少婦，有付出了一生的辛勞臨老還得在人世中流淚的女人……

你們都背叛了我。在夢裡，我聽見一句話這麼說它自己，於是我知道了你們和我的關係。

太初有「話」，話與道同在。我醒來，我知道自己不過是一個夢，一個孤獨、眾叛親離的大道，真實的是你們自己。

然而你們都背叛了我。

背叛了藍天白雲，背叛了自然，背叛了你們童年不意擁有的而今你們卻孜孜遠離的人性，背叛了你們成年辛勞所尋求而失敗的生命的真實。背叛了我，和我給予你們的愛。

我不過是一個愛。

一個無盡的折辱，物質中間的黑暗和時間裡的忍耐，一個孩子的笑和老樹的根，一個雙目空洞折射萬古的精靈的心，一個明於愛恨陋於禮義人心的荒蕪的城。

我遠離你們又接近，無言地看著一切的因緣、心血和紛爭在你們中間生滅，一切陰影、嗔念、夢境在你們中萌芽又喪失。我能說什麼呢？我能給出什麼呢？

你們都背叛了我。

我於是將遠行，絕不占你們的心地。

老子知書識禮的名聲傳播開來，不少有志者都來向老子請教。那些到典藏室查閱圖書的大夫、卿士們，也會跟老子討論幾句。但沒有人跟老子講自己的真實想法，沒有什麼人對時世進行評判、總結，尋找出路。每個人找的只是自己的出路。人們寒暄說天氣熱了、冷了，黍稷吃得糙了或細了，葛衣絲布合身了還是傷了皮膚，沒有人說自己的心是孤獨了還是溫暖了，沒有人說自己是不安還是自在。

有印象的是尹喜，一個年輕有為的世家子弟，來問過道。奇怪的是尹喜對功業並不感興趣，年

輕輕地要觀悟天地之氣以養生。尹喜來守藏室裡，是想查上古黃金時代的養生觀氣之道。老子告訴他，典籍上不多，以他所知，一般人的壽命不算長，多未享盡天年；但少數人的壽命很長。尹喜問天年，天給了人多少年。老子說，千年萬年不敢說，百年以上總是有的。天年有限，但壽命可期，長壽本來就是我們大家的一件喜事，成就啊。

尹喜問說，文明似乎不在乎長壽，甚至是長壽的敵人。老子說，看你怎麼理解文明。上古時代也是一種文明，人們在其中是尊重長壽的，仁者必壽，大德必壽，自由者壽，有道者壽。高壽是一種成就。

但在今天這種你爭我搶的世界裡，在這種自我中心的差序格局裡，長壽就多半是一個恥辱。朝廷尚爵而不再尚齒，社會推崇的是成功者，是權勢薰天者。

當然，那種為享百年壽而刻意迴避人世的做法也不可取，但要記住，修身養性的成就是不可思議，也是真實不虛的。人的一生本來應該這樣度過，青春年少時過好學子生活，敬畏這個世界，學習一切可以學習的，當然重要的是聞道，所謂朝聞道也；青壯年時過好成年人的生活，立身處世，盡自己的責任、本分、義務；到老時淡出家庭、退出權勢，把一生的積累歸還給世界，去雲遊四方傳道解惑，或者清修自守，去發現身體的祕密和可能性……

但直到尹喜離開王城，他都不知道老子的全部學說，也不知道無射鐘的祕密。老子想，人要獲取真相，看似容易，其實也難啊。

庚寅也讓他的孫子庚桑楚到王城來，跟我學習。我問了很多家鄉的人物、故實，庚桑楚恭恭敬敬地做了回答。我很高興故人之後也能有志於學問大道，庚桑楚性格沉靜，確實也適合問道求學。據說庚桑楚以前並不像老朋友那樣沉穩，他少有大志，要做一個聖哲。歲月一年年過去，他什麼也沒有收穫，唯一的收穫是周圍不少人知道他要做聖哲。窮苦人向他求助，他以為事小而不為。災民們向他求助，他以為自有官家考慮。他要做的是大事，是為未來設計的。日月一天天過去，他為大家疏遠，他自己也感到沒有成為聖哲，大家更不認為他是聖哲，一些人還以為他是瘋子，是病人，他心裡很是苦悶。

我想起常樅老師的話，教導庚桑楚說，一個人要獨立應付生活是難的，但兩個人、三個人就容易了，也出現取巧了。從這種人的互動關係中來說，投機取巧之事不可避免，但要於人於己有益，還是應該樸實一些，哪怕笨拙一些。

我說的是：「合抱之木，生於毫末；九層之台，起於累土；千里之行，始於足下。圖難於其易，為大於其細。天下之難作於易，天下之大作於細，是以聖人終不為大，故能成其大。」

有時候老子不免想到人的宿命，就像生活在當下，一個貌似變通實則形格勢禁的時代，賢能之士要想真有作為是困難的。有的人本來可以做王侯，卻註定四處碰壁。有的人本來可以給眾人以希

望，卻成為眾人的包袱……

老子愈來愈認同個人管好自己的重要性，個人活出道來，這是重要的。這種個人活出道，並不是說要依附於道以外的力量，比如名位、權勢、財富、巧言令色的能力、雕蟲小技……而是在個人向內向外的出入自由，出入自如。而遊學、問道，不斷地印證，乃是最重要的人生實現方式。

老子記得在家鄉有過幾次短暫的遊學，無論是春暖花開時師友們的踏青，還是二三好友去百里外的名勝古蹟的遠足……都是難得的人生經歷。老子記得，河水、濟水等大小水系的形狀；老子記得，丘陵、山林的美景。當然，在遊學中，跟自然風光一樣重要的是人，有人，自然就活了。

在家鄉生活，那些短暫的遊學經歷中，老子對文子、蜎淵、孔丘的印象較深。文子內向，蜎淵張狂，孔丘忠厚……

文子也到王城來拜見老子，一盡師生之道，二來請教老子有什麼吩咐，老師有事弟子服其勞。文子並不關心老子為官如何，只是跟老子談一些師友的訊息，說李宗少年老成，秦佚是大家的中心，蜎淵到楚國去了，孔丘在魯國收有門徒了……老子聽著這些話，既欣慰又無奈，世事可為，世事又不可為。關鍵是天下明白人太少，能做事者太少。因此，無道的天下只能讓位於人們的本能折騰，所謂的本能，不過是三四流的人物統治了天下。天下也因此成了麻袋，人們被迫在裡面亂動動亂……

老子讓文子把《德經》、《道經》記下來，文子答應下來，很快記熟，就因家事離開了老子。

老子在周都生活得愈久，內心愈蒼涼。老子註定是一個生活的看客了。在此惡濁的時世裡，老子註定只能守著自己的清白了。

老子並不甘心，得把收穫傳給那些可傳的人才是。現在傳得還少還不夠，老子得把道告訴天下人才是，至於世亂世治，自有天道，天道好還。世人亂動動亂，只不過向天道交答卷罷了，最終推動天地自然前行的，是天道。

當我在周都度過了知命之年時，孔丘在魯國正雄心勃勃地開始他一生的事業，年輕的孔丘已經以禮聞名魯國。孟獻子臨終要兒子跟隨孔丘，魯公也聽說孔丘好學博識，身邊收的弟子賢明多能，準備起用孔丘。孔丘在欲仕將仕之際，對自己的學問還不夠自信。他的學問，是問來的，是學來的，是實際行動中得到的。孔丘自承：吾少也賤，故多能鄙事。人們傳說，孔丘入太廟，每事問。在孔丘青少年時，他甚至幸運地在喪禮上遇到了我，那次發生在魯國巷黨的喪禮，因為有懂禮的我在場，人們以我為主心骨。少年孔丘跟著我，幫忙完成了喪禮。孔丘厚道，他多次說：「昔者吾從老聃助葬於巷黨，及土恆，日有食之。」

當我年過知命時，孔丘也過了而立之年，但他心裡並不踏實。因此，在魯國上層對他多讚譽並懷抱期望時，他決定利用這個條件，遊學列國。孔丘早就聽說我任職周王室，是周王的史官，名聞

天下的柱下史，肩負守藏史——國家檔案館、圖書館館長的重任。孔丘得到魯公的准許，千里迢迢到洛陽，希望到我這裡來作客、考察、問禮。

我對孔丘的印象一再加深。光陰似箭，歲月如梭，世界給我們貢獻的人物就那麼多，有的就像沙丘一樣，突然拱起，又突然消失了；能夠如山脈峰巒一樣拔地而起，成為時代社會最堅實的風景者並不多。孔丘已經牢牢地立起來了。

我也還記得這個有為青年對禮似乎特別感興趣。事實上，天下雖大，有心人並不多。就像多峰並峙，這些有心人相互之間是可以一眼便識別出來，此外，不過是酒囊飯袋，是求田問舍者，是干君食祿者，是遊戲者，是喧譁與騷動者。果然，孔丘除了問一下道德仁義在當下和未來的意義外，就是問禮，過去的禮儀是如何有著三百三千的豐富。

我想把自己所知的大道告訴孔丘，話到嘴邊又嚥了回去。不是說有聞來學，不聞往教嗎，只要人們帶著問題來學，就是有收穫的啊；如果不是別人的問題，而強行灌輸，那效果必然適得其反。對於沒有音樂的耳朵來說，最美的音樂也毫無意義；一個人的心智和生命需要還沒有渴求到或反省到大道的重要，最淺白的道理對他也沒有意義。我因此只是本著不憤不啟的態度對孔丘的問題知無不言。他想要觀天下，我就做他登山的石階；他想要感受春暖花開的美妙，我就做春雷或一粒普通本分的種子……我應該是他成為他自己的必由之路的一段。我要鋪平他的道路，他是後來者，他會有所成的。

但我還是忍不住談論了一下我所理解的仁義，我知道，仁義正成為一個攖動人心的新名詞，如同禮樂在過去幾百年左右了人心一樣。人們總是寄望於一個聽著新鮮的東西來崇拜，來使自己獲得暫時的滿足或心安，在一個新的說法做標準時，人們輕易地把這些人物稱為朋友，把那些事物稱為敵對、邪惡、墮落。當新的時世來臨時，人們又會悟今是昨非，棄曾經膜拜的東西如棄舊衣。德治、禮治的時世看來是過去了，接下來就會是仁治？我並不以為然，以仁服人跟以德禮服人，都一樣是虛妄的，它們必然坎陷到以法治人、以孝治人、以忠治人的霸權強權之中。

我跟孔丘說，我很擔心提倡仁義的後果。如果把穀糠揚起來眯了眼睛，那麼看天地四面八方就不會清楚了；如果讓蚊蟲咬了手臂肌膚，那麼人們晚上睡覺就睡不踏實。如果仁義也攖動了人心，亂子就會大得不得了。你想使天下不要失去淳樸的風習，你也想放風而有所作為，為天下人建立一個總體性的價值體系，既然如此，又何必去倡導仁義那樣的工具，那不就是敲鑼打鼓去尋找強盜野獸嗎？

我跟孔丘說，像鴻鵠並不每天洗澡，但牠的身子看來潔白得新鮮；烏鴉也沒有每天塗墨，牠的身子卻總是漆黑一團。這種黑白的道理，不必去解釋；就像名譽一類觀念，不必去流廣一樣。泉水乾涸了，魚兒們在陸地上互相吹氣獲得濕氣，互相鼓泡以當水沫，這種做法不過自欺相欺而已，不如牠們在江湖大水裡自在自游，哪怕忘掉了對方。

孔丘對老子的教誨只是點頭。孔丘想的是，老聃畢竟老了，年齡不同，心態也就不一樣；什麼年齡說什麼話。孔丘明白對不同年齡人說的話要有不同的學習方式，老聃的思想他能夠理解，但他還年輕，風華正茂，用世涉世的意氣沒有消沉，反而在眾人推波助瀾中日益高漲。孔丘想，是的，老先生是對的，從道理的角度，他完全同意老先生；但人既然還有心氣，就要拚搏一下，他是要知其不可為而為之的。

孔丘聽完老子的教導後，見老子不再說話，就問老子，周公制禮時的歷史背景是什麼，當今天下誰懂得周公的禮樂。

老子明白，孔丘是想知道他提倡仁的可能性，他詳細解釋了從古公的德治到周公禮治之間的過渡。周公以為他當時的姬周位勢跟先祖時的位勢不同，時移勢易，從弱勢到強勢到統治天下，故對外的說法也需要有所改變。對周公來說，古公的話已經過時了，而且小小的姬周並沒有足夠的人才去治理殷商丟失的偌大的天下，他不得已給了殷商後人那麼高的爵位和那麼中心地帶的封國，不得已讓親戚功臣們散居東海之濱、幽燕之北、漢水廣南，以保護周的天下。至於用什麼思想來統一，他已經沒有條件來考慮了，他只能像看風水占地畫卦一樣，做一個封建等級和普遍等級之間的關係模式，以此來統一人們的言行方式，這就是周公的制禮作樂。

孔丘聽得興奮起來，他敬服周公的智慧，禮樂確實是可以統一認識的，他的復興禮樂並非不可能；至於他的仁義思想，也是有時代意義的。既然時代變了，對社稷江山人們關係的說法也需要有所改變，那麼他加入仁義的標準，不正是恰逢其時嗎？

老子看孔丘躍躍欲試的樣子，就不再說話。老子想，願大家都能成全孔丘吧。老子指點孔丘改天去看萇弘。老子沒有對孔丘說，萇弘是三代以來少有的先知、知天數者，也是跟他孔丘一樣有山東硬漢精神的聖徒。

過了幾天，遊學請益差不多了的孔丘，也把洛陽的歷史文化名勝看完了。聽說他參觀了天子宣明政教的地方，明堂；他還參觀了周天子祭祖的太廟等地方，他甚至沿著周公當年在洛都的形跡走了一遍。

孔丘來館舍向我辭行。我聽他稱讚萇弘的音樂博學和天才，明白萇弘並沒有展現他那深不可測的學問、智慧和擔當精神。我想起老朋友的心思，明白萇弘跟孔丘仍不是同一道上的人，道不同不相與謀，萇弘是大周的；而孔丘要靈活得多，他雖然還在試驗，但他是時代的，是天下的。

我準備盡禮盡到底，要送孔丘出門，我還要送孔丘一段路程。孔丘一再惶恐於面、受寵於心，他一再說：不敢當啊，老先生！來京畿打擾多有失禮，就不敢勞動先生送了。我說，不送你才叫失禮啊。我說，走吧，我送你到洛水，到黃河。

在路上，我跟孔丘說，我們以前說過的那些歷史事實，那些制定周禮的先王，如今他們的骨頭

都已經朽了，唯獨他們說的話如今還在。對君子來說，得到機遇可以好好地施展自己的抱負，如果不得其時就要適可而止，哪怕一生的道路都艱難困阻。我聽人說，一個有經驗的商人深藏不露，就像他窮得什麼也沒有一樣；一個有大德和大學問的人，也是深沉穩重，貌似愚魯的。要防止有人認為你驕傲，不要使他們感到你志氣太大，太刺激；這些東西對你沒有什麼好處。我能勉勵你的話，大概就是這些了。

孔丘感激地點頭，其實我說的也是他懂得的廢話，一切都要看在情境中當事人的反應。

我們走到了黃河之濱，孔丘知道我們就要分別了，他看著滔滔河水，波浪翻滾，忽然感歎：過往的就像這河水一樣，晝夜不停。黃河之水奔騰不息，人生歲月也稍縱即逝，河水不知何處去，人生不知何處歸!?

當孔丘在黃河岸邊感歎「逝者如斯夫，不舍晝夜」的時候，老子勸勉他說：人生天地之間，人跟天地其實一體。人生也是天地自然之物，人的童年、少年、壯年、老年變化，就像天地有春夏秋冬一樣，這用不著悲哀。人們生於自然，死於自然，任其自然，他們的本性就不會受到破壞。如果不得自然自由，而去奔忙於世間的功利之中，比如我們不知道卻要人為設定的仁義規範裡，那麼本性就會受到束縛。功名在心中，人就會產生焦慮情緒；利欲在心中，人就會增添無窮的煩惱。

孔丘解釋說，他憂慮的是大道不行，仁義不施，戰亂不止，國亂不治，所以才有人生短暫，不能有功於世、不能有為於民的感歎。

老子勸勉說，天地無人推而自行，日月無人燃而自明，星辰無人列而自序，禽獸無人造而自生，這都是自然的力量，何來有人去幫忙才成功？人們之所以生、所以無、所以榮、所以辱，都是有自然之理、自然之道。順自然之理而趨，遵自然之道而行，國則自治，人則自正，又何必去強行灌輸個別人的意志呢？

老子手指浩浩黃河，對孔丘說：「汝何不學水之大德，以水為師？」

孔丘問：「水有何德？」

老子說：「上善若水。水善利萬物而不爭，處眾人之所惡，這是它有謙卑的美德啊。江海所以能成為百谷之王，就是因為它的謙卑。天下莫柔弱於水，但滴水穿石，攻堅強者莫之能勝，這是它有柔弱的美德。所以說柔之勝剛，弱之勝強。因其弱勢得無有，故能入於無間之地，由此可知不言之教、無為之益也。」

孔丘確實聰明絕頂，當我說過那番話後，他馬上舉一反三：「是的，眾人處上，水獨處下；眾人處易，水獨處險；眾人處潔，水獨處穢。水居處的地方，都是人之所惡，沒有誰跟它爭搶，這是大善啊。」

我說，要多觀察山水，仁者樂山，智者樂水。你要用世，就要用心用智慧，就可以從水的生存

中吸取所需要的智慧。

孔丘點點頭，我不知道他是否記住了。我知道他也是矛盾的，他提倡仁，他愛山，他其實也是愛水的。他年輕，需要闖蕩、建立。臨別了，我說了這麼一番話：「我聽人說，有錢的人會送人錢財，而仁義之人會送人至理名言。我不富不貴，沒有什麼資財送你，願意送你幾句不一定中聽的話。現在這個世上，那些聰明有才的人，他們之所以命運不好甚至死掉了，很大程度上在他們露才揚己，好論是非；那些口若懸河的人，他們遭到殺身之禍，也在於他們好揭人的短處，揭露時世的陰暗面。所以為人之子，不要以為自己多麼高明；為人之臣，不要以為自己多麼高貴。希望你能記住我這幾句像鄉巴佬一樣的話。」

孔丘鄭重地點點頭。

我不知道孔丘是否讀懂了我，多年以後，我在總結水的德性時還想到了跟他說過的話：滴水穿石。天下最柔弱的東西，穿越了天下最堅硬的東西。沒有形體的力量，穿透了沒有空隙的東西。再堅厚、再無間隙的東西，也充滿著道的能量。可見，凡事都有道在管著，無需人們去操心、干預或管制。善被人欺，惡人自有惡人磨，真相不是這樣的；真相是善惡都有道來管著、打磨、成全。我由此知道了無為的好處。這是自然界無聲的教導，但無為的好處，天下人沒有能夠懂得，沒有能夠實行的。

（第四十三章）
天下之至柔，馳騁天下之至堅。
無有，入無間。
吾是以知無為之有益。
不言之教，無為之益，天下希及之。

我想，上善若水，水善於滋潤萬物而不爭。處於大家都厭惡的境地，就幾乎達到道的境界了。聖人善於處在卑下的位置，內心保持淵流那樣的深靜，跟人交往善於給予，說話保持信用，處理政務無為而治，做事情不逞能而能成事，行動起來正是好的時機。這種善，因為不爭，所以不會犯錯誤。

（第八章）
上善若水，
水善利萬物而不爭。
處眾人之所惡，
故幾於道。

居善地，心善淵，與善仁，言善信，正善治，事善能，動善時。

夫惟不爭，

故無尤。

老子不知道的是，孔丘回魯國的路上，幾乎一路無語。

老子理解，一個認真生活的有心人，不會把一次相遇當作一件日常小事，過後就忘；他一定能夠從中有所收穫，一定要消化，他一定會給自己和對方賦予意義。所謂吃透對方才能放棄，所謂懂得了才有進步，而人們也多易選擇淡化對方，不曾把對方跟自己放在天平上一同衡量。所謂過河拆橋，忘恩負義，大抵如此。

老子讓孔丘學習了、收穫了、進步了，但孔丘卻不會把老子當芻狗。

當弟子問他，對老子有什麼印象時，孔丘承認沒有讀懂老子，他由衷地佩服說，老子是無所求而全求，無所為而無不為的。當孔丘明白過來，老子的無為跟他的知其不可為之間有某種共通之處時，不禁深為老子和自己而感動。

孔丘對弟子說了這麼一番話：「像鳥那種生物，我是知道牠飛行的限制的；魚，我也知道牠在水裡游弋的能耐；禽獸，我知道牠跑路的可能性。對那些跑路的可以用陷阱之網來捕捉，游動的可以用綸網來把握，飛翔的可以用箭來獵獲。但對傳說中的龍，我跟大家一樣見首難見尾，我不了解牠乘風雲上天的蹤影。我這次見到了老子，他就是傳說的龍啊。」

人名事典

- 庚桑楚：《莊子・雜篇》中記載：庚桑，楚者，老子弟子，北居畏累之山。
- 孟獻子：姬姓，孟氏名蔑，謚獻，故史稱孟獻子。魯國孟氏家族振興的重要貢獻者，外交家。
- 知命之年：即五十歲。
- 而立之年：即三十歲。

第十七章　景王崩了

孔子走後，老子有些悵然若失。老子好不容易遇上一個有志於復興大道的聖徒，心裡的話還未說完，人生經驗還未全部表達清楚，就再次失之交臂。這是天命，還是天道呢？

時局不容老子傷感，被病折磨的姬貴終於解脫，駕崩了。這個被諡為景的周王，臨死前沒有解決繼承人問題，也沒有動單家、劉家毫毛。據說死時只有心腹大臣賓起在身邊，但賓起幾乎沒有實權。王室的兩派鬥爭白熱化，老子開始為萇弘擔心起來。

在跟萇弘的最初交往中，老子只知道他是劉公手下的一名大夫，是一名精通音樂的樂師。在王室兩派中，萇弘是只能站在劉公一邊的，也就是世子姬猛一邊。但老子聽萇弘稱讚過王子朝的銳氣，不免疑惑萇弘的心思。後來才明白萇弘是一位執掌天數者的先知，他不僅為劉公家族服務，也為周天子觀測天象、推演曆法、占卜凶吉，對周王室的出行起居、祭禮戰事等事先預測，對自然變遷、天象變化進行預報和解釋。據說萇弘對天地之氣，日月之行，風雨之變，曆律之數，幾乎無所不通。雖然在外人眼裡，萇弘是周王室的樂工。

老子後來也聽萇弘講過他的預言。景王十四年時，姬貴密切關注諸侯國的興衰，當晉楚崛起時，姬貴問過萇弘，現在的諸侯國，哪個國家會有危險，萇弘回答說，蔡國會有亡國之難。果然，那一年的冬天，楚國大舉攻入，滅掉了蔡國。還有一年，景王二十年，晉國派使臣來王室，負責接待的是劉獻公，萇弘見過使臣之後，對獻公說，這個使臣的表情凶猛，說明晉國正準備大事，他來談的只是小事。主公可以做好應變的準備。果然，由於晉楚爭雄，晉國的陸渾氏背晉而親楚，為晉國所滅，劉獻公事先做好軍事準備幫助了晉國，讓劉家和周王室都從中受益。

三、四年前，即景王二十一年，春二月，毛得殺了毛伯，萇弘預測說，毛得必亡。這個預言現在還未實現，但老子相信朋友的話。不過，眼下要緊的是景王駕崩了，老子可以不偏不倚，但萇弘卻只能站在其中一邊，吉凶未卜啊。

萇弘對兩派白熱化不以為然，也無可奈何。他對我說，他欣賞王子朝的朝氣，卻也只能站在世子姬猛一邊。在他看來，姬猛也不是沒有優點，他沒有主見，反而可以採集眾善，讓臣子們發揮特長。萇弘設想過，要是兩人同德同心就好了，或者姬猛為王，姬朝為執政。

萇弘說，他在王室待得久了，也深知執政機制的癥結，那就是執政跟君主之間的關係沒有解

決，使得兩者永遠是相互提防的。他對周公制定的這種制度很是奇怪，本來讓君臣發揚其善，結果產生的只是各人的惡的一面。萇弘說，最可憐的是人們都天然地依賴一個主公，這種依賴，表面上用忠、恩來維繫，其實也是激發了人性之惡。最可笑的是，人們沒有主子的時候，會推舉出一個主子來。人們只能做主子的二把手、三把手、四把手……當然，有野心的人就會想辦法讓主子當自己的二把手……這個人主因此既虛幻，又陰毒；既威福，又不滿足不安全……人人需要他，賢才需要他給予機會施展抱負，小民需要他施加恩典生活下去，陰謀者需要他作為對手實現自我……

我想，萇弘的天才找到了三代以來的社稷漏洞，如果不解決這種一國一邦一鄉的權柄和執政問題，恐怕任何尚賢的舉措，任何軍政合一的辦法，都無濟於事。因為說到底，那些枝節都不涉及本質，都只是混、敷衍、拖時間。即使尚德、尚爵、尚齒、尚賢、尚禮樂等等，能夠治理幾百年、上千年，還是一種混的策略，湊合的辦法，最終會被別人取代。

聖王治吏不治民，給萬民自由吧，因為治道在官吏之間，在貴族之間。治道就是貴族們的遊戲、規矩。不立規矩，不成方圓。把規矩立好了，任何人，不論他是官是吏，是哪一家名門之後，都會明白自己的天命。

我想起了孔丘，要是他能聽到萇弘的洞見該有多好啊。這不就是我年輕時想過的自立自由精神嗎？人不應該依附，不應該當老二，人應該屬於他自己。

但我已經顧不上孔丘了，我要知道萇弘怎麼辦？萇弘慘笑，還能怎麼辦？他不像我來去自由出入自如，他的命運已經註定了。

這讓我悲哀。

還沒等老子從對老朋友的難過回過神來，王子朝派人來找老子了。按照天子七日殯而七月葬，諸侯五日殯而五月葬，大夫庶人三日殯而三月或逾月葬的一般規定和習俗，此次景王去世，須在家住七天再行殯埋。景王駕崩好幾天了，王室一直沒有新王登基，聽說喪禮到現在還沒有讓景王入棺停殮。

王子朝召見老子，當仁不讓地讓人覺得他要主喪。他問老子，他父王的喪事，他決心辦得像個樣子。按禮說，父母去世，「交手哭，惻怛之心，痛疾之意，傷腎乾肝焦肺，水漿不入口，三日不舉火，故鄰里為之糜粥以飲食之」，「痛疾在心，故口不甘味，身不安美也」。因此，三天之內，親人只顧痛哭，家裡就不動鍋灶，有鄰居送飯吃吃就算了；但現在流行的做法是可以在家裡燒火動灶。他想知道，父王駕崩，他是動鍋灶合禮，還是不動鍋灶合禮？他問過喪禮司者，他也說不清楚，因此只好請問懂禮的老子先生了。

老子回答說，是舉火為孝還是不舉火為孝，這要看周禮的精神實質。按禮說，父母去世，子女痛哭，「袒而踊之」，要袒胸露懷地哭，就像顧不上衣著了，呼天搶地地哭。但禮又說，「婦人不宜袒」，「傴者不袒，跛者不踊，非不悲也，身有痼疾，不可以備禮也，故曰，喪禮唯哀為主

矣」，就是說，婦人和有羅鍋殘疾的人不適合袒露胸懷，腿瘸的人也不宜呼天搶地。可以說，禮規定的東西是很顧人情的。父母去世，子女怎麼做才算孝，最關鍵的還是看他們是否哭得真心、哀得真切。至於天子駕崩，大家心中都很悲痛，這就很合乎周禮，依他個人的意見，王子在三天之內不必動鍋灶為好。

王子朝聽完，點點頭，動不動鍋灶其實都無所謂。他關心的是老子的立場和影響，他問老子對父王崩逝後的王室有什麼建議。

老子說，景王生前對王子很寵愛，現在景王不在了，希望王子跟世子之間團結一心，兄弟友好。如此是社稷之福，天下之福。

王子朝反駁說，老先生應該知道他父王有意更立世子，再說現在的時世，如果不爭的話，就是弱者敗者，興者王而敗者賊。他不能不爭，因為他不想當賊。

當我聽完王子朝的心思離開時，似乎已經麻木了。世事如棋，形格勢禁，有些人註定不會去想解脫，而是要去當過河卒子了。王子那倔強的面容也模糊起來，我對他的憐惜也迅疾地轉化為對天下人的憐惜。

我後來想起王子朝的故事，認識到，如果人們要想治理天下，而去干預事變的進程，那就會是非常被動的。天下，就是政權，不可用干預的辦法去治理，去把握。那樣做必然壞事，強行把握必然喪失。因此，聖人不去干預而任其自然，不會壞事，不去把握也不會丟失。人們做事，常在幾乎要成功的時候而陷於失敗。做事如果能夠始終如一地小心謹慎，就不會失敗了。

一切事物或先行或後隨，或極熱或極寒，或強壯或衰弱，或勝利或失敗，左衝右突不得安寧。所以聖人摒棄過度，摒棄奢侈，摒棄極端。

因此聖人跟世俗之人不同。世俗不想要的，正是聖人所想要的，他不媚俗，不貴重難得的珍貴物品。世俗不想學的，正是聖人所要學的，他因此可以補救眾人的過失。一如天道，依賴萬物自己成長，而不干預自然的進程。

（第二十九章）

將欲取天下而為之者，
吾見其不得已也。
夫天下，神器也，不可執也。
為者敗之，執者失之。
是以聖人無為故無敗，無執故無失。
人之從事，常於幾成而敗之。
慎終如始，則無敗事。

故物或行或隨，或噓或吹，或強或羸，或挫或隳。
是以聖人去甚，去奢，去泰。
是以聖人欲不欲，不貴難得之貨；
學不學，復眾人之所過，
以恃萬物之自然而不敢為。

但當時，還沒等我從中思索出什麼，又有使者召喚，說是世子猛請我商議要事。等我到達時，看見姬猛穿一身重孝，面無表情（這是他一貫的表情）坐在那裡。姬猛對我點頭示意。

世子的侍從說，世子是已故天子的當然繼位人，天子駕崩，世子和大家一樣滿懷悲痛。對於喪事，世子決心辦得像個樣子。關於靈前設燭和哀杖，有一些疑問想請教：靈堂設火燭的問題，堂上堂下是一燭還是二燭，大家不太清楚。有人說堂上一燭，堂下一燭；有人說應該是堂上二燭，堂下二燭；還有人說應該是靈堂上設一燭，靈堂下設二燭。關於哀杖，有的說用竹杖，有的說用桐杖，有的說用柳杖。這些問題，究竟做何選擇才算是符合周禮。

我聽到侍從的話一時頭大，但也只能耐著性子解釋，按禮說，「君堂，上二燭，下二燭；大夫堂，上一燭，下二燭；士堂，上一燭，下一燭」。這其中是很清楚的，不需要爭議。至於哀杖，按禮，「為父苴杖，苴杖竹也；為母削杖，削杖桐也」。但現在大家用的都是柳，所以不必拘泥用什麼材料，你用了什麼東西，它就是哀杖，就是合禮的。

侍從點點頭，姬猛也點點頭。看來這個世子學會了最後表態，他請我來的意思也不只是問禮吧。

果然，侍從看了姬猛一眼，就問起王子朝的事。我向世子講明了見王子朝的經過，我如何勸王子朝，當然，我沒有說興者王而敗者賊的話。

侍從說，感謝我能夠勸王子以和睦為重，但事情恐怕不會這麼簡單，人人都知道王子朝的野心，他不會甘心為世子的臣子。但老先生放心，世子也不會拱手讓人。

老子看到，姬猛一副寵辱不驚的樣子，其實是很緊張的。姬猛聽到王子朝召見過老子，心裡直打鼓，所以也要見見老子。姬猛聽到老子說勸解過王子朝，欣喜若狂，卻裝作不動聲色。這樣的世子似乎也靠不住，即使坐了天下，也非人臣之福，更非天下人之福啊。

老子後來總結說，對於寵辱，人們總顯得驚惶失措。他們有大患是因為他們有自己。什麼是寵辱若驚呢？人們把受寵看得高高在上，把受辱看得失敗卑下。所以他們受寵時驚惶失措，失寵時也驚惶失措，受辱時驚惶失措，洗刷恥辱時也驚惶失措。這就叫作對於寵辱驚惶失措。

老子想，對於寵辱，對於榮耀和屈辱，人們應該主動地以警懼的心態對待之。人之所以患得患失，擔心大的災禍，是因為擔心身體生命的受難。什麼是寵辱若驚呢？愈擁有富貴，愈要謙下待

人。得到了，不要掉以輕心，失去了，也當警懼。這就是寵辱若驚。所以說人當居高思下，居安思危，居榮思辱，居成思敗。

什麼是大禍患在於有自己呢？我所以有禍患，是因為還有身體，還有自己；如果沒有身體，沒有自己，我還有什麼禍患。所以把身體看得比天下還貴重的人，就可以把天下託付給他；把身體看得比天下還可愛的人，就可以把天下託付給他。

（第十三章）

寵辱若驚；貴大患有身。
何謂寵辱若驚？
寵為上，辱為下；
得之若驚，失之若驚。
是謂寵辱若驚。
何謂大患有身？
吾所以有大患者，為吾有身；
及吾無身，吾有何患！
故貴以身為天下，若可寄天下；

愛以身為天下，若可託天下。

姬猛和王子朝，如果真讓他們自己選擇，他們並不願意以自己的雙眼、四肢去交換一個威震天下的名位。但僅僅因為隔著錯綜複雜的利益，他們願意選擇去毀滅對方，要置對方於死地，他們沒有想到，一旦做出了這種決定，不僅是生靈塗炭，不僅是對方付出血的代價，就是自己也將把命搭上去。他們強取豪奪，其實就是控制和毀滅別人的乃至自己的肉體生命。這樣的人，怎麼可能託付以天下之任呢？即使他們爭到了天下之主的名分，他們也讓天下之主的權威大打折扣。

老子想，以身為度，可以度量一切政治、禮儀。

老子想起了對孔子的教導，江海所以能夠為百谷之王，因為它處於低下地位，善接各個山谷流出之水，所以它能為百谷之王。由此可知聖人要居於民眾之上，必須要以謙下之言行對待民眾；要居於民眾之先，必須把自己擺在民眾之後。

所以聖人居於民眾之上，民眾不以為那是自己的負擔；居於民眾之前，民眾不以為自己會受害。天下之人都樂意擁戴他而不厭棄他。這不就是因為他不爭嗎？正因為他不爭，所以天下沒有人能夠跟他爭奪。

（第六十六章）

江海所以能為百谷王者，以其善下之，故能為百谷王。
是以聖人欲上民，必以言下之；
欲先民，必以身後之。
故聖人處上而民不重也，處前而民不害也，天下皆樂推而不厭也。
非以其不爭與？
以其不爭，故天下莫能與之爭。

人名事典

- 蔡國：國名，周王朝的諸侯國之一。
- 陸渾氏：晉國豪族。
- 毛得、毛伯：人名，周王朝大夫。

第十八章　萇弘化碧

對世子一派人來說，景王去世前的心腹大臣是賓起，顧命大臣也是賓起，賓起遲遲不來找世子商議喪儀大事，說明景王臨終前確有可能另有遺命。擁戴世子的劉獻公、單穆公決定先下手為強，他們突然抓捕了賓起而且將他殺掉，占領王宮，立世子猛為王，就是後來被謚為悼的不幸的悼王。

老子聽到這個消息，明白戰爭開始了。老子既悲哀又興奮，經此一戰，周王室在諸侯國面前再無聲望可言，普天之下莫非王土的大周不比一個小諸侯國更好。興奮的是，老子可以實地考察戰爭了。

果然，王子朝得知情況後，立即聯合召莊公、尹文公、甘平公，起兵爭位。召、尹、甘三家各出一部分兵力，三方面兵力會合在一起，向劉獻公發起進攻，最後把王宮團團包圍。雙方展開拉鋸戰。

老子觀察到，姬猛一派在純守無援的情況仍堅持作戰，死傷慘重。而進攻無效的王子朝，則想出了到百工中招募敢死隊的辦法。一時之間，兵士們全紅了眼，人人拚命地砍殺，人頭和血手撲撲塌塌地落地。進攻的敢死隊什麼都不顧，黑壓壓地向前硬攻，終於，不知道宮門如何打開了，宮外的兵士跟在敢死隊後面，湧進了王宮。敗退的一方打開宮後門，護衛著悼王猛、劉獻公、單穆公等王公大臣逃走。王子朝的軍隊乘勝追擊。

老子後來總結說，古代兵家說過這樣的話：「在戰術上，我不敢固守城池而被動挨打，而要積極進攻以取得主動。在戰略上，我不爭一寸的得失甚至會放棄一尺的土地。我不敢因固守城池而去耗盡力量，我要主動退卻以後發制人。」他們用兵慎重，看待自己有如無行列可整，無臂可攘，無敵可就，無兵可執。這樣才能以無形鉗制有形。出其不意，攻其不備。

用兵是詭道，同樣也是天道，必須像天羅地網一樣從各個方面網羅住敵人。不能輕敵，因為禍患沒有比輕敵還大的，輕敵相當於喪失自己的生命。因此，如果敵對雙方的兵力相當，那些慎重的先讓者就會獲勝。

（第六十九章）

古之用兵者有言曰：

吾不敢為主而為客，

不敢進寸而退尺。
是謂執無兵，行無行，攘無臂，扔無敵。
禍莫大於輕敵，
輕敵幾亡吾寶。
故抗兵相若，讓者勝矣。

讓我縈懷的不僅有戰爭，也有朋友的安危。萇弘沒有招呼，他也不可能來跟我打招呼，他不得不被姬猛一撥兒裹脅而去。但願老朋友能有自全之道。

王子朝占領了洛都，一時得意忘形起來。多年不打仗，那些參戰的軍士一下子暴露了他們殘暴的本性，景王的一個兒子、眾多的妻妾、單穆公的一個女兒……都在這場戰爭中被侮辱、殺死。人們殺紅了眼，殺狂了心。王子朝大肆慶祝，以示他將成為新的周王。

我不看好王子朝，但對我來說，重要的是要總結戰爭的規律，真正使軍隊成為天下人能接受的王師。就像人們常說的，好鐵不打釘，好男不當兵一樣；兵器，本是不祥的東西。人們也經常對其表示厭惡，故有道者不接近它也不依靠它。它是不祥之物，非君子之物，只有萬不得已才啟用。用兵時也以恬淡為上，勝利了不把它當什麼好事，如果有人把它當好事，那就是喜歡殺人了。那些喜歡殺人的人，是不可能在天底下實現他的志向的。

所以君子日常以左為貴，因其為陽氣通道，象徵吉祥；用兵時以右為貴，因其為陰氣通道，陽生而陰殺。吉利事以左為貴，凶事以右為貴。偏將軍則處於左邊，上將軍則處於右邊。這表示以喪禮來對待軍事，說明全軍並不好戰，而是不得已而戰。不好戰，但不怕戰。殺人太多，則要以悲哀的心情弔唁哭泣。打了勝仗，要為死去的雙方士兵舉辦一個喪禮，認真為死者送葬，為死難者哀。

（第三十一章）

夫唯兵者，不祥之器。
物或惡之，故有道者不處。
君子居則貴左，用兵則貴右。
兵者不祥之器，非君子之器，不得已而用之。
恬淡為上，勝而不美，而美之者，是樂殺人。
夫樂殺人者，則不可以得志於天下矣。
吉事尚左，凶事尚右；偏將軍居左，上將軍居右。
言以喪禮處之，殺人之眾，以哀悲蒞之。
戰勝，以喪禮處之。

老子不看好王子朝，雖然接連不斷的消息對王子朝還是很有利的。成周百姓只能看熱鬧，他們把王子朝稱為「西王」，把姬猛稱為「東王」，兩王相爭，得有一個結果才行。但這個爭鬥太過漫長，城頭王旗變幻多次。

單穆公實行離間，挑動百工對王子朝反戈一擊，一度占據王城。但單穆公也無道義，居然一口氣殺了還、姑、發、弱、鬷、延、定、稠，這些人全是靈王、景王的子孫。這種對王子王孫的殺戮，使得百工們認清了單穆公的殘忍，再次反戈，跟隨了王子朝。東王一方敗退，姬猛們在揚邑、皇邑等幾個小城池裡苟延殘喘。

接下來，元老重臣劉獻公去世，做了幾十年世子、做王不到一年的姬猛也病死。獻公的兒子劉文公不甘心，單穆公也不甘心，因為他們幾大世家在爭鬥中立場最堅定，損失也最慘重。他們不可能向王子朝投誠。

老子看著老朋友在一個悲慘的境地裡無能為力，他知道，萇弘的生死跟劉公家族捆綁在一起了。到劉公、單公擁立景王的另一個兒子姬匄為王時，老子明白，戰爭將是持久的。西王大部分時間占據著成周王城，這讓他不可一世，以至於在內部開了殺戒，殺召伯盈、尹氏固、原伯魯之子。

老子很清楚，萇弘會發揮他的扭轉乾坤之能，會隨時變劣勢為優勢。果然，當王子朝手下的大將南宮極的封邑發生地震，萇弘建議劉文公大造輿論說，歷史上，西周快滅亡時，三川發生了地震。現在西王姬朝的大臣家裡也發生了地震，這也是被老天爺拋棄了的象徵。我們一方必然取得勝

利。但強勢的王子朝在軍力上仍占有優勢，甚至堅持了近兩年還看不到希望的世家大族甘公，也向王子朝投誠。劉文公很沮喪，但萇弘安慰他說，那有什麼關係，只有同德同心才能度過難關，歷史上商紂王的部隊多，周武王只有十個臣子，但就靠同德度義，而奪了商紂的天下。

老子觀察到，這場爭位之戰打得慘烈。雙方短兵相接時，城郊、宮室、原野，都是戰場。十年之後，姬匄在單公、劉公等人的支持下，終於打敗了王子朝，在已經殘破而且顯得狹小的洛都安下身來。

老子想，天下有道，驅使戰馬去拉播種器和摩田器進行播種；天下無道，戰爭頻繁，公馬不足，母馬上陣，馬駒產於戰場。罪惡沒有比私欲更重的了，禍害沒有比不知足更重的了，災殃沒有比貪得無厭更慘痛的了。所以說知足這種滿足，才是真正的滿足。

（第四十六章）

天下有道，卻走馬以糞䅏；
天下無道，戎馬生於郊。
罪莫大於多欲，禍莫大於不知足，咎莫憯欲得。
故知足之足，常足矣。

在我逐漸了解戰爭的真相後，我不禁對老朋友的愚忠產生了懷疑。獻公死了，世子姬猛死了，在我看來，應該就是萇弘的解脫日子了。但他反而為劉文公出謀劃策，為姬匄效力。要知道，這樣做無非是把一兩年的戰爭無限制地拖長。雙方的爭鬥沒有任何道義可言，老朋友那樣做圖的是什麼呢？別說大周天下已經分裂不可謀了，就是搖搖欲墜也談不上要為其謀劃啊。

隨著時日的流逝，老朋友的作用開始為大家所知，列國觀察家們都注意到萇弘在這場爭戰中的重要性。由於他的努力，晉國派遣的使者士伯到周王室調查戰爭和王爭真相，但士伯只到了大門口問了大家幾句就得出結論，王子朝一方不義，晉國全力支持東王一方。有此國際輿論和強晉的介入，王子朝的覆滅只是一個時間問題了。但我為老朋友終不埋沒的一生高興時，還是為他惋惜。他那樣執著地要發揮隻手擎天的作用，究竟有什麼意義？

戰爭打了十多年，萇弘才算取得了決定性的勝利。他們入住了洛城。而王子朝在此前就把王室的典藏圖書帶走了一大批，我是守藏室之史，但我守得住嗎，王子朝向南方逃跑了。在我看來，這樣也好，大周的圖典書籍是該散一散，公布於天下了。

我以失職而被免職，我也不願意再生活在洛都了，我要回鄉。

老朋友百忙之中，來給我送行。他說，先回鄉看看也好，等洛都整頓得差不多了，他會奏明天子，再請我回來為王室效力。

我唯唯否否，沒有應答。我看到老朋友舒展的神情，不禁勸慰他，觀察了一輩子天道，還是要

留心為好，人只能靠天道保全自己。

我說，勇於拚命則死，勇於怕死則活。這兩種勇，恃氣恃理，或者利多，或者害多，天道厭惡「勇於敢」者，厭惡那些張牙舞爪、不知收斂、不敢直面惜身惜生之勇的人，誰知道是為什麼呢？天之道，不爭而善於取勝，不言而善於應付，不召而自動來歸，不作聲而善於謀劃。天網寬廣宏大，雖然稀疏卻不會有一點失漏。

（第七十三章）

勇於敢則殺，
勇於不敢則活。
此兩者，或利或害，
天之所惡，孰知其故？
是以聖人猶難之。
天之道，不爭而善勝，
不言而善應，不召而自來，
默然而善謀。
天網恢恢，疏而不漏。

萇弘沒有回答老子的問題，他還是沉浸在一種力挽狂瀾的悲壯中，沉浸在能夠施展才華的激情中。因為他必須盡快幫助文公、姬匄收拾破亂的成周，以避免王子朝的殘餘勢力的打擊，從而騰出手來化被動為主動，徹底消滅王子朝的殘餘勢力。而現在，百廢待興，要命的是，王室沒有錢。姬匄，真的像乞丐一樣啊。

老子說了些什麼，他似乎聽到了，卻又全然忘記了。老子最後還跟他說了一句臨別贈言，但他忘掉了。他跟老子告辭後，立刻想到了加固擴展城牆的辦法，這個辦法可以一勞永逸。沒有錢，他可以出使諸侯國去借錢。

劉文公對萇弘已經非常信任，聽了萇弘的計謀後，他們一致想到可以去晉國，向晉國的執政魏獻子化緣。名滿天下的萇弘出使晉國，讓魏獻子大為高興，見識了萇弘的談吐，魏獻子決定支持周王室，這使得洛都成周城的擴充鞏固計畫順利完成了。

老子在返鄉路上，再次對戰爭的創傷有了深刻的印象。道路破壞、田野荒蕪、人民流離失所……老子聽說老朋友獻給周王室的方略不是與民休息，反而也是壓榨民力，借力於諸侯。老子看到強壯的死於戰爭，老弱者又被迫服役於建設，不免歎息，現在的周都連破落戶都不是了。

老子後來總結說，以道輔佐人主的，不靠兵力在天下逞強。

戰爭這件事好玄，危險得很。戰爭殺戮，看著刺激，也是容易返回，要付出代價，所謂血債要

以血來償還。軍隊駐紮的地方，民生被破壞，百姓流離失所，田園荒蕪，遍地長滿荊棘；大戰之後，必定有凶災之年。所以善於處理戰爭的，用兵果斷，有好的結果就要停止，絕不以兵力逞強。勝利了不驕傲，勝利了不誇耀，勝利了不趁機進攻，勝利了視其為不得已。這就叫勝利了不逞強、不霸道。

事物的壯盛總付出了代價，多受創傷，因此常見的現象是人們剛到壯盛也就很快衰老，這就是人們不懂得道的原因。而人們往往不思養生之道，反而變本加厲地去欺壓弱勢，所謂強壯的賊害老弱病殘，那就更是不合乎道，這種霸道即是不道，不道必定完蛋得也早。

（第三十章）

以道佐人主者，
不強於天下。
其事好還：師之所處，楚棘生焉；
大戰之後，必有凶年。
故善者，果而已矣，
不敢以取強焉。
果而勿驕，果而勿矜，果而勿伐，

果而不得已，是謂果而不強。
物壯則老，是謂不道，不道蚤已。

我後來聽說，萇弘的作為已經引起了國際上的側目。萇弘和年輕的劉文公從晉國借來力量為成周修建基礎設施，大功告成，並想因此大會諸侯。衛國的大夫彪溪見到周王室的單穆公時，明確地說：「萇弘其不歿乎！」萇弘快要死了吧。彪溪知道單穆公和萇弘、劉文公算是一黨，但他仍引《詩》作證說：「天之所支，不可壞也；天之所壞，不可支也。」老天支持的東西，是不可能被破壞的；而老天要毀掉的東西，也是不可能強撐的。現在萇弘、劉公要強撐老天正毀掉的東西，不是太難了嗎？

彪溪說出了我想說的話，他對單穆公說，萇弘這個人會完蛋得早一些，他想讓天下的資源都來維護一個朽木般的小政權，他又不是世家名門。在這個衰末的時代，天道是要大家疏導來保全自己的，但萇弘反而欺誑劉公，他就犯了三大罪錯。違天一錯，反道二錯，誑人三錯。所以，如果成周暫時還沒有危機，萇弘必然遭到殺害。

我聽到人們傳說彪溪的話時，長久無語，我明白了，天下的明白人還是有的，尤其是當政、有權有勢的單穆公、彪溪們，只是他們要麼自私，要麼看戲。那樣一個沒有出身的老朋友，在王公大臣、世胄望族都對大周的國運、國柄袖手旁觀時，在他們甚至像蛀蟲一樣貪腐時，卻要挺身而出，

用盡心力去挽救政權。他以為挽救了政權就是挽救了大周。

坐而論道時，老朋友似乎也對社稷、政道、治理等等看得明白，談得頭頭是道。但現在一頭鑽進去，反而也熱中於非常手段了。他的精力完全消磨在支持那個姬匄上了。他為什麼不聽我功成身退的話呢？難道用權真的那麼美妙，竟可以以生命相搏？

劉文公家族跟晉國的范家世代為婚姻親家，范家曾經英雄智者輩出。隨著晉國的強大，晉國六卿所代表的大家族也日益膨脹。外敵一時屈服了，六卿之間開始戰爭了。聽說萇弘通過劉文公給范家出了不少主意，這讓我極度震驚。隨即明白，萇弘並非想幫劉、范兩家，他是想加劇強晉內部的爭鬥、削弱晉國的國力，這樣愚蠢的行為居然出於我的朋友，實在讓我驚異於人心為欲望所蒙蔽。削弱了晉國，周王室就能強盛嗎？癡人哪，愚人哪。

我聽到晉國內亂的消息，不禁為天下悲哀。周王室之亂長達一二十年，晉國的亂也許不會這麼長，但會比這個動亂更變本加厲。在漫長的等待裡，我聽到了這樣的消息，晉國的內亂十幾年後，趙氏獲勝，這種慘勝使得趙氏尋求報復，他指責周王室不該捲入晉國的內爭。姬匄為了獲得趙氏的支持，就將為他立過大功的萇弘殺掉了。

我聽說，殺掉萇弘的時候，正是炎熱的六月。我的老朋友在最後一刻應該是明白了，傳說他請人把自己的血保存下來。而當他就死的時刻，天降飛雪，令所有目睹的人都驚異、歎息。

三年以後，人們傳說，萇弘的血化為一泓清碧。

我給萇弘的臨別贈言正是我的格言詩篇：亂動亂說會迅速地陷入困境，不如守住那些行之久遠而有效的經典教誨；想要保持滿盈的狀態，不如適可而止；鍛打利器使之尖銳，不可能長久保持；追求金玉滿堂的成果，也沒有能夠守得住的；富貴而又驕傲，那更是自尋災殃。功成身退，這是天道。

（第九章）

多言數窮，不如守中；
持而盈之，不如其已；
揣而銳之，不可長保；
金玉滿堂，莫之能守；
富貴而驕，自遺其咎。
功遂身退天之道。

人名事典

・莊公、尹文公、甘平公、劉獻公、單穆公：人名。周王朝權臣。

- 還、姑、發、弱、鬷、延、定、稠：人名，王子王孫名，在亂中被殺。
- 召伯盈、尹氏固、原伯魯：人名，周王世臣。
- 劉文公：劉獻公之子。
- 南宮極：人名，王子朝部將。
- 姬匄：人名，周景王之子，史稱周敬王。匄，音ㄍㄞˋ，古同丐。
- 士伯：人名，晉國大夫。
- 魏獻子：人名，晉國執政。
- 彪溪：人名，衛國大夫。
- 萇弘化碧：萇弘，字叔，又稱萇叔。周景王、周敬王的大臣劉氏家的大夫。劉氏與晉范氏世為婚姻，在晉卿內訌中幫助范氏，晉卿趙鞅為此來聲討，萇弘被周人殺死。神話傳說其血三年化為碧玉。

第十九章　溫國卜居

生命的泥委棄在地面上，不生喬木，只生野草，這是我的罪過。

我自鍾愛我的野草，但我憎惡這以野草做裝飾的地面。

當我從周都回到家鄉，看到一路上滿目瘡痍，不禁悲從中來。那些亂離中的生活，真的是豬狗不如、禽獸不如啊。人們聚在一起，組成了家鄉邦國天下，本意是為了過一種比山野、叢林生活更好的生活，更自在、更神性。生命賦予了人們，本來是要讓他們成就出如同喬木一樣的人生，向天地致意。但人們卻只能如野草一樣活著，土地貧瘠了，人們活得荒涼，土地肥沃了，人們活得熱鬧，無論如何，都只是那些豪門巨族為地面所做的裝飾。

因此，就是我看到了那些還沒被戰亂、苛政所侵略的鄉野，也會感到難過。那些生活在幸福中的人們，他們知道那幸福不過是繁華一夢嗎？大周要完了，列國在爭搶了，王、公、諸侯、卿士、

大夫、冢宰……都要上場表演，你爭我奪，明爭暗鬥，最終要波及那些邊遠的幸福的人們。他們只是野草，他們無能為力。

如今在晉國的內亂中，國君制止不了六卿的廝殺，結果會是什麼樣子？我不想像結果，但我不得不想像人命的卑賤，民生的艱難，人心的愚昧，人欲的貪婪和虛妄。

老子聽說，晉國國君其實是樂意看六卿廝殺的，他對六卿的坐大早就如坐針氈，故對六卿的相互殘害推波助瀾。如果不是礙於國君的位子，他早就要上場親自去角逐了。有識之士早就勸諫晉君不要強爭，要懂得含羞忍辱。「川澤納污，山藪藏疾，瑾瑜匿瑕，國君含垢，天之道也。」

老子想，大家其實都明白晉君的心思，就看晉君如何讓大家心服口服了。但晉君自以為精明，用陰謀詭計，用挑撥離間，用自己要奪到最高權力的辦法，實在是愚之極了。他以為自己精明，不知道天外有天，人外有人，要比賽精明，輪到他了也只有一時而已，會有更精明的人出現的。老子反對人類競賽，無論什麼競賽，尚齒、尚賢、尚朋、尚爵、尚才……都會帶來無休止的傷害，如同江水後浪推打前浪，新的人物對舊人物的推打是一種傷害。人類只有意識到平等，那種推打才在自然中而非起鬨傷害中展開。

老子對晉國的君臣不抱希望，老子想，他們貌似忠厚，似乎傳承了唐堯、唐叔們的美德，在爭鬥中，他們會用各種方法把最自私的心思藏起來，他們其實會變得失去正常的人性人情。他後來總結說：一個國家的朝政無事，沉悶無味，這個國家的民眾也就渾厚淳樸；一個國家的政治明察秋毫，控制一切，這個國家的民眾就會奸猾狡詐。

災禍啊，幸福就隱藏在其中；幸福呢，災禍也潛伏在裡面。禍福相互轉化，誰知道它的極限？它的變化沒有固定常態的嗎？正常的會變得怪異，好事會再成為壞事。人們迷惑其中，這樣的日子由來已經很久了。

所以聖人懂得此道。他就像方正之物一樣，不會割傷人；他有稜角但不刺傷人；他直率而不放肆，他明亮而不炫目。

（第五十八章）

其政悶悶，其民淳淳；
其政察察，其民缺缺。
禍兮，福之所倚；
福兮，禍之所伏。
孰知其極？其無正也？
正復為奇，善復為妖。
人之迷，其日固久。

是以聖人方而不割，廉而不劌，直而不肆，光而不耀。

我已經隨遇而安。在路上，我經常受到風景的蠱惑，在杳無人跡的山谷，在不受污染的水邊，我經常流連忘返，欲行又止。美的雲朵，精神的祭品，就像一些自由的野花，孤獨地生長、凋落。我在內心裡等待日出，像老人的初戀。

夕陽西下。一陣微風吹拂著山野，是多麼久的原因在這裡累積。眾多的魚兒在河灣處跳躍、嬉戲，我看牠們舞蹈，像一陣風，吹響森林迷人的天籟。

我留心不讓自己在風中站得太久，就這樣隨意行走，丈量土地，呈現為大地上另一種風景。像是殊勝的緣分，我聽從一隻鳥的教導，來到溫國的一處魚米之鄉。那美麗的鳥兒對我鳴叫三聲，像是要我注意這世間的奇妙遇合。我跟著它轉過一道河灣，眼前就是一道開闊的田園風光，男耕女織、牧童搖鞭，一二炊煙裊裊，雞犬之聲相聞，何其甘美，何其自然。

我隨緣來到的是濟水支流，據說叫豬龍河，河繞山抱，人民繁衍，安居樂業。我不顧庚桑楚回鄉的急切心情，決定在這裡停留一段時間。

這個地方比家鄉更集中了自然的奇觀，河水跟河水之間，山與山之間，山與水之間，有著妙不可言的衝突、愛戀。我明白這其中也有道理，只是一時難以言語。

我返鄉的消息傳到國際上，多有人關注我的行蹤。孔丘打聽到我卜居溫國，千里迢迢地趕來求教。我們在村裡相逢，我沒有感謝他來看望一個落魄的老人。看到厚道的孔丘一臉的恭敬而優雅，我開著玩笑說：丘啊，我提醒你，如果你去掉儀態的矜持和容貌上的智慧，你就是君子啦。

孔丘不好意思，低下頭來。但他隨後仍堅定地切入正題：「我研修《詩》、《書》、《禮》、《樂》、《易》、《春秋》六部經書已經很久了，熟悉了舊時的各種典章制度，用違反先生之道的七十二個國君為例，論述先王治世的方略和彰明周公、召公的政績，可是沒有一個國君取用我的主張，實在難啊！是人難以規勸呢，還是大道難以彰明呢？」

我說：那是你的幸運。如果真遇到了治世的明君，你就現眼了。六經，乃是先王留下的陳舊遺跡，哪裡是先王遺跡的本原！如今你所談論的東西，就好像是足跡；足跡是腳踩出來的，然而足跡難道就是腳嗎？真正得道的人，無論去哪裡都不會受到阻礙；失道的人，無論去哪裡都是此路不通。

孔丘閉門三天，再來印證說：是的，烏鴉喜鵲在窩裡交尾孵化，魚兒借助水裡的泡沫生育，蜜蜂自化而生，生下弟弟，哥哥就常常啼哭。很長時間了，我沒有能跟萬物的自然變化相識為友。這樣，我怎麼能教化他人？

我說，好啊，你算是聞見大道了。你看這暮色蒼茫，聽著晚風吹過樹林，蒼松應和著自然的琴聲，我們都將詠而歸啊。

王子朝投奔楚國後，居然滿口稱道老子為當世聖人，勸說楚國請老子為官。老子拒絕了楚國的使者，楚國的大臣士成綺隨後來見老子，大不以為然。

士成綺說，他以為聖人住華堂，著錦衣，居高位，沒想到老子如此清貧，樸素。這讓他失望，做聖人做到這種地步，實在有些不值啊。

老子沒有說話。

看到好的雨落到苗田裡，我就讚美；看到石頭，它無知無識，我就默默流淚。現在，一個貴族，紅塵中的名利之徒呼我聖人或牛馬，我無言以應，或將聞聲作答？我沉默，我幹活，我行走。不驕傲，也不謙虛；不平靜，也不喧譁……

士成綺在這個溫國的小村鎮停留了幾天，居然態度來了一百八十度的大轉彎，他恭敬地來向我道歉、辭行並請教。

老子說，什麼聖人不聖人，無非是人心理的一時情緒而已。我自認為有了超脫，飽經人世風霜，任憑人情冷暖世態炎涼，對一切的誹謗讚譽無動於衷。無論人們呼牛喚馬一般地吆喝，我也會點頭的。昨天你叫我牛我就稱作牛，叫我馬就稱作馬。假如存在牛馬的外形，受到相應的稱呼卻不願接受，那就錯上加錯啊。我順應萬物總是自然而然，並不是因為要順應而去順應。

士成綺說，他總算知道心高氣傲的王子朝何以稱讚聖人了。

除了這些訪客，我也接到家鄉人的口信，庚寅、秦佚們都有怨言啦。是的，溫國不可久居，苦邑是我的家鄉。

我回到了故鄉，受到了朋友們的熱情歡迎。庚寅感謝我把他的孫兒庚桑楚教育成人，讓另一個老同學徐任聽得若有所思，而秦佚也嚷嚷說要給我推薦一個叫楊朱的好門徒……

大家談起周室內亂，說當初都為我捏了一把汗。畢竟身居高位、名滿天下，在東王西王的爭鬥中，一不小心站錯了隊伍，說不定大家就再無相見之日了。這下子好了，丟官了也沒什麼，這年頭，不做官最好，大家正好可以在一起講學論道。

我也很高興，並把我的禍福思想告訴了大家，大家念誦著「禍兮福之所倚，福兮禍之所伏」，都若有所思。庚寅說，這似乎跟老師講的大易理論一樣，大易也是要我們注意變化，要白日乾健晚上惕警。徐任點點頭。

秦佚忽然開口說，這是偷來的話嘛，你們沒聽說這個故事嗎？大家一愣，聽秦佚講故事。

我知道他要講什麼。果然，他說起燕國北部有一個老人家很有智慧，老人家的馬有一天丟了，家人和鄰居都擔心，老人說不要因為可惜而擾亂了自己正常的生活，大家該幹嘛還是幹嘛。有一天，丟失的馬回來了，還帶回了一匹野馬，大家祝賀他失而復得而且增添了財產。但老人說，這也沒什麼，說不定是壞事呢！果然，他的兒子在訓練野馬時，從野馬背上摔下來把腿摔折了。大家為他惋惜，他說，這也沒什麼，說不定是好事呢！過了一個月，燕國跟北戎國開戰，徵兵徵到他家，兒子因為腿傷沒有參軍。壞事變好事。大家佩服老人家的先見之明，老人就說了這麼一句禍福相依的話來，是不是啊，老聃兄？秦佚很得意。

我說是的，我的話是從民間來的，但也總結了我們身邊的經驗教訓。而且同樣一件事，我們還可以從中解讀出很多道理來。比如這件事中，老人家的智慧不止於禍福思想，還有知足思想，我最近對知足有些心得。就拿名聲跟身體比，你們說哪一個更可愛？拿身體跟財寶比，哪一個更重要？為名利而喪身，為身而喪失名利，哪一個更有害？所以，我說，過度的愛惜必然造成極大的耗費，財寶積累得愈多必然喪失得愈多。知道滿足，就不會遭到侮辱，知道適可而止，就不會有什麼危險，這樣就可以長久地生存。

（第四十四章）

名與身孰親？
身與貨孰多？
得與亡孰病？
是故甚愛必大費，多藏必厚亡。

知足不辱，知止不殆，可以長久。

大家點頭稱是。秦佚說，他最看不起那些守財奴了，整天知道收藏、聚斂，他要一輩子兩袖清風。徐任則對老子說，老同學啊，這個世道是變了，有權有勢的在造孽，那麼多的金銀財寶本來應該是祭祀給天地神靈、自然大道的，他們卻據為己有，任意妄為，日費萬金，還說沒什麼可吃的飯菜，沒什麼好看的衣服。你說他們不知道黎民百姓在受苦嗎？沒看到因為他們的瀆職貪腐讓田野荒蕪了嗎？他們不知道自己給人們帶了一個很壞的頭嗎？

大家一時沉默下來。老子心裡也很沉重，向大家講起周王室的腐朽生活，那些曾經為天下景仰的世家，有過甘棠之美德的召家，有過平亂大功的劉家，還有單家、甘家，那些貴族們，如何墮落而殘忍，荒淫而無恥。老子說，徐兄說他們帶了一個壞頭，這個說法好，他們早就不是什麼貴族了，他們只是一個一個、一家一家的強盜頭子。

老子說，不過大家要堅信自己從老師那裡、從自己的生活中悟出的道理，只有這些道理才能使人們行得正，坐得直。

老子說，我堅信我對道的認識，將使人行於光明大道之中，就是怕人入了邪道。大道是平坦的，人們卻好走歪門邪道。

看那些精英貴族們腐化墮落：朝政污濁，農田荒蕪，國庫空虛；他們還穿著綾羅綢緞，佩帶利

劍，飽食終日，占據著富餘的資財。他們這是大盜啊。他們的人生是在倡導一條做強盜的道路啊，這不是我們說的人生大道。

（第五十三章）

使我介然有知，行於大道，唯施是畏。
大道甚夷，而人好徑。
朝甚除，田甚蕪，倉甚虛，
服文采，帶利劍，厭飲食，
資財有餘，是謂盜夸。
盜夸，非道也哉！

大家點點頭。他們建議我在家無事，正好可以把這些道理好好總結一下。庚寅看了秦佚一眼說，他覺得道理要從小處、細處講起，要從身體講起才好。這樣才能讓人們感同身受。秦佚笑著罵了一句死寅子，你以為我玩世不恭就是糟蹋身體啊，我是以身為度，在替你們體驗人生呢。

秦佚掉過頭說，他比大家都更有發言權，大家只是看到了別人如何山珍海味，老聃兄在首善之區大概也嘗到了一二，但對權貴們的遊戲、富人們的玩樂，也不一定有真切的親身經驗。告訴大家吧，青黃赤白黑這些五彩繽紛的顏色看多了，會讓人眼睛失明；宮商角徵羽這些美妙的聲音聽多了，會刺激人們的耳朵失聰；酸甘苦辛鹹這些美味也可以刺激得人們敗壞了胃口；縱情於獵殺動物，會刺激人心發狂；那些難得的珍寶，也可以敗壞人的品行。錢多了不好，錢多了就會讓人變壞。權大了也不好，不受制約的權力也讓人變壞。

我總結說，所以那些聖人注意的是身體的實際，是溫飽，而不是外表的養眼炫耀。注重肚腹就清心儉樸，不注意虛榮好看，就會去除奢華的消費。所以在肚子和眼睛之間，應該忽略後者，採取前者。

（第十二章）

五色令人目盲，
五音令人耳聾，
五味令人口爽，
馳騁田獵，令人心狂；
難得之貨，令人行妨。
是以聖人為腹不為目。
故去彼，取此。

徐任說，這個道理人人都懂，就是有權勢者不去聽從。說起難得之貨，也是天子最先喪失理智。你們大家都記得曲沃武公坐大篡奪晉國的正統，周天子不主持正義，反而在收了武公賄賂的寶器後，任命武公為晉君，將其列為諸侯，這是違背周公之禮的。結果怎麼樣，才兩三代人的時間，現在的周王室不也窮得叮噹響嗎？而晉國發生了多少慘劇？親骨肉相殘，貴族廝殺，百姓遭殃……可笑的是，晉國至今還吹噓崛起了，成為天下強國。

大家不免又沉重起來，庚寅看到後，灑脫地說，他現在同意我的說法，知足為好。在他看來，什麼是富有啊，知足就是富有。世上說的那種富啊，成功啊，強大啊，還有其他說法都似是而非。老聃兄可以做做正本清源的工作，讓大家真正懂得什麼是真的、盡善盡美的人生。

我由衷地感謝這些好朋友，跟他們在一起真是輕鬆愉快，他們真是自知而知足啊。我想，了解別人的人有眼光，了解自己的人有智慧。戰勝別人的人，叫作有力；戰勝自己的人，叫作強大。知足者富有，勤奮、自強不息者，其志向終有獲得之日。不失其位置或立場的，叫長久；死而精神不朽者，叫長壽。

（第三十三章）

知人者智，自知者明；

勝人者有力，自勝者強。
知足者富，強行者有志。
不失其所者久，死而不亡者壽。

人名事典

- 溫國：國名，姬姓小國。
- 士成綺：人名。

第二十章　沛地傳道

秦佚代收的弟子楊朱來拜見我，我發現他年紀輕輕的卻對人世淡漠，他的淡漠不是真的無所謂，而是更極端的用世。他一無所有，卻主張人人為我，而不能有任何利他之行；只有人人為我了，世道才會好起來。他的激烈讓我吃驚，我告誡他說，人生在世，還是要報世的。但楊朱說：老師，我不要報，即使拔我一根汗毛能讓天下人得大利益，我也不會去做的。

我讚賞地說，好啊，小子，就憑你一句拔一毛利天下而不為，你已經不是我的弟子了，我們是平等的，就算亦師亦友吧。但你要聽著，人不想要報，報還會來的，報答、報應，非此即彼。你不想報答人世，人世就會給你報應。

看楊朱躍躍欲試的樣子，我不禁為他擔心，年輕人不是擺脫不了自己的虛榮。我知道他思想中那片面的深刻，我欣賞那深刻，從那一點發展下去，將是一個壯觀的大道運行軌跡。只是我擔心他的生活，他一無所有，不通世故。生活一再證實：即使那些品德高尚的聖徒，也需要有些世故，才能得到世人的讚揚；我的老朋友萇弘則是一個反例，他死得冤屈，但在貴族上層中，在主流輿論裡，只是笑他活該做替罪羊，沒有人對他的忠心德行肅然起敬，但願後來的人們會給他榮譽。而楊朱這小子，卻是一個渾不吝的小子，如果沒有人引導，他會驕傲，也會倒楣的。

我還告訴楊朱，說出真相是重要的，但說出真相也是危險的。不錯，人人都本能地利於自己，利己利人並不必然矛盾；何況人們可以利己，人們卻不願承認自己的利己。要讓人們接受拔一毛利天下而不為，就得讓人們認可說，只有最大限度地利己了，才是最大限度地利了天下。還要讓人們認可，利己不僅是人的本能，也是人的社會正當性，是社會的必需。

我告訴楊朱，像大禹那樣為天下人治理水患，露宿野餐，粗衣淡飯，風裡來雨裡去，起早貪黑，兢兢業業，腰累疼了，腿累腫了，仍然不敢懈怠。經過十多年的艱苦勞動，終於疏通了九條大河，使洪水沿著新開的河道，服服貼貼地流入大海。沿河民眾再也沒有水患之憂。大禹為什麼能天長地久地被人們崇敬？那是因為，他的所作所為都不是為自己。「以其不自生，故能長生」。他三過家門而不入，把自己的私利置之不顧，才贏得了後人愛戴；他不求個人名利，但是，他得到了最大的榮譽，這就是以其無私，故能成其私。他治水落下一身殘疾，走路一瘸一拐，但人們尊重他，稱其為禹步，並學習走禹步健身。

但我繞來繞去把自己都繞累了，我知道話語跟不上我的心思，而語言也跟不上話語了。楊朱跟

大禹是兩個極端。楊朱拓展的領域已經超前了。

我想，即使楊朱把他的想法用我們所知的慘澹的語言表達出來了，也是沒什麼人理解的，社會更不會接受。不僅楊朱，我的思想不也是如此嗎？

我告誡楊朱說，踮起腳跟來是站不穩的，跨大步子是走不遠的，好表現自己是不明智的，自以為是者是不會受歡迎的，誇耀者不會成功，自大者不會長久。這些虛榮的行為，從道的角度看，叫作變質的剩飯、身上的贅瘤，是無用的廢物。人們也是厭惡這些行為的，所以有道者不會陷入這種境地。所以聖人有自知之明而不好表現，自愛而不把自己看得了不起。所以說要捨棄後者，採取前者。

但楊朱說，他不做聖人，不做大家心中的大好人。

我說不出話來。

（第二十四章）

企者不立；跨者不行；

自見者不明，自是者不彰；

自伐者無功，自矜者不長。

其在道也，曰餘食贅行。

物或惡之，故有道者不處。
是以聖人自知而不自見，自愛而不自貴。故去彼，取此。

老子一直在猶豫是否要把常樅老師傳授的大易之道多少告訴楊朱一二，關於人生世界，有規律可循，有軌跡可循。凡事有因有果，天地之間有力量或能量在流動，我們要的是認識它們，並參與其中。那種逆天行事未必不可，但要知時知位。易道最講時位，不在其位，不謀其政；不得其時，則守位待變。君子得位得時，則可以逆天造勢，創造出新的時世，新的流變。

老子想起了易道陰陽的消長、洪範大法中的五行之間的生剋。據說上古華夏有一個洪水滔天的時期，帝命鯀治水，鯀以息壤堵水。水來土掩，這也符合五行中的土剋水之象，然而水強土弱，勞而無功，反受其侮其害。洪水一再沖決，使百姓受二茬罪苦，鯀被誅殺。帝再命大禹治水，大禹吸取教訓，採用疏通河道的辦法，條達舒展象木，取水生木，木泄水之象，取得了成功。堵和疏導，這兩種方法影響至今，成為華夏文明的重要組成部分。事實上，即使強大，也不該用堵的方法；因為只有疏導，才是不戰非戰，才能化敵為友，為我所用。堵，則把有用的力量也轉化為敵對。這種生剋之道其實是天地變易之道。治國如此，治世如此，治身也如此。高明的醫生也注重疏導，當身體的某一行過強不受制約的時候，與其用剋，不如用泄。而楊朱卻是要跟世道時俗相抗，以一人剋天下，出鋒頭可，未必有效。

在曲仁里住了一段時間，老子決定帶楊朱到沛地去看看。楊朱需要遊歷，需要自立。老子想，老子得幫這孩子一下。楊朱跟庚桑楚性格不合，同樣是性格內向，木訥於行，楊朱是激烈的，庚子是沉靜的、恬淡的。但年輕終究年輕，楊朱做不到真正的激烈，庚子也做不到真正的平淡。庚桑楚明顯看出老子的偏心，本來對楊朱的自私不滿，對老師也就更不理解了。老子看到弟子爭寵，只有苦笑，他不想解釋：庚桑楚不笨，總有一天他會懂得老師的心意。

當老子準備去沛地時，庚桑楚來向老子告辭。庚桑楚說，他想自己靜靜地修行一段時間，認真思考總結一下人生的經驗，因此不能陪侍先生遠遊了。

老子看到庚桑楚哀怨的神情，不禁好笑。老子對弟子說，這樣也好，老子的學問思想也傳得差不多了，小子該自立了。老子建議弟子不必回家，老子知道庚家這麼多年有些積蓄，家用不愁，人生短暫，還是要把精力用來問道踐行大道。

庚桑楚問，老師還有什麼教誨？老子說，沒什麼了，不過他可以去北邊的畏壘安身，在那裡傳道授業，為人解惑。

三年以後，我在沛地見了一個求學者南榮，原來他是庚桑楚的弟子。我早就聽說，庚桑楚在畏壘住了三年，使當地的民風為之一變：男耕而有粟可食，女織而有衣可穿，各盡其能，童叟無欺，百姓和睦，世間太平。這讓我堅信，時世風習三年五年的時間是可以改易的。

我為弟子的成就高興，據南榮說，當地民眾很希望庚桑楚做他們的主君，成為他們真正的主心骨。庚桑楚打了很多的比方，辭掉了。他甚至堅定地跟當地人說，如果大家逼他出來主事，他就會搬家。我歎息，這小子是不會答應的，他只知道養生，卻不知道像孔丘一樣去廣收門徒。對有向上向善之心跡的民眾來說，太平了還得教化才好，才能應對外界的風雨，世間的風雲變幻。

據說，庚桑楚也對自己的弟子們說：「你們對我的行為感到奇怪嗎？春天，陽氣蒸騰，萬物生長；秋天，莊稼成熟，果實累累。春天與秋天，難道無所遵循就能這樣嗎？這是自然規律的運動與變化。我的老師常說，道德修養極高的人，像沒有生命的人一樣，虛淡寧靜地生活在斗室小屋內，而百姓縱任不羈，全不知道應該做些什麼。如今畏壘山一帶的庶民百姓私下裡談論，想把我列入賢人的行列而加以供奉，我難道樂意成為眾人所注目的人嗎？我正因為遵從老聃的教誨而對此大不愉快。」

有弟子說，尚賢授能，從堯舜時就開始了，他建議老師順從民眾的心意。

庚桑楚嗤之以鼻，他說：「口能含車的巨獸，孤零零地離開山野，那就不能免於羅網的災禍；口能吞舟的大魚，一旦被水波蕩出水流，小小的螞蟻也會使牠困苦不堪。所以鳥獸不厭山高，魚鱉不厭水深。保全身形本性的人，隱匿自己的身形，不厭深幽高遠罷了。至於堯與舜兩個人，又哪裡值得加以稱讚和褒揚呢！堯與舜那樣分辨世上的善惡賢愚，就像是在胡亂地毀壞好端端的垣牆而去種上沒有什麼用處的蓬蒿……舉薦賢才，人民就會相互出現傷害，任用智能，百姓就會相互出現偽

詐。這數種做法，不足以給人民帶來好處……我告訴你，天下大亂的根源，必定是產生於堯舜的時代，而它的流毒和貽害又一定會留存於千年之後。千年之後，還將會出現人與人相食的情況哩！」

南榮來的目的是，他聽了庚桑楚的人生目的，很想知道養生全生之道，但庚桑楚說得清楚，他聽不清楚。用他的話說，對庚桑楚極為寶貴的經驗，說出來也只是到了他的耳朵邊，隨風過耳。庚桑楚也意識到自己不足以感化弟子，建議他來找我。

據南榮說，他為老師的謙遜感動，也渴望拜見天下聞名的祖師爺，因此，拜別庚子老師後，他頂風冒雪，步行七日七夜，來到沛地。

我確實有些後悔沒有把養生心得告訴庚桑楚，但我想，他如今如此有成就，會在修身的經驗中發現大道的。大道是相通的。他既然能夠以身作則，感化畏壘的民眾，也會發現身體生命的大化之道。

我看著南榮，笑著問他：「怎麼跟你一塊兒來的人如此多呢？」

南榮嚇了一跳，回過頭來看看自己的身後，但是身後沒有什麼人呀！

我問道：「你不知道我所說的意思嗎？」

南榮低下頭來羞慚滿面，而後仰面歎息，請祖師爺指教。

我說：「你來時，我察看了你眉宇之間，藉此了解你的心思。你失神的樣子真像是失去了父母，又好像在舉著竹竿探測深深的大海。而你求學的樣子又像是有眾多迷途的兄弟，像是有數十種欲望的主人要分享你的身體。你確實是一個喪失了真性的人啊，是那麼迷惘而又昏昧！你一心想返歸你的真情與本性，卻不知道從哪裡做起，實在是值得同情啊！」

我告訴南榮，養護生命、親近大道的方法之一在於追問自己：能夠使身形與精神渾一諧和嗎？能夠不失卻真性嗎？能夠不求助於卜筮而知道吉凶嗎？能夠滿足於自己的本分嗎？能夠對消逝了的東西不做追求嗎？能夠捨棄仿效他人的心思而尋求自身的完善嗎？能夠無拘無束、自由自在嗎？能夠心神寧寂無所執著嗎？能夠像初生的嬰兒那樣純真、樸質嗎？

就像看見月亮一樣，大道可以說是卑之無甚高論，但它卻有永恆的魅力。就像庚桑楚做到了一部分，當地就會和諧繁榮，人們會以他為主心骨一樣。掌握了大道，天下人都會歸往；歸往而不彼此殘害，於是天下太平。音樂和美食，可以使過路的客人停步；而道，人們對它的講述，卻淡然無味，看也看不見，聽也聽不見，一旦運用它來，卻像是永遠不會窮盡。

（第三十五章）

執大象，天下往；

往而不害，安平太。

樂與餌，過客止；
道之出言，淡乎其無味，
視之不足見，
聽之不足聞，
用之不可既。

我很高興南榮的毅力，南榮向我請教時先問大道，再問養生，讓我也覺得欣慰。我告訴這個後生徒孫，任何領域都有大道的作用，大道是不會廢掉的，只要認真觀察、把握，從身體、家族、鄉里、邦國，到天下，大道的作用是一以貫之的。

我說，使精神達到非常虛寂無聲的狀態，固守著極為清靜的狀態。萬物蓬勃生長，我用此虛靜之道觀察它們的循環往復。萬物紛紛紜紜，仍會各自回到它們的本根。回到本根就是獲得了跟大道合一的寧靜，這種無形寧靜的循環規律，可稱為復命，天道好復還的命令，復命了就獲得了恆常之道，就是宇宙間的永恆法則，理解了這一恆常之道才算是明白了。

知道永恆法則者就是明智的，不知者，就會輕舉妄動招致凶災。知道恆常之道者，就包容通達了；通達就公平了，公平就周全了，周全就合乎自然了，合乎自然就合乎道，合乎道就能長久，一輩子也不會有什麼危險。

（第十六章）

致虛極，守靜篤。
萬物並作，吾以觀其復。
夫物紜紜，各歸其根。
歸根曰靜，靜曰復命，復命曰常。
知常曰明，不知常，妄作凶。
知常容，容乃公，公乃全，全乃天，天乃道，道乃久，沒身不殆。

面對年輕人，老子明白，他們身體內的血液在翻湧，他們渴望表現、建立功業。南榮似乎是楊朱和庚桑楚的平均，但老子還是希望從道的角度告誡年輕人，不要以為在紛亂的世上可以做什麼天為之造地為之設的功業，可以由功業成全自己的高貴或富貴。

人生短暫啊，就像這河水一去不復返，像日月輪替，像春華秋實。即使立功，也是自己以功德榮耀天地，並不是天地來適應自己。就像人們常說，人活著不是為吃飯，做一個飯桶並不難，難的是讓這個飯桶的心靈得到平安，得到跟天地互動的美的平衡。

人尤其不應該以對未來、外界的預期來生活，未來會發生什麼、別人會對自己做什麼、社會將

會做出反應……有的人因此只是等待，生活變成準備生活，因為預期沒有來，一生就永遠在等待或準備。錯啦，沒有自己一點一滴、日積月累的努力，預期就不會實現。就像小動物們在秋天感應到春天的來臨，牠們仍要去收集食物一樣，人們必須去付出。

老子告訴南榮，不要以為王侯們命好，好些有成就的王侯可以說是一般人辛苦的十倍百倍以上，就是說，一個王侯等於十個百個百姓的生活。他們使每時每刻的生活都有內容，一生都致力於自己的目標，幾十年如一日地奮鬥，因此才理所當然地成為大家的主心骨。

老子說，人生短暫，人一生做不了幾件事，因此要抓緊時間，要專一專心致志。就像鄉下人說的，要守住自己的一畝三分田。從前得到一的：天得到一，因而清明；地得到一，因而安寧；神得到一，因而通靈；谷得到一，因而可以滿盈；萬物得到一，因而生長；侯王得到一，因而做了天下的首領。它們的本質，是由一決定的。天不能清明，恐怕就要破裂；地不能安定，就要廢滅。神不靈驗，就要完竭。谷不能滿盈，就要乾涸。萬物不能生長，就要死滅。侯王不能做天下首領，就要被顛覆打倒。

所以說高貴以低賤為基本，雖高，必以下為基礎。因此侯王自稱孤獨、少德、不善，這是他們以賤為根本啊，難道不是這樣嗎？人們厭惡的，就是孤獨、少德、不善，而侯王用它們來稱呼自己。

所以說孜孜以求名譽反而沒有名譽。至高的讚譽，就是沒有讚譽；多次受到讚譽，不如沒有讚譽。事情常常增益它反而減損了它，或者減損它反而增益了它。因此不要像珍貴的寶玉那樣成為少數人的禁臠，脆弱易碎；寧願像粗糙堅固的石頭那樣樸實無華，服務於大眾。

（第三十九章）

昔之得一者：天得一以清；
地得一以寧；
神得一以靈；
谷得一以盈，
萬物得一以生；
侯王得一以為天下貞。
其致之，一也。
天無以清將恐裂；
地無以寧將恐發；
神無以靈將恐歇；
谷無以盈將恐竭；
萬物無以生將恐滅；

侯王無以為貞將恐蹶。
故貴以賤為本，高以下為基，
是以侯王自謂孤、寡、不穀，
此非以賤為本邪？非乎？
人之所惡，唯孤寡不穀，
而侯王以自稱。
故致數譽無譽。
故物或益之而損，或損之而益。
不欲碌碌如玉，珞珞如石。

我告訴南榮，其實仔細算一下人的一生，百年光陰，長大成人的時間就要占三分之一，衰老等死的時間也要占三分之一，壯盛做事、一舉一動也不過三分之一。人們應該珍惜時間，使自己的生命活得更自覺一些，更自在一些。

人生的誘惑實在太多，我倡導無為，其實有通過無為而達到無不為的目的。人生只能有所不為，才有所為，才能夠在有為的領域專注、提升，才能在單兵突進後打通、全面獲勝。但重要的是，認準了目標就不要輕易更換，就要為之奮鬥。

人身難得，人生的任何領域都對人敞開，沒有什麼適不適應。即使一隻笨鳥，先飛並專注於飛行，仍能抵達終點。那麼人同樣也能在任何領域有所成就，重要的是，他得認準了去努力去有所成就，才能攻城略地。

努力是實實在在的。不能只有思想，不能只提出思想，還要實踐。就像我和楊朱，楊朱的思想更驚天動地，他的思想超前是一回事，但假如他不知道如何讓自己的思想成為大家思考的問題，那麼他就不會被人們嚴肅對待。他會成為戲子小丑一樣的喜劇角色，他的思想也會被歪曲，成為人們的反面教材。這樣，本來楊朱是從人性出發，為人們尋找一種安身立命的基點，但他的努力不夠，反而敗壞了人們的安身立命，人們會因此逃避他的話題，人們會變得虛偽起來。本來是謀生，結果卻傷生。

人的一生，既是出生入死通向墳墓的道路，又確實多是放著安全的生路不走，卻去走危險的死路。現世安穩，歲月靜好，這樣安全的生路，在人生世界的道路裡大概不過十分之三左右，危險的死路也有十分之三左右。人們活著，往往自尋死路的機會同樣是十分之三左右。這是什麼緣故呢？因為人們求生心切，反而傷生傷身。

我告訴南榮，不少將軍身經百戰，從不帶槍上陣，也不怕危險，卻從不受傷。看似天意，其實也是他們善於把握生命的福報。我們總是聽見各種人世的悲劇，出門讓車撞死了，坐在家裡忽然屋塌人亡，走路讓洪水淹死了，爬山跌落懸崖或讓野獸吃了……這都是對易之時位把握不足導致的災

難。聽說那些善於養生的，他們在大路上行走，不會遇見犀牛和老虎，他們在戰場上也不會受刀槍的傷害。他們不在危險的時間地點，犀牛沒辦法用牠的角，老虎沒辦法用牠的利爪，刀槍也沒有顯示鋒刃的機會。這是什麼緣故呢？因為那些善攝生者沒有進入死亡地帶。

（第五十章）

出生入死，生之徒十有三，死之徒十有三；

而人之生，動皆死之地，亦十有三。

夫何故也？以其生生之厚也。

夫無以生為貴者，是賢於貴生也。

蓋聞善攝生者，陸行不遇兕虎，入軍不被甲兵；

兵無所容其刃，兕虎無所投其角，虎無所措其蚤。

夫何故也，以其無死地焉。

人名事典

・禹步：傳為夏禹所創，故稱禹步。因其步法依北斗七星排列的位置而行步轉折，宛如踏在罡星斗宿之上，又稱「步罡踏斗」。

・鯀：姓姬，字熙。大禹之父。

・畏壘：地名。

・南榮：人名，庚桑楚弟子。

第二十一章　楊朱不仁

老子到了南之沛，本來以為那裡真是山清水秀的修養地方。去了才發現，那裡並不如意。挨近周王的梁邑，跟晉國、鄭國相鄰。業主幾經變換，一度是宋國的土地，後來不知怎麼又回到了周王的手裡。原來是黃河故道，是把沼澤濕地圍起來後發展出來的一塊土地，人們又稱為圍澤，還有幾個名稱，什麼市田、南郭、宋國沛地等等。

老子也考證了一下，歷史上是有一個小小的聃國，在梁邑，又稱彭地。老子苦笑，說不定以後人們會稱他為老彭呢。他的名字已經是太多了，哪一個名字才是他真正要表達的意思？哪一個名字才是他真正的人生呢？

老子奇怪歷史的變遷如此怪異，奇怪祖先要擠到平原上來。僅僅為貪求澤濕地帶能多出產一點小利，他們就離開原來的地方。人們在這裡精耕細作，精打細算，似乎全部的用心在於把大地母親的生產能力榨乾，他們忘記了以前的生活，那種生活不必斤斤計較，不必壓榨地利，而是天牧天放，而是用於想像、敬畏、祭祀、歡樂……

老子看到鄉民那種勤勉的勁頭，不禁搖頭，是的，他們是付出了，但那種生活跟正當正大的人生相差很遠啊。人是要活在天地之中的，要活在草木之中的，要活在山水之中的。但人們現在卻為了利益，經營起一個個的小天地來，這種一馬平川的澤地平原，會讓人的視野單調心靈荒涼的。老子想，怪不得周人把商的後裔遷到宋國後，還要編排宋國人的笑話，那也確實有一些可編排的影子啊。什麼守株待兔、揠苗助長、相互矛盾、杞人憂天……那麼一個有著藝術天分的部族，其後人居然如此愚執，不能不說也是環境使然。

這裡居然也是濟水行經的地方。天下四大河流，只有濟水得河水的豐富曲折，比起神性的江、河來，濟水似乎更通人性。濟水，濟於人，幾於道，似乎濟水更有我們先民和三代以來的文明積累。

濟水是奇異的，時常伏見不測，能穴地伏流，隱見無常，「一出為濟源，再出為滎水，三出為山東諸泉水」。夏王朝的活動範圍就在伊、洛、河、濟之間，商代時則把濟水列為江河淮濟的四瀆之一。

濟水的奇特在於，它有著我們人類最好的品質。它獨運長波，勇往直前。作為一條河流，最遠

大的理想莫過於奔向大海，千萬條河水的歸宿就是大海。所有的河水都有源頭，但不是每一條河水都能獨流入海。濟水能保持自我，與江河一樣矢志不渝，奔向大海。濟水並非洪水巨谷，但它能夠為人們祭祀，稱為四瀆，是因為它當之無愧啊。瀆者獨也，不因餘水，獨能赴海。濟水潛流屢絕，狀雖微細，獨立而自尊。

我聽說，人們早就議論過河水和濟水的高低。黃河，是眾望所歸之大河，它橫行千里，渾猛如漲，無風時也會毀船殺人，得到支流之水並不見其更加深邃，分為九河也不更加狹窄；而濟水，行不了大船，「盡濟水之力，載數石之舟，廣不能橫，深不能浮，而曰與河同靈等秩」，人們說，真不知道老祖宗怎麼想的，居然把濟水也列為祭祀的尊貴行列。

其實，多觀察濟水，就明白這條河水更像是人的老師，無言地教導了人生。有黃河的強大在一旁比較，濟水並未有絲毫氣餒，「別河而潛，積沙連塊，千里不壓不翳；益壯其流，帥汶而東，終能發山輸海」，此其所以為四瀆之一。像黃河那樣自負強大，脅迫涇、渭、豐、漆、汾、洛、伊、沁之水以滋其暴，決愁民，生土患，勢逆曲多，窮始歸海，這都是濟水所羞於作為的。至於濟水，出地則有舟楫灌溉之利，遇河而不與泥沙混雜，入地則不爭不躁，發泉則膏腴除疾。這樣百利而無一害的水，誠為「上善」。濟水實在是水中至賢，世間大善，是水中真君子。濟者，齊也，齊其度量。濟水才近於我的大道啊。

老子想起了孔丘，仁是和名相連的，義是和利相連的，提倡仁義跟提倡名利沒有區別，前者有道德的外衣，後者直接承認人的食貨欲念，人的經濟理性。眼前的利益獲得使得人心荒涼，長遠的利益爭奪使得人心狹隘。老子想像得出來，無論尚賢也好，標榜仁義也好，無非是要走上朝廷，無非是要走到人上人的地步，無非是要以下人、他人為犧牲而圖一個熱鬧、虛幻的名利罷了。

聽說齊魯的儒生已經公開宣揚食色為人性了，這真是荒唐啊。這種似是而非的觀念最易蠱惑人心，將食色當作人性，那不就等同禽獸了嗎？那不就離提升完善人的神性生活十萬八千里了嗎？換句話說，如果食色真的是人性，真的值得標榜為之思考和奮鬥，那為什麼不全面地思考睡眠、情感、自我保護、自我實現等等人性呢？

老子承認，食色的說法比他的大道更易為人們承認。但這種背離大道神性的生活將要付出什麼樣的代價啊？老子想像得出來，將來，人們愈來愈集中，彼此絕緣而同居，輕視、敵視而隔離。從散居自然中集中到一起，就像現在的鄉下人羨慕城裡人的生活一樣，人們會創造出特大型的都城來。即使城裡人嘴說鄉下的風景好、空氣好、水好，城裡人還是要在城裡賴著爭奪一席之地。對仁義食色的倡導將使人們惜命、偷生、苟且，人們要賴在強霸人物的保護傘下面，而不願去自己經受風雨，人們寧願做一隻太平犬，而不願像人一樣經受他應該經受的一切。

儘管南之沛風調雨順，人們生活得安逸、自足，老子卻看到人心的荒涼、短視。老子想，這裡是靠不住了，只能算是暫時棲身而已。老子再一次為人類設想，將來的人們不僅會有荒涼之心，也

會得幽憂之症。

當我在南之沛胡思亂想時，禁不住對先民的生活有一些神往。但我警惕自己的想像，時移世異，我對先民的生活是否神話了？他們也是有煩惱的，生活也是有不方便的啊。我怎麼能說他們是生活在樂園之中呢？

想像先民的生活，我的心怎麼也穿越不進去。哎，以我現在的一顆俗心怎麼能理解他們呢？如果我跟大家一樣，只是把他們那種又唱又跳的生活，把他們那種裝神弄鬼、祭祀天地神靈的生活看成煞有介事，看成少數能夠執掌祭祀、招呼大家、掌管大鍋飯的分配，看成少數人對大家的欺騙，我怎麼能夠理解他們呢？

我在曲仁里度過了我的童年、青少年時期，那裡的鄉民生活跟先民生活有相似之處，我在其中，完全理解他們那種公益心，那種不存私的人生內容，對節日、天地山川神靈的祭拜，他們是相互成全、一起成就的。我必須公正地說，他們也有煩惱粗俗，也有無聊，也有生活的不便利，但他們的大部分生活是快活的。他們量入為出，並把最好的東西奉獻給神靈、給客人、給四時。我相信這裡面仍有需要我們同情理解的大道，仍有我們饑渴的心靈所必要的大道。

我想，如果人們仍散居在自然的懷抱裡，國小、民少，那麼那些十倍百倍於人力的先進工具就會被棄而不用，人們看重生於斯長於斯也應死於斯的地方，不會到千萬里外的地方去討生活。上至君王，下至公卿大夫，都明白土地和人民的重要性，但治理大地上的人民應和這種自然之道，而不能人為地控制。宣布土地是什麼所有或什麼人所有，是虛偽而無恥的；進行人口控制，防止流民，同樣是虛偽而無恥的。

人多地少，競爭加劇，出現了恐懼和匱乏，自然之道不是加大管制，不是從生到死、從吃穿到住行把人們管得死死的，而是讓人們自由選擇。如果人們擔心死亡，擔心安全，就讓他們自由地來去，讓他們遠走高飛，遷徙移居，「重死而遠徙」。讓人們「重死而遠徙」吧，周王朝的祖先不就是這麼示範了嗎？讓人們「重死而遠徙」吧，華夏文明不就是這麼創造出來的嗎？是的，中原大地的繁華和認同不是那些自以為是的君王、兵士們征服的，而是「重死而遠徙」的人民用石頭、棍棒、耕犁、鋤頭……開拓出來的。我們的人民帶著最簡陋的工具，開疆拓土，以啟山林。這些珍惜生命、只顧自己和家人生存的「野人小人」，多麼合乎我的自然之道啊。他們開拓了真正的中國，他們甚至同化了那些邊遠地帶的族類，使外族也成為自家人，使人心相通，貫穿時空。生命的意義，不就是敬畏生存、繁殖並擴散生命嗎？

這個小小的生命，是多麼卑微啊。生命的需求並不多，人們自主遷徙，尋找宜居的地方，男耕女織，自給自足，無求於人。不需要官吏來協調、組織大的工程，不需要發明大的工具，不需要龐大規模的官吏。在那樣由他們自己創造出來的小小天地裡，一如春暖花開的世外樂園，一如他們自己的族邦，他們看重生死而不會輕易遠行。所以，治民牧民，莫如給他們最大的自由，自由到他們

自我管理，能夠「重死而遠徙」，也能夠「重死而不遠徙」。

是的，人們自求多福，天真自然。雖然有船有車，卻沒有必要去乘坐。雖然有武器，也沒有展示的餘地。還有發明文字發布誥令的必要嗎？像上古「結繩記事」時代一樣，民眾結繩就能知道並解決彼此的互利互惠關係，人們回到了那種純真而自在的狀態。這是治理的最高境界。

不用擔心生活中沒有儀式感，別去管什麼百姓沒有規矩。讓那些禮儀規矩見鬼去吧！什麼化民易俗啊，什麼移風易俗，一切都是自然而然的，怎麼能人為地制訂出一套禮儀，強迫人們去遵守呢？見面禮：天子用酒，諸侯用圭，卿用羊，大夫用鵝，士用野雞，百姓用鴨……穿衣禮：如果看見衣服而不知它的制度和等級，就是無知……社交禮：男女如果沒有中間人介紹，不能打聽對方的名字……還有什麼：有爵位的人才能用拐杖，有天子的命令才能辦學校，有諸侯的請求才能寫史書……這些禮儀不要也罷。

讓人們自立自足自尊。民眾各以自己的飲食為甜美，以自己的衣物為漂亮，安居樂業。他們跟鄰國相互看得見，雞鳴狗叫的聲音相互聽得見，但相互之間到老死也不必來往，從而改變自己的風俗習慣。

（第八十章）

小國寡民，使有什伯之器而不用；

使民重死而不遠徙；
雖有舟輿，無所乘之；
雖有甲兵，無所陳之；
使民復結繩而用之。
至治之極，
民各甘其食，美其服，安其居，樂其業，
鄰國相望，雞狗之聲相聞，
民至老死不相往來。

老子跟楊朱相處得愈久，愈能理解又不能理解這小子的心地，他們算是新的人類嗎？他一無所有，確實一毛而不能拔。但一旦他有了一點時，他會立刻變一副神情。

老子決定考驗一下楊朱。他問楊朱，假如他把南之沛，這個因他名伯陽而得到一個陽子居地名的鄉邑，讓渡給楊朱，楊朱會怎麼辦？

楊朱止不住地一臉興奮，他謙詞幾句後就說，可能他跟老師的風格不一樣，他不會任其自然，他要大幹一番。「購置房產，修飾梁棟，招聘僕役，整治家規。」

老子說：「有臥身之地、飲食之處則足矣，何須如此張揚？」

楊朱說得頭頭是道：「先生修身，坐需寂靜，行需鬆弛，飲需素清，臥需安寧，非有深宅獨戶，何以能如此？置深宅獨戶，不招僕役，不備用具，何以能撐之？招聘僕役，置備用具，不立家規，何以能治之？」

老子笑而不言。

我注意到，楊朱自此以後，像變了一個人，就像是闊少爺一般。他是不是覺得我欠他一個陽子居呢？

有一次，我帶他遠行拜見一個朋友，經過一條河水，大家渡河而過。在船上，很多人看見白髮蒼蒼的我，都主動跟我打招呼，讓座，我也跟大家聊起家常。大家談笑風生，楊朱卻昂首挺胸，像個少爺。人們看到他給他讓座，他毫不客氣地坐下；船主看到他像有來頭的人，給他遞上茶水，他也大大咧咧地接下了。

我實在忍不住了，過了河，見只有我和楊朱兩人時，我告誡楊朱說，你知道驕字怎麼寫嗎？你是上了橋的馬嗎？頭抬得高高的目空一切，你眼裡還有人嗎？楊朱不好意思地說，他習慣成自然了，今後一定改之。

我說，君子跟人相處，就像冰釋融於水中，跟人共事，就像僕人童子一樣謙處；潔白無瑕的玉看著卻像含垢藏污一樣，那些懷抱玉一樣德行大道的人看起來也是稀鬆平常的。你要在天下人面前宣揚你的理論，理論的周密完整、理論的尖銳堅硬是重要的，更重要的是你不能自外於天下人。你不能是一個一毛不拔、跟人絕緣不能溝通的鐵公雞，即使你有一兩個朋友，但若你不能跟天下人溝通，你以為天下人只有聽你講道的資格，只配給你讓座端茶，那你就大錯特錯，你就是一個用理論給自己遮羞的豎子。

我的話說得極重。楊朱似乎聽進去了。

楊朱說，他會改的。他甚至改得很快，他很快跟沛地的人打成一片，不講做派，沒有架子，以至於僕人都敢跟他嘻嘻哈哈，爭席位了。

有一天，楊朱興匆匆地說，他發現他的理論跟老子的理論是一樣的。老子說過，天地不仁，以萬物為芻狗；聖人不仁，以百姓為芻狗。這就是他人人為我的證據。

老子哭笑不得，這小子改過原來只是改給老子看的。老子說：小子，思考要全面些，即使要取其碎片，也要看到其他的碎片；要取其一面，也要從對立的一面入手，那樣才能得到深刻的片面。

老子確實要人們從天地自然中學習，但不能只取其中的一部分來學習，要全面地理解自然。就像陽子居的居民，忘掉了天地山川風雷水火一樣，他們只知道在一塊沼澤地裡討生活，雖然有一時的成果，但那畢竟不是天地人生的全部。

老子對楊朱說，自然界有著無聲之言教啊。

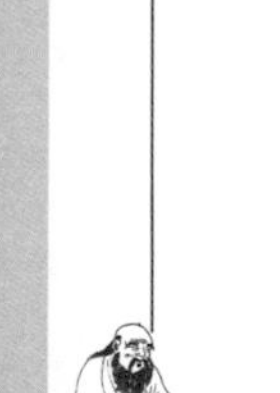

誥、誓、令、政，要稀少，才符合自然之道。狂風不會飄颳一個早晨，暴雨不會下一個整天。是誰颳起狂風、下起暴雨呢？是天地。天地生起的風雨尚不能持久，何況人呢？

所以那些追求人生之道的人有這樣的情況：求道者會跟道一樣，有品德者跟德一樣，而喪失道德感的也就失去了道德。人並不孤獨啊。跟道相同者，道也樂意得到他；跟德相同者，德也樂意得到他；跟喪失成空白相同者，喪失也樂意得到他，他的人生將是一片空白。

（第二十三章）

希言自然。
飄風不終朝，驟雨不終日。
孰為此者？天地。
天地為此尚不能久，而況於人乎？
故從事於道者：道者同於道；
德者同於德；失者同於失。
同於道者，道亦樂得之；
同於德者，德亦樂得之；
同於失者，失亦樂得之。

第二十二章　孔丘無怪

老子在向楊朱傳授學問的時候，愈來愈懷念起孔丘來。老子聽說孔丘已經成為齊魯一帶的大賢大聖，跟楊朱不同，孔丘是自信如謙，儒雅如懦懦無能，在很多方面跟自己有相似之處。

楊朱是大傲如謙，孔丘是大信如謙，老子是大情大願如謙。

老子在總結自己的經驗時，愈來愈覺得，年輕時沒有在文字方面下一番工夫是一個失誤，多少想表達的東西苦於無字，只能爛在肚子裡了。而已有的文字，又太寬泛，幾乎包羅萬象，將同類的各種意思、矛盾、元素全包括了。比如儒，跟需、跟濡、跟懦之間有什麼樣的聯繫呢，儒是懦弱還是人世的剛健呢？人跟需一起是儒，那是儒就是有所求有所為了，人有所為是剛強；但心有需要心就虛弱了，儒又成了懦弱。老子回味自己的格言詩篇時，有時候覺得正面理解可以，反面理解也可以，全面理解也可以。可以，可以，都可以。

還有道。與話語同在，與路徑同在，與宇宙上帝同在。老子在不斷地回味自己關於道的說法時，通過道也一再打量先民的生活。從最具體的說話、走路，到最抽象的精神意識，都是道，都屬於道，都為了道，都服務於道。大道多歧，但大道無多歧，這才是大道。

老子想，要是有典籍可參考，有師友在一起切磋交流就好了，那樣，文字作為工具會不斷得到改進，人們對人生世界的認識也會愈來愈清晰，所謂清晰，正是接近了道。魯國是有條件的，那裡有先進的文字，有守護禮儀的儒生階層，現在還有了信心滿滿、願意擔當的孔丘。

老子的一個假想就是，無是萬物之母，無這個字可能也是先民的關係之母，人們齊心合力地祭祀天地、大道、神靈，大功告成時手舞足蹈。這種人類的活動產生了一切。嗚嗚作聲，作唱，作歌，嗚的是氣息。嗚是無，無就是氣。當人們說起那個祭祀的首領時，嗚是巫。當人們說起從什麼中間產生了人神的盟約、人間的約定時，嗚是舞，也是無。無中生出有來，生出萬物之始來。

嗚為而無不為。

人生就是嗚嗚如歌，人生就是一個無。

但我並不想去齊、魯一帶遊歷了。太陽跟萬物一樣，東升西隱，我已不再壯盛，我不想去東方了。有時候想，我所謂的三分之一其實並不準確，人生其實是四分之一、五分之一甚至十分之一啊。人生百年，真正用世、真正有創造力及其與世界互動的時間，也許只有十年左右。在三十到五十歲左右的時間內，只有十年左右的遇合稱得上有效傳遞自己的機會。我的機會也就是遊學、入仕的那幾年啊。這以後，我只能更加旁觀了，我一生註定旁觀。

投入旁觀也是有意義的，畢竟旁觀之我捲入了上層生活。我的思想、我的人格給上層社會添加了內容。因此，雖然旁觀，但我的人生已經傳開。我的思想傳得差不多了，不同的人從我這裡得到了不同的東西，雖然支離，合起來正是道的豐富。我希望能夠到西邊去看看，中原華夏部族都是從西邊來的，我要回去找找根源。

我本來是做夢的，卻深入現實的漩渦，有時候寂寞地回首，我們看見了花開花落。

是的，現在該是我放鬆又專注於花實的開結了。

令老子意外的是，在老子更自信於自己的道時，老子見到了孔丘。孔丘說年過五十了，仍有疑惑，仍有根本究竟處不得通達，他聽說老子從溫國回到苦邑後，又在沛地隱居，故攜弟子特來拜會。

老子有一種莫名的感動，老子想，這一次得好好跟孔丘討論一下了。這是盛會，殊勝的緣分啊，老子不能讓它錯過。老子客氣地對孔丘說：別來無恙啊，聽說你已經成了國際上有名的賢人了。這次光臨，真是稀罕。你看我，都快入土的人了，能在此前見你一面，真是幸事啊。

老子客氣地跟孔丘談話，心裡不免後悔禮儀害人。老子本來想跟孔丘放開印證的，從人生到自

然山水。聽說孔丘也是活潑的，他神往於大同，也神往於跟成人五、六人，童子六、七人一起歌詠著生活。老子好不容易盼來了一個可以莫逆於心的寧馨兒，卻先莊重嚴肅起來。老子想，這個調子一定，以後的談話就只能認真許多了。老子得讓孔丘明白，人生當志於道，也當游於藝啊。

老子最後悔的是失去了跟孔丘探討文字的可能性。討論文字的過去和未來，是一切智力活動中最純真最平等的活動了。權威可以對舊文字的用法滔滔不絕，但關於文字的趣味、日常感受，每個人的權利都是平等的。說到底，一個人會寫魯國的虎字，會寫楚國的虎字，並沒有什麼了不起，因為一個人能熟練地用魯國話或楚國話來描述老虎才是重要的，才是有意義的。說到底，話語才是一個人的家啊。

我們需要的是把不同的文字符號進行比較，找出同異來，這樣既了解了過去，又能夠使未來的人們受益。只是老子開口就把跟孔丘的會面定調為嚴肅的問道了，但願孔丘能明白跟老子的見面也許是人生最後一面了。

想到常樅老師，老子覺得人一生的事業還在於歷史的傳承，它若有若無，但當老師、孔丘甚至楊朱、文子、庚桑楚、南榮們的面容浮現出來，老子知道，這根文明事業的線索清晰地存在著。老子想，旁觀者的意義也許就在於如此積極地介入了歷史。老子溫和地看著孔丘，就像是看到了道布行於這個世界後的莊嚴國土。

孔丘見我客氣，也很客氣地說：他真是榆木疙瘩，雖然勤奮，不遺餘力地宣揚他的禮和仁的思想，甚至仁和禮連在一起，把克己復禮當作仁，但成效甚微不說，就是他自己，也很迷惑。因此想問問我人世的根本究竟。

我告訴孔丘，要想獲得根本，真正理解仁和禮，得回到歷史的源頭，萬物的開始。比如，對歷史的理解，不能只停留在對堯舜的想像和感歎裡，還要往前追溯。在他們之前，還有黃帝、炎帝、還有伏羲……

孔丘驚訝地說，先生，炎黃的說法是無可徵考的啊，伏羲氏，還有有巢氏、燧人氏，那更是怪力亂神呢。

我覺出了這個北方大漢的質樸，他太需要想像力了，但他失去了想像力。也許這是他一生的限制吧，對於他學過的東西，他都自信得很，只知硬著頭皮勇往直前。我得點撥他啊。他青年時期致力於禮學，中年階段用心於仁學，現在也該涉獵易學啊。何況大易之道，圖冊多在魯國，觀象繫辭，捨他又能指望誰呢。易道陰陽，在這個紛繁的陽亢陰盛的時世中，正需要文字、語言的同步發展啊。君子居則觀其象而玩其辭，動則觀其變而玩其占。

我說，丘啊，你看，因為人們記錄歷史的文字工具簡陋，上古的歷史只能通過故老口耳相傳，是為傳說。傳說有誇張的成分，但傳說是史啊。當周公以不世之才從夏商的祭祀文字中選取若干來，成為我們的金文、甲文、簡書時，我們就可以把傳說的詩、書、易、樂、禮記錄下來，成為經

書，經書也都是歷史啊，也都是傳說啊。

孔丘點點頭，若有所思。但我知道，他的年齡也過了收穫的季節，他不大可能從中有真正獲得的。人的思想在青壯年定型後，就只顧接識聽聞那些對自己有用的人物思想了。

我想了一下，建議孔丘：聽說魯國的文字就在周公、史籀的基礎上更進一步發展了，要對先王之道有所繼承，最好能把先王的東西整理好啊。我老了，無所謂了，你有條件的話，可以做做這個工作。

孔丘苦著臉說，先生，魯國的史書他也看不大懂，往往一年只有一兩個字，還不如商人們的流水帳呢。猜謎是很費工夫的。

我說，就是要把那些無效的文字變成有效的文字，人們記錄的工具才會成為活的。丘啊，你已經做得很好了，對人有教無類，因材施教。文字是死的，文字的書寫傳承有一套語法、祕法，所以那些文字對不知情者無效，我們要努力讓文字有效，言為心聲，書寫得淺白如話才好啊。

老子期望三代以來的文字能在孔丘手裡邁一個新台階，看看孔丘行年五十，一副老氣橫秋的樣子，比老子還顯得蒼老。老子不禁覺得有些憐惜，老子也知道，孔丘未必能完成這些工作，孔丘說過的話可能也需要一兩代人才能消化、才能變成可傳的文字；但老子覺得，只要孔丘的人格力量和道學力量足夠，就有足夠的弟子向他請益，師徒們合力，是可以完成華夏經典的整理工作。

老子明白，孔丘還是希望有所作為，孔丘是希望獲得一個現實的平台的。老子對孔丘說，平台也是自己爭取來的，不是別人施捨的，施捨的平台不是自己的平台。老子說，你希望變化時世，自己因此必須在變化之中，這個想法是對的。但有為也好，道也好，變化也好，都不是物品；如果它們是物品，你當然可以周遊列國進獻給君主。不僅你那樣想，就是天下人也會那樣想，他們會把大道獻給父母君主。同樣的，有為也好，道也好，變化也好，都不是通過言說就可以傳給對方的，假如是的話，人們也會傳給兄弟姊妹子孫後代。

老子說，不要爭著去兜售什麼東西了，當年要你以水為師，就是要你注意水的曲折、不爭的盛德，與其爭著表現自己，不如努力表達自己。老子說，暫時曲折了，因此終會獲得全部；被壓得彎曲了，因此會有筆直的時候；窪虛了，因此會被充滿；東西舊了，就會有新的出現；少了，就會容易地獲得；多了，則會因此困惑。因此聖人會守著大道而作為天下人的法則。

不自我表現，所以明智；不自以為是，所以眾所周知；不自我誇耀，所以能夠成功；不自高自大，所以能夠長久。正因為不跟人爭，所以天下沒有人能夠跟他爭。

古人說曲則全者，豈是虛假不實的？他們確實獲得了全部，所有的榮耀都歸屬於他們。

（第二十二章）

曲則全，枉則直，窪則盈，敝則新，少則得，多則惑。

是以聖人抱一為天下式。
不自見故明，不自是故彰，不自伐故有功，不自矜故長。
夫唯不爭，
故天下莫能與之爭。
古之所謂曲則全者，豈虛言哉？
誠全而歸之。

孔丘一臉無辜，他似乎要表白什麼，欲言又止。

老子笑了。

老子說，不要辯解什麼東西了。可信的言論多不華美，漂亮的話多不可信。就像小商販們在市場上叫賣，你是聽還是不聽呢？

孔丘問，那麼話語是否多餘呢？

老子說，是的，我們對可知的事物以及不可知的事物必須沉默，言語在此多餘。事物可知，何需要語言；事物不可知，言語又有什麼用。言語道斷，一經表白，原初圓滿周備的大道就斷裂了。在相當大的程度上，言語只是我們在晦暗中照亮並辨別方位的工具，它是有用的，但一旦我們在黑暗中習慣了方向並熟悉周圍，燭火也成為多餘。

老朋友在黑暗中行路是多麼有趣啊，不需要工具，都能夠默契於行、莫逆於心；即使點亮了燭火，或天亮了，他們一定相視而笑。丘啊，這是人生所能創造的美妙境界，也是人們回饋天地的創造啊。

孔丘的顏色開朗起來了。

老子說，說到底，話語只是最粗淺的工具，在知識學問的終端，人們得借助各種文明成就，甚至人自身也將作為工具來完成人的目的。一旦人們接近了大道，那麼那些粗淺的工具及其表現就是多餘的了。以此來看天地、聖賢，就知道渾然一心的力量。

善良的話不巧辯，巧辯的言論多不善。善者也不會只讚美他人而不指明他人的過失，只選擇讚美他人的人，不是善者啊。大智慧者不博雜，博雜的人多無智慧。有真知識的人，並不博學；那些看似什麼都懂的人，其實沒有真知灼見。聖人不積累，他盡為人服務了，自己反而更能獲得；他都給別人了，自己反而更多。天之道，利而不害；聖人之道，服務而不爭奪。

（第八十一章）

信言不美，美言不信。
善言不辯，辯言不善。
知者不博，博者不知。

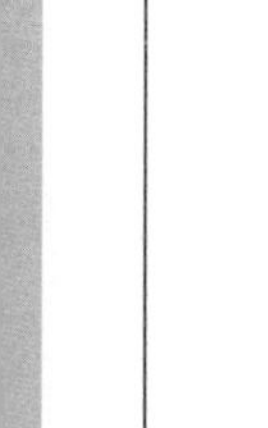

聖人不積，既以為人己愈有，既以與人己愈多。

天之道利而不害，聖人之道為而不爭。

孔丘就這樣默默地聽著，我喜歡這個人的智慧。他真是一個有禮貌的人，來時會默默地舉行拜見先生一樣的大禮，走時向我請安，躬身行禮而退。

有一天，我洗好頭不久，孔丘就來了。我的頭髮未乾，我的眼睛微閉，我的心也處於極靜寂的世界裡。孔丘一時手足無措，不知是否行禮，然而他就那麼躬身靜靜地站在那裡。

我將我的精氣神帶走，剩下我的身體乾枯地坐在那裡。

等我長吁一口氣，孔丘躬身作禮。他說：先生，是我眼睛花了呢，還是真有其事呢？剛才先生形體直立不動有如枯木，好像超然物外而獨立自存。

我笑說，那是我遊心於萬物之初。

孔丘不以為然，他以為我裝神弄鬼呢，他竟不知道人的身體跟精神合一的美妙。我告訴他，只有體會到萬物元始的情境才能理解天地大道，在那種情境裡，人可以說是至美至樂的。

孔丘似信非信，我說，丘啊，人最難處理的不是別人、外物，而是自己的身體、心靈，如果自己的精氣神合一了，那就人身成道而弘道了。道不遠人啊。

孔丘在此才鬆一口氣，我知道自己說到他的心坎上去了，我增強了他的自信，道不遠人，道就在自己這裡。果然，孔丘感慨地說，謝謝先生，他三十而立，四十而不惑，現在五十多了才知大道造化，他天天求道、傳道、尋道，不知道道即自身。他算是懂得性命了。

我告訴孔丘，人身難得，跟大道相連，跟大道一樣守一守靜可以用之不盡。

我說，最完備的東西好像殘缺，它的作用不會完竭；正因為有殘缺，天、地、人、物等等才會發生作用，如果人不能抱殘守缺、自視缺然，而是自以為完美、漂亮，他就失去了作用、意義，他即使活著，在周圍眼裡也已經死寂。

同樣，最充實的東西、最大的滿足如同虛空，它的作用不會窮盡。最大的直線好像彎曲，最巧的好像笨拙，最善辯的好像木訥難言，最豐裕的好像不足。

寒冷可以克服燥熱，冷靜可以克服熱情，知清知靜，可以用來匡正天下。

（第四十五章）

大成若缺，其用不敝；

大盈若沖，其用不窮。

大直若詘，大巧若拙，大辯若訥，大贏若絀。

寒勝躁，靜勝熱，知清知靜，為天下正。

人名事典

・有巢氏：華夏文明史上發明巢居的英雄。上古中國人少而禽獸眾，為防禦野獸侵害，有巢氏教人構木為巢，白天採摘橡栗，夜晚棲宿樹上。

・燧人氏：華夏文明史上發明用火的英雄。上古中國人「茹毛飲血」，他鑽木取火，教人熟食，是人工取火的發明者。

第二十三章　老子猶龍

孔丘走了。

我不知道他最終領悟了多少東西，但我相信所做不失，我示現於他的最終都將是成全他的線索。讓我鋪平他的道路吧。他後來，但他比我更用世。我只會安頓人心，但他會統合人心。

聽說孔丘對人說老子猶龍。龍似乎是中國人的專利，而非我鄉土習慣的符號。我年輕時候雖然受過常樅老師的教誨，但是在骨子裡仍屬於吾土吾民，面對中原之中國，我們還是化外的南方。中國的文明教化還不能跟荊楚人的地理環境、成長環境的影響相提並論。就像孔丘少年老成，而我卻老而猶童。是的，我是悲憫於人世的罪惡、苦難，我卻絕不缺少童心一樣的單純、快樂。

中原之中國總是以蠻子稱呼我們，我們終生未脫「南蠻」的一根筋，偏執、神祕，似乎他們才是理性的、有教養的。他們的教養似乎又是有條件的，「漢東之國，隨為大」，把隨、黃、鄧、申

等漢陽諸姬放在中原的南邊，也是為了防範南蠻啊。我們有時不免以蠻自居自傲自作證據，當初楚國進攻隨國時，這個中原國家的君主居然在兩軍陣前說，「我沒有罪啊」。楚王也直通通地說，我，蠻夷人也。俺就是大老粗，想打你。

但實際上，我們都有交流分享的願望。對土地、財寶、人民、思想、精神、生活方式，只要是人類，都有分享、占有、集成的衝動，這種衝動就是個人的自我完善和集體的文明自新。南蠻絕不是大老粗，南蠻有著一整套精緻的生活和文明。南蠻也有著參與國際社會的願心，「飲馬黃河，問鼎中原」。

孔丘還不理解這一切，聽說他周遊列國，學習了不少東西，也疏忽了不少東西。他看不懂我們的蠻、巫和自有家法，在文武周公外別有一套道理。他的聰明處在於求同，求大同。他可能懂得大同小異，但未必明白同而不和，和而不同。對他熟悉的而稱道得不遺餘力，比如他對秦國就讚不絕口，以為秦國雖處西戎，居周地以來中國化了。

對不熟悉的存而不論，他說我猶龍，他明知道在南方的國土裡有一隻鳳。那隻鳳在堯舜時就出現過了，他稱道堯舜卻疏忽了有鳳來儀。他想從精神上思想上壓倒我、超過我，卻沒有自信心。他在一切人那裡有自信心，但在我這裡卻只能沉默、敬而遠之。我是有自己的大道，別於文武周公之道，他不可能消滅這個大道，他不可能駁倒，因為他所具有的我都具有，我謙虛如道使他無從下手，我不喜歡周禮，卻比他還要熟悉禮數。

這個孔丘，他說我猶龍，也是聰明之極啊。他不說是我猶鳳，就是想告訴大家我已經中國化了。

老子當然是中國人了。

但老子又何止是中國人。

老子是中原之中國人，是江河之中國人，是自然之中國人，是世界之中國人。中國就是天地間的文化結晶。

遺憾啊。孔丘遊遍諸國，空間感足夠強烈，比老子還見多識廣，卻只對三代以來的死知識牢記於心，集成於大。他不知道空間的擴大也帶來時間感的變化，空間感的強大正是時間無始無終的明證之一；同樣的，世的變化也帶來界的變化，宇的通泰跟宙的光芒相連，歲月感的強化給予人生最高的價值：自由高於生命的苟活、鄉愿、犬儒。縱然生生之為大德，但自由才是大道。道極高明而近中庸，中庸就是自強不息的、朝氣蓬勃的生命，就是致廣大而盡精微的生命。在三代以上，在堯舜以上，還有炎帝黃帝，還有伏羲大帝，還有太一，太極，還有無……在天地之間，還有人心，在人心之間，還有惟危惟微的自由大道。他見多識廣，卻沒有老子的心智更開放，更集宇宙於道。

孔丘有舉一反三之智能，卻總是知其一而不願知其二。他集三代以來大成，下開百代；卻不能集遼闊的空間之大成，下開人世的獨立自由。他知龍而不知鳳，竟不知道龍鳳呈祥，一陰一陽之謂

道啊。

老子一直沒有跟孔丘探討家族、本源的問題。老子知道，孔丘本商人後裔，他如此崇周，會不會有心理糾結呢？他的祖先正考父長年做宋國的上卿，三朝元老，但正考父在家廟的青銅鼎上刻下的銘文卻是：「一命而僂，再命而傴，三命而俯，循牆而走，亦莫余敢侮。饘於是，粥於是，以糊余口。」他在一人之下、萬人之上的位置上如履薄冰。不知道孔丘是否懂得這種做人的道理？他似乎也確實恭順，但又在恭順裡加入了剛健的成分。老子跟孔丘，都從宗族走向了世界。

孔丘的道很大，沒有一個國家能放得下，但他不會「乘槎浮於海」的，他知道自己離不開三代以來的華夏，他也知道新世界的中國用得著他的道。

老子的道更大，放在哪裡都適宜。

老子的道是自然的，孔丘的道是現實的。

老子的道是用心的，孔丘的道是用世的。

孔丘走後，我悵然若失。

在我這樣的年齡，人似乎本能地知道了自己的歸屬。歷史任務已經完成得差不多了，該有自然任務了。

楊朱也似乎改變了他的傲氣。他和孔丘兩人沒有交流，但孔丘也給了楊朱無言的教誨，楊朱幫我迎來送往，感受到了孔丘這樣一個列國間如日中天的大賢的德行，他更能理解我以前告誡的話了。但願楊朱能夠有一些改變，君子惡居下流，天下之惡皆歸焉。他如果只是給人世提供極端自私的形象和主張，悲劇不僅屬於他自己，也屬於他的主張啊。

在南之沛已經無事可做，我估摸著該尋找歸宿了。放眼天下，明白人、有心人也就那麼可數的幾位。天下的英才我也會了不少，自己的所有也盡託付給了他們，我該獨自跟天地自然對話了。每一個老年人都是一件隨風飛舞的破衣，需要他自覺地悄然離開依恃過的時世。每一個生活在羈絆中的人到老都應該是自由的精靈，需要他離開世俗的家而到大地上漂泊、棲居、安息。我自然也該與世隔絕，乾乾淨淨地跟大家告別。

我和自然有約。

我決定回曲仁里住一段時間再走，陽子居看來是可以交給楊朱了。他跟孔丘不同，他收不了多少有錢有勢的弟子，但他又需要一定的財力來傳播自己的學說。但願他有福分能讓天下人明白他的主張跟主流之間、他的為人跟勢利之間的親緣關係和平衡。

老子走一路看一路，心裡有一種莫名的感傷。那些熙熙攘攘奔走於大路的人們，那些在城邊休息的人們，那些在田野裡臉朝黃土背朝天的人們，那些執行任務的官吏……你們來吧，讓老子看看你們是幸福還是悲哀。

老子想，自己在他們之中，他們又在自己的心裡。曲仁里是自己青少年的家園，身體四肢是精神心靈的家園，語言是存在的家園。一切都在流變之中。由此擴大，百姓也是我們個人的身體、家園，自然是人類的家園。那麼，我們也就是百姓的精神、思想和心靈了。我們是大家的精氣神了。當百姓作為身體無知無識的時候，我們正在其中運行、生長、波動、受難，我們明白哪裡通泰，哪裡潰爛，哪裡發炎，哪裡受寒。

老子想，離開身體，精神無患，但精神也將散失。就是說，離開普通民眾，我們不可能生活得更好。我們只有跟民眾相通，才能成全一切。

老子用心。是的，只要用心，就能體會百姓們的喜怒哀樂，就能知道天下時世。不出家門，可以知道天下事；不看窗外，可以知道季候的輪轉。人們出走得愈遠，愈熱中於走馬觀花，他懂得的真知大道愈少。所以聖人不遠行就能獲得真知，不接觸事物就能有其概念，不用行動就能夠成功。

但老子覺得親眼看一看大家也沒錯。這讓他對大地上的生靈更同情，也覺得他們活得努力，更新鮮、生動、親切。儘管人們活在這樣一個時代。這是一個衰世，一個黑暗的時代，一個黃金時代之後的鐵器時代！

他本來是可以不用看這些民胞物與的，他不是總結過這樣的格言嗎？

（第四十七章）

不出戶，知天下；
不窺牖，見天道。
其出彌遠，其知彌少。
是以聖人不行而知，
不見而名，
不為而成。

讓我無話可說的是，姬匄坐王位年頭不短了，但周王的土地還是亂得一團糟，當年萇弘說百廢待舉，過了這麼多年，一切還是荒廢得很。道路上雜草叢生，無法行走；池澤不修堤壩；河道不架橋梁；田野裡的穀物露天堆放著；打穀場沒有修整完畢；路旁沒有種植作為標誌的樹木；田裡的莊稼長得像茅草；百姓被徵調去給周王室修建高台。

根據周朝的禮制，道路兩旁應該種樹來標誌道路的遠近；在邊邑大路上應該設立供應食宿的房舍來守護道路；國都的郊外應該有牧場；邊境上有賓館和接待人員；濕地上要有茂密的草；園林中有林木池塘，這些都是用來防禦災害的。同時，要不耽誤農時，不浪費民力。這樣才能國富民強，物用充足。但周王和他的大臣並沒有遵守周禮，沒有組織農事，民生凋敝，國力虛弱。

我見到的人們卻像熟視無睹似的，而且人們的表情多是得意和失意，多是聰明和愚執，多是自

負和自卑等等簡單的幾類。千人兩面，最多能見一些為虎作倀的官吏，以及獐頭鼠目的小偷小盜賊而已。至於百姓，他們心思的麻木從面上都看得出來。

這樣明顯的荒誕、混亂，人們似乎習以為常。大周的虛禮也無孔不入地支配著人們的生活，人們不覺得其中的不合理。從生命的角度來看，有不同的思想，穿奇裝異服，聽愛情歌曲，學習異端神祕……都是最正常不過的了。但在禮治社會裡，這一切生命的言行都顯得格格不入，官吏隨時隨地可以處決生命的當事人。作淫聲，殺。行偽而堅，殺。假於鬼神，殺……他們有什麼理由把這些生命一筆勾銷呢？然而在這樣的時世裡，人們居然接受下來，忍氣吞聲，或作奸作猾。

我想起上古黃金時代的人類，他們一生辛勞，卻也沒有全部投入生計，投入到媚俗媚世的活動中。勞動是外表，心卻是幸福的、喜樂的。大約三分之一或四分之一的時間在於成長、學習，三分之一或四分之一的時間在於盡家族世俗的責任，三分之一或四分之一的時間在於傳道、獻祭、清修。是的，在盡了世俗的責任後，他們的生存就是投入到給自然、神靈獻祭、身體靜修的責任中了。而現在，人們自年少懂事開始即投入到生計中，一生不得安寧。換來的不是責任和幸福的平衡，而只是一種苟活。

天下的禁令愈多，民眾就愈貧困。民眾的新工具愈多，國家也更昏亂。民眾的生存技巧愈多，新奇的產品也就愈多。法令愈明白示眾，盜賊也就愈多。所以聖人說，我無為，民眾會自動歸化。我好清靜，民眾會自己端正。我無事，民眾自己富足。我無欲，民眾會自己淳樸。

我再一次想起自己總結的這些格言。

（第五十七章）

天下多忌諱，而民彌畔。
民多利器，國家滋昏。
民多技巧，奇特滋起。
法令滋章，盜賊多有。
故聖人云：我無為而民自化，
我好靜而民自正，
我無事而民自富，
我無欲而民自樸。

老子也看到了局部的繁榮，就像溫國的小村鎮，就像南之沛、曲仁里，都還算是一個小小的世外樂園。人們在其中生息，因為交通不便，人們很少見到外人，一切自治，有宗族、族長、德高望重的人調解糾紛，官吏也少去滋事。田家衣食無厚薄，不見惡吏惡棍就是人生樂事了，原因就在他們自給自足，自己承擔。

還有一些地方，因為地處交通要道，人物繁盛，商賈往來貿易，使人人都有發財的機會，人人都充滿了希望，眼睛裡呈現追求幸福的神情。老子觀察到，這些地方的人是最不可一世的，雖然他們在具體的人事面前，比如在一個商人或官吏面前也唯唯諾諾，但轉臉就得意非凡，似乎生活在一個治世裡，更準確地說，他們是生活在見多識廣的感覺中，他們生活在一種可能性中。

其出彌遠，其知彌少啊，但他們沒有這種意識。他們的參與感也那麼強烈，人人都像是在趕集，趕人生的盛大宴會。他們在旋轉，在舞蹈，在彼此取暖。但他們很少靜下來，靠自己的身體皮膚抵禦風雨饑寒，靠自己的心平衡孤獨寂寞。

老子想，人的一生究竟應該怎麼度過？是過那種淳樸的大道神性生活，還是過那種飛揚的隨波逐流的生活？他再一次想起自己跟眾人的異同來。

順從與反對，相差多少？美好與醜惡，區別多大？人們忙於獲得此一時彼一時成功與失敗的標準，忙於分別幸福與悲慘，在馴良和敏感之間下工夫，勢利而本能，有什麼意義呢？服裝一定要分出正裝、便裝等多種形象嗎？住房一定要分出人生層次和等級嗎？行路一定要講究名車和次車嗎？如果人們都來勢利，那就是共同種下因果，大家造成了某種時尚，這種時尚逼迫自由的心靈就範。是的，對人們所害怕的，我們也不得不畏懼啊。

眾人熙熙攘攘爭名奪利，就像在享受最豐盛的宴席，就像春天登台觀看美景。是的，他們都千方百計地顯示自己的聰明才智和富貴成功，他們懂得唯與呵的區別，明白美與惡的差異，懂得如何在國宴般的場合表現風度，懂得在賞春觀光時合乎禮儀，他們的言談舉止，都咄咄富貴。但我並不害怕，我獨自視之無所謂，不去分辨什麼徵兆。

有你們所謂的人生成功行列，我不願加入；有你們的太牢宴席，我不願參與；有你們的聲色犬馬或禮樂歡樂，我不願擁有……我的國不在你們的世界！

那廣大的胸懷啊，它沒有窮盡，混沌得像還不會笑的嬰兒。站在眾人的高端，就像無所歸屬。眾人都有餘，我獨像是有所不足。難道我是愚昧之人嗎，我真的像是混沌無知啊。大家都明白，只有我昏聵。大家都清楚，只有我昏昧。我的心靜得像天池一樣沒有波瀾，又如高風飄逝而無止息。大家都有所作為，我卻獨自愚頑而鄙陋。大家都喜歡別人擁戴自己，我卻獨自以為得道最貴重。

（第二十章）

唯之與呵，相去幾何？
美之與惡，相去何若？
人之所畏，亦不可不畏！
眾人熙熙，如享太牢，如登春台。
我獨泊兮，其未兆；
荒兮，其未央；

沌沌兮，如嬰兒之未孩；
傫傫兮，若無所歸。
眾人皆有餘，而我獨若遺；
我愚人之心也哉，沌沌兮！
俗人昭昭，我獨昏昏；
俗人察察，我獨悶悶。
澹兮其若海，飂兮若無止。
眾人皆有以，而我獨頑以鄙。
我獨異於人，而貴食母。

人名事典

・隨、黃、鄧、申：即漢陽諸姬，周王朝的親戚國，用以堵截南方的楚國。
・正考父：春秋時期宋國大夫，他是孔子的七世祖。輔佐戴、武、宣三公，地位愈高行為愈檢點。

第二十四章　幾載回來

家鄉變化也大了啊。

苦縣本為陳國的一個邑，多年前為楚國吞併時，設為縣。楚國率先在列國裡改革行政制度，縣制即是其一。這種制度在老子看來，大大加強了君主的集權，使得最高權力一竿子插到底，從此以後，縣、鄉、里、家，都沒有自主性了。老子想，不僅上古的大道神性生活被消滅殆盡，就是近代的宗法禮樂生活，在這種政權面前，也將不堪一擊，無任何還手之力。

隨著楚國問鼎中原的北進戰略實施，苦縣不僅為楚都的風尚同化，而且人力、物力等資源也源源不斷地流出。老子回到故鄉，看到曲仁里多了不少新奇的楚式建築，人口也多了不少，但總覺得骨子裡虛弱了許多，不再有當年那山清水秀的自然富足了。

老子倡導不爭，其實兒時的教育也是要人們不爭而活，蠻夷荊楚也曾認命於自己的沒有文化教

養。老子還記得家鄉人勸人息爭時常說的：「好咬架的狗子落不到一張整皮。」「兩敗俱傷！」「屬狗的好咬人。」等等。但年老回鄉，卻聽到人們說，這是一個競爭的時代，這是一個繁忙的時代。不爭就要落後，落後就要挨打，所以要爭先恐後，老子想，這是什麼邏輯呢。人們多在談南方的崛起，楚國的繁盛和問鼎中原，大周王朝的霸權、危機和衰落……難道流水、日月的輪轉不曾教導人們生活的道理嗎，人們一定要人為地構造出一種作偽的生活嗎？

老子想，老師要他不忘故鄉，但這已經不再是他心目中的故鄉了。他童年那闊大的王國，那充滿靈氣神祕的風水寶地，如今是可憐的貧乏弱小。那讓他流連多時的幾座大山，如今看來只是一個個的小饃饃而已。那讓他以師禮問教的河水，也不再清澈明淨了。甚至家鄉的月亮也似乎蒙塵，不再美麗圓滿。

圓滿，家鄉人曾愛說「轉彎」。這個人很會轉彎子，是說他會勸架，會平息紛爭。轉彎就是為了大家都達到圓滿。老子會轉彎嗎？老子的道不就是轉彎嗎？但現在的人卻不會轉彎了，他們徑直地撲向自己的欲望、被調動起來的名利。

我回到了曲仁里，沒有見到兒子李宗，家裡人說，他到外面闖世界去了。嗯，亂世不見也好，只要他能牢牢記住我的話，勤修我傳給他的靜寂抱一功就可以全身了。

鄉音近怯。聽著熟悉的鄉音，我的心像是一下子有了現世的安頓之處。這是我兒時就被圍裹被呵護的力量，是我的精神和血脈啊。如今再置身於鄉音嘈雜中，如同一隻鳥兒回到了森林，魚兒回到了河水。親切、溫馨。

「哦，是您老！您老幾載回來的？」

我聽到鄉親們這麼遠遠近近地問候，真是好啊。

「夏曰歲，商曰祀，周曰年，唐虞曰載。」

什麼時候回來，幾載回來。時空尺度以年以載表示，什麼時候以載表示。可見家鄉在上古時代是四通八達的，是唐堯虞舜的範圍，不是封閉得以日月計量，不是封閉得一輩子住在村子裡，而是以年載，以日月之外的宇宙運行軌跡計量。

沒想到文子在曲仁里等我好久了。而庚寅、徐任變得老態龍鍾，見到我自然十分激動。他們說，文子等我快半載了吧。他們說，這次回來得住個三年五載吧。他們說，再不回來，他們就要入土了啊。他們說，老朋友啊，天道是不是變了啊。

他們還沒有理解我說的寵辱若驚，大喜之下的激動也是對身體不好的。天道變了嗎？變了的是人事，天不變，道亦不變。天道只是轉彎，是一個圓滿。人們不能因為天道運行在彎處就以為變了，就以為道德、仁義不必要了。

庚寅、徐任的思維似乎也封閉了。他們只記得熟悉的人物，兩個老頭兒爭先恐後地告訴我，秦佚等我不回來，就說不見了，要去西遊秦國長見識。已經去了半載多了，不知道他在秦國能長什麼見識。

我心裡一動，他也去了西邊。話到嘴邊，我還是忍住了，我要是說也會到西邊去，他們可能又會吃驚、激動的。

老子回到家鄉的時候，看到了多年不見的弟子文子，很是高興。文子似乎比庚桑楚更有文才，有這樣的弟子切磋，關於大道的思想可以提煉得更精彩。文子說，他這些年以老師的話為生活的指導，收益很大。最重要的是，他在這個渾濁的時世裡守住了自己的清白。清白就是道。

老子為文子的話很是感慨，他既高興，又覺得這些門人、弟子、朋友中，沒有一個能有孔丘那種大成。孔丘會跟他的道漸行漸遠。一個依賴人主，一個效法自然；一個要走朝廷、廟堂，一個要走流沙、無限的時間空間。就像眼前的文子，在修道中不能擴展，而自覺守成，這樣也好。孔丘有孔丘的大用，文子有文子的高潔。老子想，孔丘儒會光大起來，但也在道的面前淡薄得不值一提，儒門需要道的校正，道會推出自己的天才人物。

老子想，眾人皆醉我獨醒，眾人渾濁我清白，眾人為肉身我為頭腦、精神、心靈，這就是道。年輕的朋友們要奮鬥，直取逆取皆為自己的圓滿，那麼老子呢？

老子想，看來家鄉人把轉彎了說成圓滿也是不符合真相的。真相是，轉彎就是不圓滿的圓滿。轉彎是天道的表現形式，天道好還，天道若缺。老子就是來抱殘守缺的。

只有抱殘守缺了，才不會封閉自己。就像老朋友們，思想不轉了，封閉起來，日漸封閉，如今不過是等待最後的時光，或者說是吐還世界賜給的氣息。而抱殘守缺，跟世界、大道同一。就像星雲、樹的年輪、流沙的形狀、冰河結晶、河水漣漪，永遠是抱殘守缺，永遠對世界敞開。

但現在要讓文子明白這一切還很難。天之道，損有餘以補不足。天道是不圓滿的圓滿，無目的的合於目的。

文子說，他一直把老師的話記在心裡，苦於沒有足夠的文字都記錄下來。因此，他這次來是想再跟老師印證一下，他記得的話是不是準確的。

在接下來的時間裡，我跟文子兩人溫習了我的《德經》和《道經》。文子很認真，他會挑出重點話來，請我發揮，我也樂意為那些格言式的句子做了展開。光有經典不夠，經典只是書寫的文字，那淺白表述的文字，背後隱性的書寫哲理是什麼，以及為什麼會這麼想這麼寫，所以必須要口耳相傳。有經，有傳，有記，才是完整的，傳記就是緯書啊。經書的格言簡潔，高度抽象；緯書要繁雜，涉及大量的人和事。

在格言中，我基本上拒絕提現實中的人、事和物，最多用一些自然界的現象來做比喻。我要人們記得，我雖然活在一個具體的時空中，這個時空卻未必是我所喜歡的，未必是我所認同的。這個時空中的大人們，更是為我厭惡。我要做必要的清理，讓他們活著，自己淡出，究竟誰活得好，就自己評判吧。

我要讓後人們難以捉摸我的身世，我的交往，我的喜怒哀樂，我要讓當時後世的人們清楚：有你們所謂的繁榮盛世，我不願隨喜。有你們所謂的崛起，我不願參與。有你們所謂的新生活新格調新時新意，我不願介入……我記得在周王室的典策中，寫下「柱下史老聃恭撰」一類的字樣時，曾經將我的履歷也寫了進去，老聃，李耳，伯陽，楚苦邑厲鄉曲仁里人……我那時就知道虛虛實實，我不願意世人清楚我的一切。

我將抱殘守缺。

但在跟文子的談話中，我用了大量比喻，也提到了歷史和現實中的人物。常樅、萇弘、師曠、叔向、孔丘、彪溪、景王、王子朝……我要讓文子明白，這麼廣眾規模的人口，只有這有數的幾個人物活出來了，有人活得卑劣，有人活得悲劇，有人活得焦慮。無論如何，這些人物的存在都證明了百姓萬民們的卑微，證明了百姓們的樸素。時世如此，夫復何言？是用世還是用心，是為道還是為學，是為人還是為己？

我問文子，能全部記住我的話嗎，他說，大概能。

我告訴文子，我的學問、大道有柔、後、不爭這樣的關鍵字。因為我師從於常樅，老師辭世前讓我觀察了他的牙齒和舌頭，所以我知道柔弱的重要。就像孔丘，孔武有力，剛健有為，但更多的時候展現了懦懦的神情，也是從我這裡得到的啟示。我曾經仰觀高屋、喬木，在太陽底下退一步看山水，見到了自己的身影而悟出後來者的重要。就像堆柴禾一樣，後堆上去的居上。

有一天，我坐在院子裡入靜休息，聽見文子在屋子裡喃喃自語，說什麼「老子曰學於常樅，見舌而守柔，仰視屋樹，退而目川，觀影而知持後，故聖人曰無因循，常後而不先，譬若積薪燎，後者處上」。我不禁感歎一個人只要用心，真的可以做到博聞強記。

老子給文子再一次強調了大道的作用。按老子以前總結的，天下萬物是有開始的，創始者就是道，萬物那偉大的母親。道術將為天下裂，一旦天下人師心自用，那大道將裂缺。守住大道，如愛情，連錯誤都是美麗的；但一旦大道殘缺，或者說在大道作為母親死後，凡母親的孩子，只不過各執自己的一份。他們或者相愛、尋愛、造愛，或者死去。

所以，以道立身的人，既能夠把握其母，就可以去認知其子，即天下萬物。既認知了其子，又能夠守護其母，這樣一輩子也不會陷入困境。這是一個人生認識自覺的循環過程。在源和流之間，在母和子之間，在愛和情之間，在統一和差別之間，循環往復，螺旋上升。

老子說，堵住我們的嘴，不要多嘴多舌，不要多吃多占；閉上我們的眼睛，不要惑於繽紛五彩，守護我們的天命和身體本分，我們一輩子也就不會疲困。如果張開我們的嘴巴和眼睛，去做饕餮之徒，去成就什麼眾人眼裡的事業，我們一輩子也就擺脫不了危困境地。

能看清微小的東西叫作真正的聰明，能守住柔弱叫作真正的堅強，收斂我們的光芒，回復到真

正的明亮，不給自己留下災殃，這就是因循道，偉大的常道。

（第五十二章）

天下有始，以為天下母。
既得其母，以知其子；
既知其子，復守其母，沒身不殆。
塞其兌，閉其門，終身不勤；
開其兌，濟其事，終身不救。
見小曰明，守柔曰強，
用其光，復歸其明，無遺身殃，是謂襲常。

我想起了那些繁華塵世中得意的人們，那些迷途的羔羊。我告訴文子，天地聖人不仁，以萬物百姓為芻狗，是天地聖人的至愛啊。文子一臉迷惑，他說，他以為老師的道是迴避情感的，天地不仁，分明是天地無動於衷的意思啊，所以才把萬物當作草把子。我笑了，不能這麼機械地理解啊，不然，怎麼理解我說的「道生之，德畜之」呢？怎麼理解我的「以百姓之心為心」呢？我是貶低過仁義，那是因為有大道大德的存在，但並不因此否定仁義的價值啊。

文子更迷惑了。我說，天地不仁，聖人不仁，誠然，天地對萬物一視同仁，聖人對萬物一視同仁，太陽的光既灑向善者，也照耀惡人，但這正是天地博愛大愛至愛的明證啊。所以，仁者愛人，天地不仁，也可以說是天地不偏私，而是博愛。以萬物為芻狗，也可以理解為以萬物為小狗小貓小羊羔。

文子仍然迷惑。我歎一口氣，就拿我們普通的人情世故來說吧，我們一般對孩子說養你也就養一條性命，像小貓小狗一樣的性命，這話裡的憐愛多還是冷漠多？我們一般對自己的愛人叫到親熱之極時，不也是將其當作小貓小狗一樣嗎？這是天牧天放的博愛精神，是真正的大愛啊。

文子總算明白過來。他說，看來要理解老師的話，就不能坐實每個字的字面意思。我看著這個多少有些畏難的弟子，不免擔心他會把文字寫成一團糟。

在大道和世故之間，在智慧和俗人的知識之間，是有微妙區別的。我告訴文子，即使那些用世的賢明智者，也不應該熱中於去做一個知道分子，一個兩腳書櫃，一個訊息的跑馬場。用世，也要以清靜來應對世間的熱鬧，以無事無為來應對突發其來的事件，那樣才能成功。為了不倒下來去拚命地跑步，不如氣定神閒地安步當車。

所以說，去學習世俗的知識，汲取世間的訊息，一天天都有增益，但世俗的欲望煩惱也會增益。去求道，世俗的欲望煩惱則會一天天地減少。減損又減損，以至於「無為」，不想爭奪什麼功名利祿了。這種無為也就會無所不為。

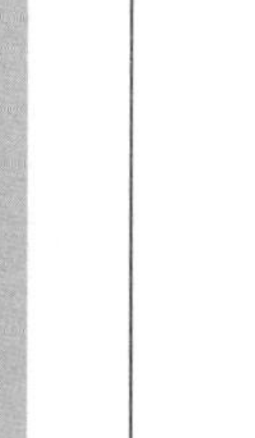

治理天下，也應當採取自由放任的無事態度。若是採取有事應對的方針，就不足以治理天下。以正道治理邦國，以奇詭指揮戰爭，以無事治理天下。我怎麼知道這個道理的呢？就是求道無為而無不為。

（第四十八章）

為學日益，為道日損，損之又損，以至於無為。無為則無不為。
將欲取天下者，當以無事。及其有事，不足以取天下。
以正治邦，以奇用兵，以無事取天下。
吾何以知其然哉？以此。

老子在跟文子相研討的過程中，喜歡上這種人生省思的感覺。老子像是回到了跟常樅老師問學的狀態，只不過師徒易位而已。老子想，這種同氣相求、一起問道證道的生活是美好的，但願孔丘能把這種形式發揚光大，但願未來的人們都能把人生休閒的時光用於這種問道清修。這種傳道、授業、解惑，不是如周禮規定的，貴族子弟、王公大臣才有機會享受，大道也不應該繼續祕而不宣，或只對所謂的聰明人、有地位者、有朋貨者宣講，而應該對所有人敞開。

如果孔丘只是看到有實力者給他送來錢財了才高興，說什麼有朋自遠方來不亦樂乎，那就不是真正的有教無類。在大道的教化裡，沒有鄙人、小人、女子、世家、貴胄一類的分別，沒有人會被拋棄。大道不對任何人關閉，只要人們有心，就能看到大道的敞開。那些聽聞大道的求道者也將如是，他善於把大道真義傳遞給遇到的每一個人，因為他遇到的人都是他的精神意識，是他大道的肉身，是他的人格形式。他不會有分別心地看待那些聽聞他的人，或者說，他不會只跟這一個人如膠似漆，對那一個人形同陌路。

善行者如浮雲過眼，不見轍跡。善言者如輕風過耳，無可指摘。善於計算者如四時運行，不見籌策。善於關閉者如夜幕降臨，不見關鍵，集眾志為城，不見門牆形式。善於繫結者如星辰繫天，不見繩約，如聖眾相連同心，牢不可解。

因此聖人善於救贖人，而沒有被拋棄者；善於拯救萬物，而沒有被拋棄者。這就叫因循常道，最大的明智。所以說，善人善於學習，他也會是別人的老師，不善者是善人的依託、資材。不尊重善人，不以善人為師，不愛不善者，不以不善者為依託，貌似聰明卻是大糊塗，這個道理深遠而微妙。

（第二十七章）

善行者無轍跡；

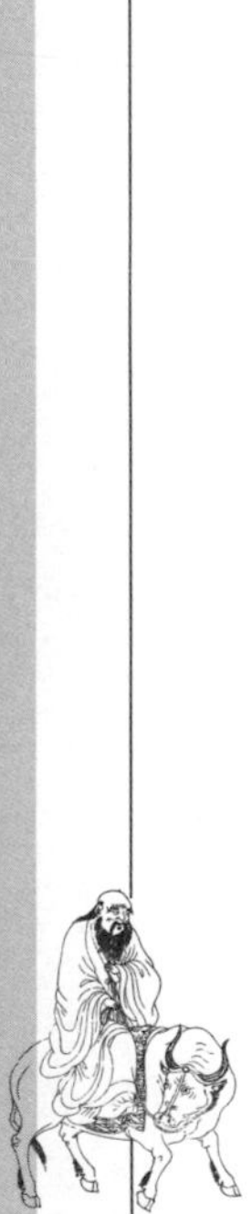

善言者無瑕謫；
善數者不用籌策；
善閉者無關鍵而不可開；
善結者無繩約而不可解。
是以聖人常善救人，故無棄人；
常善救物，故無棄物。是謂襲明。
故善人者不善人之師，不善人者善人之資。
不貴其師，不愛其資，雖智大迷，是謂要妙。

第二十五章　文子自然

老子開宗明義地告訴文子，道是先天地而生的。以我們所知的形容詞來形容道，都只能勉強得到道的表面意義，它高不可極，深不可測，包裹天地，稟受無形。

道就像水，原流泉浡，沖而不盈，濁以靜之徐淨，施之無窮，無所朝夕，表之不盈一握。

道就像一個玩把戲的約而能張，幽而能明，柔而能剛，含陰吐陽，而讓日月星三光發光。道是天地萬物之為萬物自己的原因，山以之高，淵以之深，獸以之走，鳥以之飛，麟以之遊，鳳以之翔，星曆以之行。

道是天地萬物的起源。

我告訴文子，日月不停地運轉，時間不陪人遊玩。我告訴文子，人類儘管對自然界雕之琢之，

人類仍要回到自然狀態。我告訴文子，如果只聽任一人的才智，三畝大的家業都未必治得好；如果順隨自然，六合之大的世界治之還有餘力。我告訴文子，占山為王的強盜跟都邑裡偷摸扒竊的小賊不算什麼，大盜不操干戈，善賈無假財貨。

我告訴文子，天地廣大，人走路用於踏足的地方很少，其餘者並非沒用，正由於不用，人才能走得很遠。心所知者不全，正是借助了其他不知道的東西，一個人才能精深於所學而明哲。這就是假不用能成其用的大道。我告訴文子，真正看輕天下就不會累壞自己的精神，看小萬物就不會迷惑自己的心智。那些齊生死者沉靜，而那些追逐名利的人必須要生出事端，做局，編故事。

我告訴文子，那些文章燦爛的動物，牠們的皮必然有人剝奪，那些角美好的動物，牠們必然會遭人殺戮。我告訴文子，那些甘泉的命運是枯竭，挺直喬木的命運是被砍伐。我告訴文子，石頭裡有金玉會傷害其山，樹木養育了蟲子反而會被蠶食。

我告訴文子，有所得在於時機，不在於爭鬥，治理天下在於大道，不在於英明。我告訴文子，人如果飲食不節制，輕賤自己的性命，那麼疾病會來殺他，人如果貪得無厭，索求不止，那麼刑法會來殺他，人如果以己敵眾，以弱傲凌謙強，那麼不祥的兵器會來殺他。

我告訴文子，須臾之間都不忘他是個賢能者，必然束縛了他的本真，走一百步都不忘表現容儀者，一定會給他的身體帶來麻煩。我告訴文子，人們把死者的骸骨埋在曠野裡，而到明堂裡去祭祀他，正是因為精神貴於形體。

我告訴文子，以有限的生命來憂慮天下的衰敗，就像通過哭泣用眼淚來幫助乾涸了的黃河。我告訴文子，世道太平了要以道護身，世道亂了要以身衛道。我告訴文子，那些地位高的人必然招人嫉妒，那些官做得大的人必然招更大者討厭，那些富豪們必然招人怨恨。他們的出路也非常簡單，以賤為本，以下為基。我告訴文子，以淺薄的智慧而能滿足廣博事物的需要，這樣的事是沒有的。

我告訴文子，世俗之人認為自己喜歡的東西是對的，討厭的東西是錯的。我告訴文子，那些追求道理的人，並不是追求大道，而是尋求跟己意相合的說法。那些改正錯誤的人，也不是在去除真正的謬誤，而只是在去除不合心意的東西。我告訴文子，志趣相投者，說話得當就更親近，那些疏遠者，計畫得當反會被猜疑。

我告訴文子，不著意追求虛靜而自然虛靜無為者，乃得道者所為，為一般人希望而不能達到。我告訴文子，車軸在輪子中間，它不轉動卻能跟輪子一起遠至千萬里外。我告訴文子，積水成海，積石成山，積怨成亡，積德成王。

我告訴文子，心安了，身體的四肢百節即安，身體健康的人，關節們相互像遺忘了對方一樣。我告訴文子，清的明亮，一杯水就可以照見眸子，濁的害處，以黃河之水也不能照見巍巍泰山。我告訴文子，芷蘭不因為沒人佩帶就不芳香，船隻也不因為沒人乘坐而沉於江海，君子不因為無人知而不行大道。

我告訴文子，川廣者魚大，山高了樹修長，地廣了能夠生養萬物。山裡有猛獸，林木就不會被

破壞；園子裡有毒蟲，菜蔬就不會為人採走；國家有賢臣，就能破敵於千里之外。我告訴文子，給魚施恩，不是拿著魚放到大海裡去；給猴子施恩，不是背著牠爬上樹木，只要把牠們放到對牠們有利的環境中就行了。

我告訴文子，河水乾了，山谷自然空虛，土石堆到山上去了，河水自然深了，土石堵住了河谷，就會有堰塞湖；嘴唇破掉了，牙齒就會感到寒冷。我告訴文子，水火相憎恨，但把鍋放在中間，就可以調和五味，骨肉相親愛，但有人在父子間挑撥，二人就危險了。豬狗不擇器而食，只顧把自己養肥，反而接近死亡。鳳凰飛翔於千里高空，沒有人抓得住牠。椎木可以敲緊很多榫頭，卻不能自我敲擊。眼睛能看到一兩里外，卻不能看見自己。

我告訴文子，滄浪之水清兮，可以洗我的帽纓，滄浪之水濁兮，可以洗我的雙足。我告訴文子，一塊布可以做成帽子，也可以做成襪子，做了帽子被戴著，做了襪子會被腳踩。我告訴文子，金能剋木，但一把刀不能剋制一片樹林，土能勝水，但一捧土不能堵塞江河。

我告訴文子，傘蓋沒有骨架不能遮擋陽光，輪子沒有輻條不能奔馳，但僅僅只靠骨架、輻條，就不能遮擋陽光奔馳於大道。我告訴文子，懸掛下垂的東西，有墜落的時候，樹木枝條一類的東西，有掉下來的時候。我告訴文子，農夫勤勞，君子因以得養，愚者千言，智者擇其善者而用。

我告訴文子，蛇不能再給牠腳了，猛虎不能再給牠翅膀了。我告訴文子，那些幫助祭祀的人會跟著嘗到食物，那些勸架的人會受到誤傷。我告訴文子，日月想發揮自己的明亮，但浮雲會遮蔽它們，河水想清澈，但沙土會讓它渾濁，蘭草想長得茂盛，但秋風會敗壞它，人想平安靜好，但欲望誘惑會害了他。

我告訴文子，去救落水者，給他金玉，不如給他一根繩子。我告訴文子，重新發芽生長的植物不會有收穫，過早開花的植物不待秋霜來就凋落。我告訴文子，冬冰雖堅，但會消融，夏木雖茂，但會凋零。

我告訴文子，哺乳的母狗敢咬老虎，孵蛋的母雞敢與野貓搏鬥，因為牠們有愛，所以不量其力。我告訴文子，見善事急切地去做，就像趕不上一樣，見善而稍緩未做，就會有感到不祥的時候。我告訴文子，同聲是自己招來的，同類是自己求得的，名譽是自己爭取的，既然操過武器攻擊別人，又何怨別人對自己的傷害？

我告訴文子，泰山再高，背對著也是看不見的，秋毫之末，注目而視也清清楚楚。我告訴文子，走一步棋不能顯示智慧，彈一根弦不能表達悲哀。我告訴文子，種瓜得瓜，種豆得豆，種穀子的不會收穫高粱玉米，結怨的不會有善報。

我告訴文子，道不直接涉及日常事務，但可用於日常事務。山林沒有現成的木材，但可以產出木材。我告訴文子，天下之物，本來沒有絕對的貴賤，人們覺得它有值得寶貴之處而寶貴它，天下之物就沒有不寶貴的。人們覺得它沒有價值而輕賤它，天下之物就沒有不輕賤的。

我告訴文子，聖人沒有什麼想要得到的，也沒有什麼想要躲避的。我告訴文子，知道本質者，

不去做本性辦不到的事，了解實情者，不憂慮無可奈何的事。

我告訴文子，不可過分依賴人才，世道的立足點在於大道制度，而不是出類拔萃的人才。不需要像古代英才一樣的人出現，人才自然夠用，因為充分利用現有的人才。我告訴文子，只要有千人之眾，就不會斷炊，有萬人之眾，就沒有辦不成的事。我告訴文子，只有用珍視自身的態度來治天下，才能擔當起託付天下的重任。

我告訴文子，不知治道之本源者，雖循法而不免於亂。我告訴文子，貧富之間的懸殊，就是君主跟奴僕之間的差距都不足以比喻。我告訴文子，存危治亂這樣的事，沒有聰明才智是辦不到的，而稱道遙遠的事，即使是愚笨的人也綽綽有餘。我告訴文子，曉道根本者，不會在枝節上出錯，懂得原則者，不會被疑難所惑。我告訴文子，自己有優點，不要指責別人沒有，自己不能具備的東西，也不要求別人具備。我告訴文子，不論有餘還是不足，都歸結於自己。

我告訴文子，能叫得出來的名，就不是存在於宇宙間的真正之名。我告訴文子，凡是說得出來的道，都不是生化萬物的真正的道。我告訴文子，禮樂不能使人無欲無樂，但卻能禁止人的欲望和喜樂。我告訴文子，欲望難以控制。堵塞與外界的通道，可以不受誘惑；如果開兌濟事，就會經受不住誘惑而終身不可救藥。

老子跟文子聊起自然之事幾乎是一發不可收拾，就像以前老子告訴徒孫南榮的：那些不知名的蟲類，爬行或飛走的，還有林間的猿鳴、鳥叫，以及水中的游魚，陸地上的蟒和象，以自然之名，全得到自然的崇奉。世代的人們卻也像無始無終，活在甚至窒息在難懂的夢裡。老子的出現是道的旅程，將把一切驚動。

老子告訴過南榮：嬰兒整天啼哭喉嚨卻不會嘶啞，因為他的聲音諧和自然達到了頂點；嬰兒整天握著小手而不鬆開，因為小手自然地握著乃是嬰兒的天性與常態；嬰兒整天瞪著小眼睛一點也不眨眼，因為他內心世界不會滯留於外界事物。行走起來不知道去哪裡，平日居處不知道做什麼，接觸外物隨順應和，如同隨波逐流，聽其自然。

老子告訴過南榮：道德修養最高尚的人，跟人們一樣向大地尋食，而又跟人們一起向天尋樂，不因外在的人物或利害而擾亂自己，不參與怪異，不參與圖謀，不參與塵俗的事務，無拘無束、自由自在地走了，又心神寧寂無所執著地到來。

老子告訴過南榮：心境安泰鎮定的人，會發出自然的光芒。發出自然光芒的，人各自顯其為人，物各自顯其為物。注重修養的人，才能保持較高的道德修養境界；保持較高的道德修養境界，人們就會自然地嚮往他，上天也會幫助他。

老子告訴過南榮：古時候的人，他們的才智達到很高的境界。有認為宇宙初始是不曾有物的，這種觀點高明而完美。次一等認為宇宙初始已經存在事物，他們把產生看作是另一種事物的失落，他們把消逝看作是返歸自然，這樣的觀點已經對事物有了分別心。再次一等認為宇宙初始確實不曾

有過什麼，不久就產出了生物，有生命的東西又很快地死去；他們把虛空看作是頭，把生命看作軀體，把死亡看作是尾脊。誰能懂得有、無、死、生歸結為一體，我就跟他交上朋友。這三種認識各有不同，但從萬物一體、歲月長河的角度看，並沒有什麼差異，就像楚國王族中昭、景二姓，以世代為官而著顯，屈姓，又以世代封賞而著顯，只不過是姓氏不同罷了。他們如能以對方的心態以後人的心態來看待自己，他們就知道彼此之間不過是大道給予了不同的姓氏名稱，不過是藉以展開大道的功業效用罷了。

老子告訴過南榮：最好的禮儀就是不分彼此視人如己，最好的道義就是不分物我各得其宜，最高的智慧就是無須謀慮，最大的仁愛就是對人不分親疏，最大的誠信就是無須用貴重的東西作為憑證。

後來在函谷關，當我看到軍士們聽講時總是喜怒無常，喜形於色，不免歎息他們中人世的毒太深了。他們生於自然，必將回歸自然，卻不懂得自然，他們已經被污染得難以救藥。

我遺憾，我不能像對待南榮和文子那樣告訴他們人生的道理。

我給南榮、文子甚至楊朱、孔丘、庚桑楚……講了那麼生動具體的實例，給軍士們只能大而化之。道為天下裂，能得幾分就是幾分吧。文明和本能，在發展中本來有著互動的均衡；文明是為了看護本能，本能是文明的原因和終點。人們往往要麼矯揉造作，附庸風雅，要麼放縱自己。

我以最簡練的詩篇告訴了軍士們。古代那些最優秀的士們並不炫耀勇武，不會以強力使人屈服；那些真正善於作戰的人，持重沉靜，而不會被激怒；善於戰勝敵人的，不與敵人短兵相接；善於用人的，總會謙卑地對待他們。這叫作有著不爭的品德，這叫作充分發揮大家的力量，這就叫作順應天道，配得上亙古之極的宇宙法則。

（第六十八章）

古之善為士者不武，
善戰者不怒，
善勝者不與，
善用人者為之下。
是謂不爭之德，
是謂用人之力，
是謂配天之極。

第二十六章　曲仁觀世

文子離開了老子，說要花一段時間來消化老子講解的道理。老子勉勵了一番，勸他招收門徒辦學，看見文子心不在焉，也就不再多說。

老子建議文子到北方遊學，文子似乎沒有太大的興趣。北方是理所當然的中心，是人生建功立業的舞台，文子說，他更關注非中心的地帶，人生的南方模式，邊緣正是天道所補，是天道顯現處。甚至楚國也不是他有興趣的，文子更神往於吳越。

老子說，雖然，天下就在當下，就在自己的心裡，但如果人一定要遊歷來印證天下，那還是可以走一遭的。

老子就這樣送走了文子。

老子在曲仁里住了一段時間，幾乎見天就跟老朋友們一起，聊閒天，日頭不烈的時候，靠著牆腳曬曬太陽，暖洋洋地。看著夕陽跟著落，這樣的日子也不錯。

看著庚寅和徐任日漸衰老，老子不禁有些後悔當初沒有給他們傳授養生的方法，老子被人稱為鶴髮童顏，是的，老子的鬚髮皆白，膚色仍跟孩子一樣嬌豔，走路也快慢自如，動靜自如，跟自然一樣成為一道風景。但朋友們則是老態龍鍾，走路都顫巍巍地。庚寅的皮膚像蒼松樹幹，徐任出行則離不開拐杖。因為政令、禮儀、規矩不許沒有爵位的老者使用拐杖，徐任只是隨意撿了一根木棍而已，那摩挲得光滑的拐杖成了他形影不離的夥伴。雖然老朋友們跟其他人一樣，本能地知道要活動胳膊活動腿腳，但沒有養成習慣，不知道抱一的原則，結果只能是事倍功半，甚至無濟於事。

老朋友們聚在一起也還是要議論時事、世道。北方亂得不像話啊，魯國甚至都有盜跖挺身而出，造反了。聽說孔丘試圖勸說盜跖非禮勿動，還被盜跖痛斥了一通。

楚國愈來愈盲動了，這個自成天地的大國沾染上中原的毛病，處處流露出暴發戶的嘴臉來。老子也聽說，在楚國的南邊，吳、越小部落也開始發展了。別看那裡弱小，就是他們能培養出季札公子那樣的人物，就不可小看啊。

嗯，季札，天地山川跟華夏文化結合的寧馨兒，造物的神奇，那才是大道鍾愛的人子啊。老子想，對比起來，子產、叔向、孔丘太世故啦。他們活得形累心累，季札才活得自然呢。老子想，季札那樣一個公子哥兒，在宮室的鉤心鬥角中，在國際外交舞台上，都能夠應對自如，真是不簡單。就像一個至真至純的赤子，行走於刀槍林立、荊莽叢生的地帶，卻嬉笑如常，毫髮無損。想起季

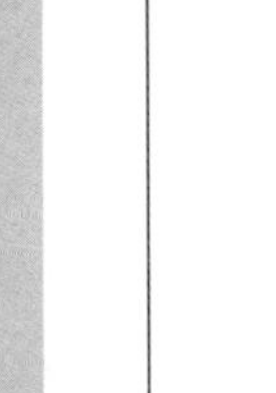

札，老子不禁吟誦起自己的格言詩篇。

（第五十五章）
含德之厚，比於赤子，
蜂蠆虺蛇不螫，猛獸不據，攫鳥不搏。
骨弱筋柔而握固，
未知牝牡之合而朘作，精之至也。
終日號而不嗄，和之至也。

人總是這樣，無事忙。坐著無事就會為他人擔憂，我們也預感列國爭霸的局面要告一段落，齊桓晉文的霸業，那種還帶著禮節類似溫文爾雅的時代一去不復返了。我們在曲仁里坐著，都似乎聽見了大規模的爭鬥、喊殺聲，那種凌犯天地的人禍正從未來、從四面八方傳來。這是時代缺乏一流的頭腦，或者說，一流的頭腦沒能獲得聖王之名位，沒沒無聞，做了時代的看客，因此，社會在二三流人物的治理下，人欲橫流，並為「食色性也」一類的欲念辯解，放任人們追名逐利，自造並共造罪孽。天作孽，猶可活；自作孽，不可活。是的，人們有苦，但人們也有罪錯；人們無辜，但人們也接受了共業。

我也曾經觀察部族、國家之間的關係，在我看來，治理大國，就當如同大海一樣，不分河流清濁，一體納入。無論好事壞事，都要承擔。而不能製造敵人，把壞事歸罪於內部的反動分子，歸咎於外部的顛覆勢力。這樣的國家，才是政治文化的大國。治理大國好像居於水之下流。在天下中，大國跟小國的關係好像川谷和江海。大國是天下文化會合之所，是天下小國交會之中心。大國又如同雌性動物，天下雌性總是以其寧靜勝過雄性，正因為靜，善用別人的力量，所以處於卑下的位置。

但在二三流人物的引導下，我們的國家關係卻多像好鬥的公雞，君王之間說什麼要順應一國人民的民意民氣，其實是他們之間爭氣鬥狠，自己好面子而已。吳國和楚國接壤的邊城，兩國的養蠶女為搶邊界上的桑葉，導致地方上的械鬥，挑起了吳楚兩國的大規模戰爭。多大的事啊，但吳國的邊城和楚國的兩座小城都因此毀於戰火。陳國的姊妹嫁給蔡侯和息侯，因為蔡侯見小姨子時有些無禮，導致息國的報復，把楚國引來，征服了蔡國。多大的事啊，但一個國家就此滅亡，人民更是流離失所。

所以大國以謙恭的態度對待小國，就可以把小國團聚在自己的周圍；小國以卑下的態度對待大國，就可以被大國信任。或以謙恭態度團結，或以卑下態度歸附。大國的欲望不過是做盟主，小國則不過是依附要得到保護。大國和小國各得其所欲，大國更應該採取謙恭的態度。

（第六十一章）

治大國若居下流，譬之在天下，猶川谷之於江海也。

大國者，天下之所流，天下之所交也。

天下之牝，牝常以靜勝牡，以其靜，故為下也。

故大國下以小國，則取小國；

小國以下大國，則取大國。

故或下以取，或下而取。

大國不過欲兼蓄人，小國不過欲入事人。

夫兩者各得其所欲，大者宜為下。

但這種國際關係有一定的適用性，如果列國之間不再有封建時代的等級秩序和均勢秩序，那麼國家之間就通過兼併、爭奪去尋求新的均衡。新的爭霸戰將是問鼎中原、逐鹿天下的戰爭，那種戰爭會比血流漂杵更血腥、殘酷。

我也無所事事地瞎想過，楚國有過自己的治國長處，可是現在坐吃山空，已經窮於應付了。秦國能夠平定巴庸，將其歸入自己的版圖，生活習俗實現統一。楚國卻一直未能統一自己的大後方，這是大忌啊。前有強晉，後有新生的吳越，這樣的格局只會使它疲於奔命，遲早被吞併。

我想著楚國的命運，不禁傷感：這樣一個最有出位之思的文化，最浪漫最得上古生活精神的藝術人生，將被華夏中原同化，而不能再有機會發揚自己的個性，校正中原的功利實用主義了。雙方都被綁在欲望的戰車上，要是不爭個高低，不爭出你死我活，他們不會罷休。我想，如果他們能彼此相安，彼此欣賞、成全、參照，該有多好啊。

我甚至無聊地想過，中原之龍跟南國之鳳結合，相互輝映，才會有好結果啊，龍鳳相互成全才能呈現吉祥。一旦只剩下龍來張牙舞爪，那就是惡龍了。

庚寅、徐任心善，在跟老子談論天下動盪時，最感歎的是民生的艱難。老子說，其實不動盪又如何，活得像狗一樣，乞討著生活。動盪時，活得像螞蟻一樣，隨時被踩死。沒有本質的區別啊。

兩人點頭稱是。庚寅說，就拿苦縣來說，屬於陳國時，要向貴族、國君交很重的稅，名義上是要用來祭祀，其實是上等人要享受；跟楚國鬧矛盾時，人心惶惶，人力物力被徵用來一會兒去攻擊楚軍，一會兒又變成友軍去為楚軍服務。屬於楚國，人力物力還是要被徵用，說是要保家衛國，說是要懲罰強晉的罪行。誰知道呢，說來說去，都是上等人的遊戲。

徐任稱道庚寅的說法，上等人的遊戲、國君的遊戲，就是愚弄民眾，就是玩弄民眾於股掌之上，就是讓民眾做犧牲。徐任問說，老子所說的「非以明民，將以愚之」可要讓人產生誤會了。

老子苦笑，就讓人誤解去吧。老子想，跟文子研習的不也是有這種矛盾和誤解嗎，人們啊，面

對文字時要警惕，要得意忘言才對啊，不要讓語言文字控制了自己的心靈。

老子說，其實，像我們這幾個糟老頭子，就是因為愚魯，不爭辯不打聽個明白來，才是道的寵兒，才是世道祥和的象徵。要是他們對世故時局一清二楚，就會忍不住參與顯示自己的小聰明，就會把水攪渾，讓社會亂上添亂。總之，此愚和彼愚不同，一句話難以說清楚啊。

庚、徐感歎說，民眾的日子何時是個頭啊。按說，大家搖身一變成了楚國的人，生存空間該大了一些吧。但是不然，楚國的地盤那麼廣闊，有權有勢的人卻還要驅趕、拆遷百姓，這裡圈地，那裡圈地，說是土地王有，要恢復井田，要服從國家建設。山林川澤都被控制、封鎖，不准人隨便進入，對違反者處以極刑。這是逼得民眾愈來愈沒活路啊。這個世道還有道理可講嗎？

老子說，這要看人對天道的把握，只有人人都感覺到了天意，感覺到了天道好還，天道就來了，大家的日子就好過了。老子還說，其實民眾是最馴善的，但他們也不會任人作威作福，欺凌到底。民眾不畏懼統治者的鎮壓，鎮壓就不起作用，更大的禍亂就要來了。

所以說，不要逼迫得民眾不能安居，不要壓榨得民眾無法生活。只有不過分地壓榨民眾，民眾才不嫌棄你。所以聖人有自知之明而不表現自己，愛惜自己而不貴重自己。所以說要取消後者，採取前者。

（第七十二章）

民不畏威，則大威至矣。
無狎其所居，無厭其所生。
夫唯無厭，是以不厭。
是以聖人自知不自見，自愛不自貴，故去彼，取此。

在跟朋友們研討的過程中，最難為人索解的莫過於對死亡的恐懼。就像在函谷關，我面對著十來個軍士講道，也最難向他們表白的莫過生命的可貴。人是多麼值得驕傲的存在，他脆弱，但他有尊嚴。因此，無視他人自由和尊嚴的，也會漠視自己的自由和尊嚴。

我看著軍士們，他們在民眾面前是有威懾力的，但他們如果不把生命、死亡當一回事，那麼民眾也不會把死亡和生命當一回事。在跟死亡的短兵相接中，民眾呈現的將是生命的尊嚴而非脆弱，是生命的自由而非苟活。

所以說，即使死亡，也並不能震懾民眾。國人暴動那樣的事件只是開了一個頭，以後會更多的。聽說魯國造反的柳下跖也是揭竿起義的英雄，只是遇到了孔丘，遇到了魯國新貴如日中天的強盛，被鎮壓下去了，這個起義被誣為暴亂，這個英雄被誣為盜、暴民。

這種事，以後會層出不窮的。

所以說，民眾不怕死，為什麼要用死去嚇唬他們呢？如果使民眾經常怕死，對於為非作歹者，

我們能夠把他抓起來殺掉，誰還敢為非作歹呢？如果民眾經常怕死，該殺的由執法部門去殺。代替執法部門去殺人，那就如同代替高明的木匠去砍木頭。去代大匠砍木頭，很少有不砍傷自己的手的。

（第七十四章）

民不畏死，奈何以死懼之？
若使民常畏死，而為奇者，吾得執而殺之，孰敢？
若民常畏死，當有司殺者殺。
夫代司殺者殺，是代大匠斫。
夫代大匠斫，稀有傷其手者矣。

談起民眾，老朋友們似乎有無窮的話題。老朋友說，只可憐，天下興亡，總是苦了百姓。老子說，這也是天道啊，人如果不覺悟，就會死於非命。所以說，不經過反思的生活，不跟天道相合的生活，不值得去過。本能和欲念裡面有刺激、有快樂，更有危險、痛苦、死亡。

但老朋友們問難說，老子似乎在教訓民眾。在這方面，老子似乎跟其他大人先生們沒什麼區別，都鮮明地表現了一個有教養階層的人跟百姓民眾的脫節。

朋友們的話讓老子陷入了沉思，是的，這是一切有教養者的毛病。因為教養本身就跟自然有了距離，那些自然之子，那些百姓民眾們，因此被教養想像成單純、無邪、樸素。就像孔丘說《詩篇》思無邪一樣，百姓的人生，在很多方面是有教養者望塵莫及的。

但是，自然之子又不及出位之思的教養者完善，因為在文明眼裡，民眾百姓們還是有很多可厭的、粗鄙的、野獸般的表現，連同他們粗陋的生活，都使得大人先生們憐憫他們而不愛他們。孔丘無邪，但他是魯國人，他是中原之中國人，但還不是黃河長江之中國人，更不是中國人民。萇弘忠烈，但他是周朝人，是劉家人，他還不是中國人。季札高貴，但他是吳國人，還不是中國人。自伏羲、炎黃、堯舜以來，大人先生們還未曾代表群體的精神、品質、個性，還未成為人民。

在回答老朋友們的問難時，老子說，老子當然不會蔑視人民，只是老子永遠成為不了人民，因為老子是人民的頭腦和心靈，老子未能成為人民的身體；老子當然想像並相信自己是愛人民的，並希望人民得到美好的一切。那些有教養的大人先生中會有成為人民的，聽說宋國就出了一個了不起的人物墨翟，他以自己的天才力量不僅溝通了天地，而且溝通了上層下層，溝通了大人先生和黎民百姓。墨翟以游士身分不曾依附上流生活，卻把自己鍛鍊成了人民，從歷史的黑暗中浮現出來。

老朋友們也聽說過墨翟，那個年輕人的事蹟，跟老子的弟子楊朱正好是另一極端。楊朱拔一毛利天下而不為，墨翟宣稱摩頂放踵而利天下。所以他能夠連續數天去制止一場戰爭，非攻、非樂、兼愛、節葬……他們說，這個年輕人發展下去，前途無可限量，他大概是有史以來最偉大的人物了

吧。

老子告訴老朋友，三代文明有墨翟這樣的結果，也算是正果。只怕天下之大，容不下墨翟這樣的人。

想到墨翟，年輕人，未來，老子對民眾的觀察似乎無足輕重了。民眾自有福分。但老子仍對老朋友們說，生命之於民眾和大人先生是一個意義豐富的現實問題。民眾被綁架到民生領域，大人先生則被綁架到威福作派領域，這是問題的所在。民眾挨餓，是因為統治者們收稅太多，所以他們挨餓。民眾難治，是因為統治者干涉太多，所以民眾難治。民眾輕死，是因為統治者們奢侈太多，逼得民眾活不下去，所以民眾輕死。只有對生命無所強求，不去縱欲奢侈，才是比貴重生命更好的辦法。

老朋友們點頭稱是。

（第七十五章）

民之饑，以其上食稅之多，是以饑。
民之難治，以其上之有為，是以難治。
民之輕死，以其上求生之厚，是以輕死。
夫唯無以生為者，是賢於貴生。

天下沒有不散的筵席。

我跟老朋友坐而混天黑的日子該結束了。

再說下去，我們就是家長里短的陳芝麻爛穀子話題了，就是車轂轆話了。新的訊息、人物不再經過曲仁里停留。或者說，在時世飛揚的過程裡，沒有什麼可以在曲仁里沉澱下來。一切都浮躁、粗暴、簡單。

我不能像村夫野老那樣迎接太陽，那樣的窮困或富足都不是我所能承受的。人們對這樣的老人總是只關心一件事，他何時死亡。是的，老不死的，老劈柴，老糊塗……整個大而熱鬧的世界跟他無關，整個世界只是等待他的死亡。我自身是道，何必如此停滯於死。

我跟庚寅、徐任告辭，說是要離開曲仁里，到外面走一走。此去一別，不知何年何月相見，或者不見也好。

二人似乎感覺到了這一去就再無見面的機會了，他們戀戀不捨，甚至眼睛長久地濕潤。是的，我們在歲月裡，已經互為肢體、頭腦。人都是有情有心的啊，我們在世上最後的日子，就是通過這些日漸凋零的老朋友來給予意義的。而我，卻要獨自跟天地大道相往來，就像天上的龍鳳、地上的虎豹一樣，獨自體味最後的時光。

徐任說，他想拜託我一件事，讓他的孫兒徐甲跟隨我，一路上可以照應，也讓徐甲長點見識。

我看看徐甲，一個憨厚的小夥子，就答應了下來。

人名事典

- 吳、越：國名，春秋後期崛起的諸侯國。
- 盜跖：原名展雄，又名柳下跖、柳展雄，相傳是當時賢臣柳下惠的弟弟，為魯孝公的兒子公子展的後裔，因以展為姓。他領導了九千人的起義，被貴族勢力誣稱為盜。他的名言：盜亦有道。
- 季札公子：吳國的王子，他一生多次拒絕做國君，有著賢者的謙恭禮讓、非凡氣宇和遠見卓識。
- 墨子：戰國時期思想家。

第二十七章　龍鳳扶風

別了，我的曲仁里！別了，我的楚苦大地！

讓我最後看見吧，讓我看見這東土的時與道，民與人，愛與仇，生與死……

在徐甲的照顧下，我騎著青牛，在楚、宋、鄭、衛、晉、周等國間徘徊，欣賞上古至三代以來最後的華夏自然，也猜想著大道蒙塵時的世運民生。諸侯國已經大同小異，沒有了個性，發展、武備、崛起，豐富的大地山川被綁架到春秋序列中來，人們都在談論，哪個國家強大了，哪個國家還落後得很。生活、視野被國野、都城、市井徵用了，人生、宗廟、社稷被繩子一樣的線索綁用了。個人呢，個人跟天地之間的聯繫呢？

一流的頭腦在思索著如何救世，實力派貴族、地主、國君們卻不得不捲入了一場博取功名利祿，又是性命攸關的廝殺遊戲裡。在鐵與火面前，伏羲、神農以來的部民生活結束了，三代以來

的萬國林立、小國寡民生活結束了，文武周公以來的五百年歌唱生活結束了，雞犬相聞之聲消失了……

老子試圖以遊玩的心態去走訪山川大地，結果總是讓自己鬱悶、生氣。山川確實秀美、壯闊，並不封閉啊，而是抱殘守缺地敞開萬里形勢。在這種無言的教導下，人們仍是自設藩籬，或者你爭我奪。山川被破壞，人們製造的垃圾示威性地污染著山川大地。

一切的苦難、罪惡都為老子看見了，一切人道的災難、天道的輪轉都為老子看見了。

老子是來轉彎的。

但這個彎轉得多麼艱難，這是一種痛苦、寂寞的人生事業。

悲涼之霧，遍布華夏，能於其中領略呼吸者，唯有老子數人而已。

什麼是聖賢？老子為聖賢糾纏了一生。聖賢曾是大家的旗幟，卻非當世人的目標和嚮往，但一為聖賢，就仍得承擔聖賢所必須承擔的。這個世道，王將僭越於聖賢之上。聖賢不得不退於個人，退居內心。

聖賢就是集眾生喜怒哀樂於一身者，能負荷起眾生的罪苦，能救贖眾生的罪苦。老子糾結也領受了聖賢的全部形式。老子雖然有修身的本領，仍為身體的僵硬而神傷不已。每一次身體的僵硬、瘦痛，五臟六腑的苦澀，都需要老子以更專一的靜修來化解。每一次化解都相當於脫胎換骨，都讓自己跟天地自然間的情感新鮮如初。只是集眾生罪苦的寂寞如故，寂寞變本加厲。

白天觀察，老子見證所看見的；夜晚捫心捫身靜修，在黑暗中陷入無可如何的憂傷。

哦，我的人民，我對你做了什麼？

人們將整齊劃一。由夢一般的楚國創新出的專制管理模式，一種縣制，將在中原邊陲一帶均衡展開，無遠弗屆。人們的衣食住行生老病死婚喪嫁娶，最終歸因於王權，由王權來支配。古典時代結束了。我們誠然想起羲皇上人的風光而心嚮往之，看見大禹的事蹟、堯舜的德行而心生感動，但我們再不能膜拜了。那些最富於神性從而也最富於人性的人生歡樂逍遙，跟黃金青銅一樣，過去了。

而對於眼前的鐵與火，可鄙可咒的齊桓晉文，可敬可笑的宋襄，可憐可歎的管仲子產，可期可望的孔丘墨翟……我將不再聽聞思議你們的姓名了。我將離開你們和你們的土地了。

我也悲憫那些思考而幫權的頭腦：你們的思考不僅僅是令人厭惡的，你們的說辭不僅僅是隔靴搔癢的，而且對那些無權去閱讀、無能去思考，但想藉此獲得道理的心靈來說充滿了毒害。你們已經毒害過那些不學有術的齊桓晉文，也毒害過做夢的楚莊，你們還會毒害那些暴發者、新貴者，毒害他們無知於人之本性和人類之本性的心靈。

你們明明知道這大地上成千上萬的人失去了依恃，屬於饑餓的子民，他們正饑渴地要求明心見

性，要求進入另一種均衡。可是你們卻像某些告訴小毛蟲，牠們的一切努力都是徒勞，從而把牠們引入歧途的人。你們使牠們永遠不可能變成美麗的蝴蝶。你們聲稱所有的蓓蕾都不會成為美麗的花朵。你們把人性和人類本性的大道神靈偷換概念，聲稱人性和人類本性在於從世間的王侯所得，由王侯恩典，由官家做主；你們聲稱，世上只是而且只能是王侯的臣僕。

像你們一樣，我也曾經是個得意忘言的志士，直到我自己發現了我的形體，發現了大道，並且確實按照大道在大地上生活。正因為如此，我才發現我存在著需要證據，我得把自己作為證據。我於是知道所有那些先前我們熟視無睹、見怪不怪、以為天經地義之物原來都有著非常的意義，它們都能被解讀、被重新發現，從而生命可以獲得希望和拯救。即使現在，我都仍在為那種殘酷的生活和上千萬的生命的沉淪而感到戰慄，有時流淚、悲傷，有時生長一種羞恥的悲痛和憤怒。我已經為命運眷顧，並且從罪錯中拯救出來，我說過，一切以人生大道為依歸的人，都須明瞭我們生活在當世這片土地上的意義。我相信，這同時也是為你們敞開的一條道路。

你們願意去嗎？你們願意走那條道路嗎？

老子就這樣看遍了中原山水，來到了函谷關。老子隨便，老子憤激。老子天真，老子深沉。走到哪裡算哪裡，老子的道在天下，在宇宙間，又在當下。

老子想到了秦佚，是老子先他而走，還是他先於老子而走呢？至少目前秦佚先一步出關了，他會先一步辭世嗎？

在靜修中，在入定中，老子無數次意識到辭身辭世的可能性。但僅僅意識到還不夠，感應沒跟上來，重要的是，認知沒跟上來。

但老子想，快了。老子是能夠預知辭掉一生之大患的，那個時候，誰能夠料理老子的後事呢？老子猶龍猶鳳，誰能夠撫慰龍鳳呢？就像秦國虎狼之地，誰能夠扶助風化使其真正中國化呢？就像故鄉的槐樹，能夠移栽於那西部泥土裡嗎？

秦佚出關，亦將扶風嗎？亦將建造一個西方槐里嗎？老子想，但願秦佚能夠料理老子的後事。

老子就這樣出關，被發現，被尹喜和軍士們挽留。

老子給尹喜和他的軍士們講道。

跟文子研討是自由的，想到哪裡就講到哪裡。老子在函谷講道卻是有條理的，這是最後的教訓，給人世最後的告白，必須盡可能完美。有著給景王整理先王令德的經驗，老子按照那個初稿，把順序、字句做一些調整就可以了，老子把跟文子切磋的話語再修飾一下就可以了。但重要的是，老子要講得簡略而權威，彷彿這就是亙古以來的道理，是王侯花上全部財寶都不能換來的祕密，是比箕子向武王傳「洪範」大法還要重大的宇宙法則。

是的，三代以來的文明經驗落腳於天命，所以，那些王侯大人會以為天命可以交易，可以調情。紂王就這麼自負過，周公就這麼假借過。但老子的思想，將拉開天道的大幕。天命可以是少數

人玩的勾當，天道卻是人人可以見的客觀對象，是日月星辰不滅的光芒。

老子看著軍士們茫然的眼光，似乎看到了他們野獸般潛伏的本能和夢想。

我在年輕時候也曾做過許多夢，現在大半忘卻了。

但我並不以為可惜。

說到底，夢和欲望不過是身心曲折的表達。如果我們放任它，我們怎麼能夠獲得新生呢？看著這些軍士，這些至今只出生過一次的人，我怎麼能夠指望在你們那裡得到公正的對待，跟你們形成良性的互動呢？

這些本能的靈魂，讓我憂傷。但如果我的道能夠提前把你們領走，如同最終的黑暗給予你們臨終之眼或死亡的美麗，你們會跟我走嗎？

死亡，我如此頻繁地想到了這人生的終點。我們終將擺脫一生的憂患，而去永久的故鄉安息。那裡才是我們跟大道合一之處，一個夢過去了，另一個夢來代替。我們在道上，在道中，在無中生有，生出無數的夢和萬有。而我們血液裡的糾纏、爭奪，我們的本能宣洩將空幻虛無，唯大道實有，因為一個長久的生命就要擁有你，你的花你的葉你的幼蟲。

我看著軍士們的眼光，心裡湧起了無限的哀憐和祝福。

我將要走了，而你們將要活下來，繼續你們的本能。但願你們能夠因聽聞我的道而不同以往，在枯燥的軍旅生活或粗鄙的底層生活中，獲得了轉移提升的可能性。

哦，如果你們的新生必須以我的辭世為代價，那麼我願意在這關隘、樓台之間享受死亡的瞬間，示現臨終的眼。是的，不用管秦佚是否還在世上，就是尹喜和這些軍士，都可以是我隱遁辭世的見證。

想到死，老子像是更有了精神，講起道來比跟文子研討更隨心所欲了。

尹喜當然最為受用，他表現得也是如獲至寶，他苦於不能一心二用，既去刀刻記錄，又去聽講；故只好忍住不記錄，拚命用心記憶。在老子談到修身時，尹喜更是恍然大悟，他跟老子說，怪不得自己覺得身體敏感，一會兒某個地方癢了，一會兒手足冰涼，一會兒某個部位突然發熱，原來是沒有抱元守一的緣故。他私下偷偷試著練習了一下，那種感覺確實好，比夏天午休還長精神。

但對軍士們來說，就無所謂了。他們雖然明白眼前的老先生有兩下子，但聽著老子的高談闊論並不能理解多少。說到他們心坎裡的話不多嘛，一會兒憂民，一會兒談道談德，一會兒給王侯聖人設一個標準……跟他們的生活是兩碼事。

當老子談起軍事話題，他們很感興趣，沒想到老先生還懂兵。盯著老子那孩子一樣光潔的臉蛋，他們想到了一個詞，吹彈可破。這樣的老小子還對兵有興趣，真是奇哉！但聽到老子說什麼「兵者，不祥之器」時，他們愣了。聽老子說「師之所處，荊棘生焉；大戰之後，必有凶年」，他

們嘀咕，這有什麼關係？有戰爭就有犧牲，很正常的嚒？當他們聽到老子說「以正治邦，以奇用兵」時，覺得老小子並不天真，但也很不屑一顧，打仗哪有搞陰謀詭計的，不就是戰場上堂堂正正地對決，劈哩匡噹地一通亂砍亂殺來分勝負嗎？當他們聽老子說「勇於敢則殺，勇於不敢則活」時，有幾個人不禁笑了：這叫什麼話，不勇敢拚命活得下去嗎？

尹喜對自己的部下無可奈何。人性如此。人性的卑劣讓尹喜對世事悲觀，軍士們更習慣於命令、鞭子，而不習慣於思考、道理。

我給軍士們講道，也許是聊勝於無，但有一個尹喜這樣的知音，也算是值得了。聽到軍士們的嘀咕和笑聲，我決定也開開他們的玩笑。

我說，優秀的人聽見了道，會努力去實行。一般人聽了，聽得似是而非，半懂不懂，像是記住了又像是耳邊風。自以為是的人聽了，會覺得大而無當而發笑。如果他不笑，道就不成其為道了。

我看見軍士們呆了，暗覺好笑，我就再假託古公的話來教育他們。我說，我們大周的建國綱領上有這樣的話：光明的大路好像暗昧，前進的大路好像後退，平坦的大路好像崎嶇不平。所以崇高的品德好像流俗，寬廣的品德好像有所不足，剛健的品德好像怯懦，質實的品德好像空虛。最白的東西好像是黑的，最方的東西好像沒有四角，大成就者的成功顯得勉強，大音無聲，大象無形，大道無名。只有道，才能善始善終。

（第四十一章）

上士聞道，勤而行之。

中士聞道，若存若亡。

下士聞道，大而笑之！

不笑，不足以為道。

故建言有之：明道若昧，進道若退，夷道若纇。

故上德若谷，廣德若不足，建德若偷，質德若渝。

大白若辱，大方無隅，大器免成，大音希聲，大象無形，大道無名。

夫惟道，善始且善成。

老子看到尹喜會心一笑，又埋頭記背。而軍士們還在發愣，老子歎了一口氣。老子想，趕緊講完吧，講完了老子就走了。

老子想，老子要像龍虎一樣，不見首尾，不見蹤跡。

老子結束時說得自負而傷感。人世多不是在壯烈中結束，多非在驚天動地中結束，而是一種悄然回歸。是「噓」的一聲而非「砰」的一聲。

天下人都說我的道大，不像那回事兒。正因為道大，所以不像是那回事。如果真像那回事了，那它早就成了渺小的了。

我的話非常容易懂，非常容易實行。但天下沒有人懂得，沒有人實行。雖然如此，我的話有其固定不變的宗旨，如同事物自有其不可更移的主見。

正因為人們無知，所以不了解我。懂得我的人少，正說明我的高貴。所以說，聖人穿著麻料的粗陋衣服，懷抱的卻是美玉。

（第七十章）

天下皆謂吾道大，不肖。

夫惟大，故不肖，若肖，久矣其小也夫！

吾言甚易知，甚易行；

天下莫能知，莫能行。

言有宗，事有君。

夫惟無知，是以不我知。

知我者希，則我貴矣。

是以聖人被褐而懷玉。

就此道別。我們在知道時候的時候告別，我在不知道的時候隱跡。你們還想著我的講道，我的贈言。我能獻你們什麼呢？無已，則仍是黑暗和虛空而已，仍是道而已。但是，我願意只是道，由你們踩踏；只是黑暗，會消失於你們的白天；只是虛空，絕不占你們的心地。

我說再見。我的話語就此紛紛凋謝。

人名事典

- 扶風：地名，傳說老子死於此地。
- 槐里：地名，傳說老子葬於此地。

〈附錄〉

《道德經》經文

第一章（書一）

道可道，非常道；名可名，非常名。

無，名萬物之始；有，名萬物之母。

故常無，欲以觀其杪；常有，欲以觀其徼。

此兩者同，出而異名。

同謂之玄，玄之又玄，眾妙之門。

第二章（書六）

天下皆知美之為美，其惡已；

皆知善之為善，斯不善已。
故有無相生，難易相成，長短相形，高下相傾，音聲相和，先後相隨。
是以聖人處無為之事，行不言之教。
萬物作而不辭，生而不有，為而不恃，功成而不居。
夫惟不居，是以不去。

第三章（書十一）

不尚賢，使民不爭；
不貴難得之貨，使民不為盜；
不見可欲，使民心不亂。
是以聖人之治，虛其心，實其腹，弱其志，強其骨。
常使民無知無欲，使夫智者不敢為也。
為無為，則無不治。

第四章（書二）

道沖而用之或不盈。

淵兮，似萬物之宗；湛兮，似或存。
吾不知誰之子，象帝之先。

第五章（書四）

天地不仁，以萬物為芻狗；
聖人不仁，以百姓為芻狗。
天地之間，其猶橐籥乎？
虛而不屈，動而愈出。

第六章（書二）

谷神不死，是謂玄牝。
玄牝之門，是謂天地根。
綿綿若存，用之不勤。

第七章（書十二）

天長地久。

天地所以能長且久者，以其不自私，故能長久。
是以聖人後其身而身先，外其身而身存；
以其無私，故能成其私。

第八章（書十六）

上善若水，水善利萬物而不爭。
處眾人之所惡，故幾於道。
居善地，心善淵，與善仁，言善信，正善治，事善能，動善時。
夫惟不爭，故無尤。

第九章（書十八）

多言數窮，不如守中；
持而盈之，不如其已；
揣而銳之，不可長保；
金玉滿堂，莫之能守；
富貴而驕，自遺其咎。

功遂身退，天之道。

第十章（書九）

載營魄抱一，能無離乎！
專氣致柔，能如嬰兒乎！
滌除玄覽，能無疵乎！
愛民治國，能無知乎！
天門開闔，能為雌乎！
明白四達，能無為乎！
生之，畜之，
生而不有，為而不恃，
長而不宰，是謂玄德。

第十一章（書十三）

三十輻，共一轂，當其無，有車之用。

埏埴以為器，當其無，有器之用。
鑿戶牖以為室，當其無，有室之用。
故有之以為利，無之以為用。

第十二章（書十九）

五色令人目盲，五音令人耳聾，五味令人口爽。
馳騁田獵，令人心狂；難得之貨，令人行妨。
是以聖人為腹不為目。
故去彼，取此。

第十三章（書十七）

寵辱若驚；貴大患有身。
何謂寵辱若驚？
寵為上，辱為下；得之若驚，失之若驚。
是謂寵辱若驚。
何謂大患有身？吾所以有大患者，為吾有身；

及吾無身，吾有何患！
故貴以身為天下，若可寄天下；
愛以身為天下，若可託天下。

第十四章（書十二）

視之不見，名曰夷；
聽之不聞，名曰希；
搏之不得，名曰微。
此三者不可致詰，故混而為一。
其上不皦，其下不昧。
繩繩不可名，復歸於無物。
是謂無狀之狀，無物之象，是謂惚恍。
迎之不見其首，隨之不見其後。
執古之道，以御今之有，以知古始，是謂道紀。

第十五章（書八）

古之善為士者，微妙玄通，深不可識。
夫唯不可識，故強為之容：
豫兮，若冬涉川；
猶兮，若畏四鄰；
儼兮，其若客；
渙兮，若冰之將釋；
敦兮，其若樸；
混兮，其若濁；
曠兮，其若谷。
孰能晦以已，理之徐明？
孰能濁以止，靜之徐清？
孰能安以久，動之徐生？
保此道者不欲盈。
夫唯不盈，故能蔽而新成。

第十六章（書二十）

致虛極，守靜篤。
萬物並作，吾以觀其復。
夫物紜紜，各歸其根。
歸根曰靜，靜曰復命，復命曰常。
知常曰明，不知常，妄作凶。
知常容，容乃公，公乃全，全乃天，天乃道，道乃久，沒身不殆。

第十七章（書五）

太上，下知有之；
其次，親之譽之；
其次，畏之侮之。
信不足焉，有不信焉。
悠兮，其貴言。
成事遂功，百姓皆曰：我自然。

第十八章（書十二）

大道廢，有仁義；
智慧出，有大偽。
六親不和，有孝慈。
國家昏亂，有忠臣。

第十九章（書三）

絕聖棄智，民利百倍；
絕仁棄義，民復孝慈；
絕巧棄利，盜賊無有。
此三者，以為文不足，故令有所屬：
見素抱樸，少私寡欲。

第二十章（書三、書二十三）

唯之與呵，相去幾何？
美之與惡，相去何若？
人之所畏，亦不可不畏！

眾人熙熙，如享太牢，如登春台。
我獨泊兮，其未兆；
荒兮，其未央；
沌沌兮，如嬰兒之未孩；
儽儽兮，若無所歸。
眾人皆有餘，而我獨若遺；
我愚人之心也哉，沌沌兮！
俗人昭昭，我獨昏昏；
俗人察察，我獨悶悶。
澹兮其若海，飂兮若無止。
眾人皆有以，而我獨頑以鄙。
我獨異於人，而貴食母。

第二十一章（書十二）

孔德之容，唯道是從。
道之為物，惟恍惟惚。

恍兮，惚兮，其中有物；
惚兮，恍兮，其中有象；
幽兮，冥兮，其中有精，
其精甚真，其中有信。
自古及今，其名不去，
以閱眾甫。
吾何以知眾甫之然哉？
以此。

第二十二章（書二十二）

曲則全，枉則直，窪則盈，敝則新，少則得，多則惑。
是以聖人抱一為天下式。
不自見故明，不自是故彰，不自伐故有功，不自矜故長。
夫唯不爭，故天下莫能與之爭。
古之所謂曲則全者，豈虛言哉？
誠全而歸之。

第二十三章（書二十一）

希言自然。
飄風不終朝，驟雨不終日。
孰為此者？天地。
天地為此尚不能久，而況於人乎？
故從事於道者：道者同於道；
德者同於德；失者同於失。
同於道者，道亦樂得之；
同於德者，德亦樂得之；
同於失者，失亦樂得之。

第二十四章（書二十）

企者不立；跨者不行。
自見者不明，自是者不彰；自伐者無功，自矜者不長。
其在道也，曰餘食贅行；物或惡之，故有道者不處。

是以聖人自知而不自見，自愛而不自貴。
故去彼，取此。

第二十五章（書七）

有物混成，先天地生。
寂兮，寥兮，獨立而不改，周行而不殆，可以為天地母。
吾不知其名，故強字之曰道，強為之名曰大。
大曰逝，逝曰遠，遠曰返。
故道大，天大，地大，人亦大。
域中有四大，而人處其一焉。
人法地，地法天，天法道。
道法自然。

第二十六章（書十五）

重為輕根，靜為躁君。

是以聖人終日行，不離輜重。
雖有榮觀，燕處超然。
奈何萬乘之主，而以身輕天下？
輕則失根，躁則失君。

第二十七章（書二十四）

善行者無轍跡；
善言者無瑕謫；
善數者不用籌策；
善閉者無關鍵而不可開；
善結者無繩約而不可解。
是以聖人常善救人，故無棄人；
常善救物，故無棄物。是謂襲明。
故善人者不善人之師，不善人者善人之資。
不貴其師，不愛其資，雖智大迷，是謂要妙。

第二十八章（書九）

知其雄，守其雌，為天下溪。

為天下溪，常德不離，復歸於嬰兒。

知其榮，守其辱，為天下谷。

為天下谷，常德乃足，復歸於樸。

知其白，守其黑，為天下式。

為天下式，常德不忒，復歸於無極。

第二十九章（書十七）

將欲取天下而為之者，吾見其不得已也。

夫天下，神器也，不可執也。

為者敗之，執者失之。

是以聖人無為故無敗，無執故無失。

人之從事，常於幾成而敗之。

慎終如始，則無敗事。

故物或行或隨，或噓或吹，或強或羸，或接或隳。

是以聖人去甚，去奢，去泰。
是以聖人欲不欲，不貴難得之貨；
學不學，復眾人之所過，
以恃萬物之自然而不敢為。

第三十章（書十八）

以道佐人主者，不強於天下。
其事好還：師之所處，楚棘生焉；大戰之後，必有凶年。
故善者，果而已矣，不敢以取強焉。
果而勿驕，果而勿矜，果而勿伐，果而不得已，是謂果而不強。
物壯則老，是謂不道，不道蚤已。

第三十一章（書十八）

夫唯兵者，不祥之器。
物或惡之，故有道者不處。
君子居則貴左，用兵則貴右。

兵者不祥之器，非君子之器，不得已而用之。
恬淡為上，勝而不美，而美之者，是樂殺人。
夫樂殺人者，則不可以得志於天下矣。
吉事尚左，凶事尚右；偏將軍居左，上將軍居右。
言以喪禮處之，殺人之眾，以哀悲蒞之。
戰勝，以喪禮處之。

第三十二章（書十五）

道常，無名之樸；雖小，天下莫能臣。
王侯若能守之，萬物將自賓。
天地相合，以降甘露，人莫之令而自均。
始制有名，名亦既有，
夫亦將知止，知止可以不殆。
譬道之在天下，猶川谷之於江海。

第三十三章（書十九）

知人者智，自知者明；勝人者有力，自勝者強。

知足者富，強行者有志。

不失其所者久，死而不亡者壽。

第三十四章（書十二）

大道氾兮，其可左右。

萬物恃之以生而不辭，功成而不有。

衣被萬物而不為主，可名於小矣；

萬物歸焉而不知主，可名於大矣。

是以聖人能成其大也，以其終不為大，故能成其大。

第三十五章（書二十）

執大象，天下往；往而不害，安平太。

樂與餌，過客止。

道之出言，淡乎其無味。

視之不足見，聽之不足聞，用之不可既。

第三十六章（書十二）

將欲翕之，必固張之；
將欲弱之，必固強之；
將欲廢之，必固舉之；
將欲奪之，必固與之：
是謂微明。
魚不可脫於淵，邦之利器，不可以示人。

第三十七章（書十五）

道常無為而無不為，王侯若能守之，萬物將自化。
化而欲作，吾將鎮之以無名之樸。
無名之樸，夫亦將無欲。
無欲以靜，天下將自正。

第三十八章（書五）

上德不德，是以有德；下德不失德，是以無德。
上德無為而無不為，下德為之而有不為。
上仁為之而無以為，上義為之而有以為；
上禮為之而莫之應，則攘臂而扔之。
故失道而後德，失德而後仁，失仁而後義，失義而後禮。
夫禮者，忠信之薄，而亂之首。
前識者，道之華，而愚之始。
是以大丈夫處其厚，不居其薄，處其實，不居其華。
故去彼，取此。

第三十九章（書二十）

昔之得一者：天得一以清；
地得一以寧；
神得一以靈；
谷得一以盈，

萬物得一以生；
侯王得一以為天下貞。
其致之，一也。
天無以清將恐裂；
地無以寧將恐發；
神無以靈將恐歇；
谷無以盈將恐竭；
萬物無以生將恐滅；
侯王無以為貞將恐蹶。
故貴以賤為本，高以下為基。
是以侯王自謂孤、寡、不穀，此非以賤為本邪？非乎？
人之所惡，唯孤寡不穀，而侯王以自稱。
故致數譽無譽。
故物或益之而損，或損之而益。
不欲碌碌如玉，珞珞如石。

第四十章（書二）

反者道之動，弱者道之用。

天下萬物生於有，有生於無。

第四十一章（書二十七）

上士聞道，勤而行之。

中士聞道，若存若亡。

下士聞道，大而笑之！

不笑，不足以為道。

故建言有之：明道若昧，進道若退，夷道若纇。

故上德若谷，廣德若不足，建德若偷，質德若渝。

大白若辱，大方無隅，大器免成，大音希聲，大象無形，大道無名。

夫惟道，善始且善成。

第四十二章（書二）

道生一，一生二，二生三，三生萬物。

萬物負陰而抱陽，沖氣以為和。

第四十三章（書十六）

天下之至柔，馳騁天下之至堅。
無有，入無間。
吾是以知無為之有益。
不言之教，無為之益，天下希及之。

第四十四章（書十九）

名與身孰親？身與貨孰多？得與亡孰病？
是故甚愛必大費，多藏必厚亡。
知足不辱，知止不殆，可以長久。

第四十五章（書二十二）

大成若缺，其用不敝；大盈若沖，其用不窮。
大直若屈，大巧若拙，大辯若訥，大贏若絀。

寒勝躁，靜勝熱，知清知靜，為天下正。

第四十六章（書十八）

天下有道，卻走馬以糞糭；天下無道，戎馬生於郊。

罪莫大於多欲，禍莫大於不知足，咎莫僭欲得。

故知足之足，常足矣。

第四十七章（書八、書二十三）

不出戶，知天下；不窺牖，見天道。

其出彌遠，其知彌少。

是以聖人不行而知，不見而名，不為而成。

第四十八章（書二十四）

為學日益，為道日損，損之又損，以至於無為。

無為則無不為。

將欲取天下者，當以無事。及其有事，不足以取天下。

以正治邦，以奇用兵，以無事取天下。
吾何以知其然哉？以此。

第四十九章（書十三）

聖人無常心，以百姓之心為心。
善者，吾善之，不善者，吾亦善之，德善矣。
信者，吾信之，不信者，吾亦信之，德信矣。
聖人之在天下也，翕翕焉，為天下渾其心。
百姓皆注其耳目，聖人皆孩之。

第五十章（書二十）

出生入死，生之徒十有三，死之徒十有三；
而人之生，動皆死之地，亦十有三。
夫何故也？以其生生之厚也。
夫無以生為貴者，是賢於貴生也。
蓋聞善攝生者，陸行不遇兕虎，入軍不被甲兵；

兵無所容其刃，兕虎無所投其角，虎無所措其蚤。
夫何故也，以其無死地焉。

第五十一章（書十二）

道生之，德形之，畜之，成之。
是以萬物莫不尊道而貴德。
道之尊，德之貴，夫莫之命，而常自然。
故道生之，德畜之，長之育之，成之熟之，蓋之覆之。
生而不有，為而不恃，長而不宰，是謂玄德。

第五十二章（書二十四）

天下有始，以為天下母。
既得其母，以知其子；
既知其子，復守其母，沒身不殆。
塞其兌，閉其門，終身不勤；
開其兌，濟其事，終身不救。

見小曰明，守柔曰強，
用其光，復歸其明，無遺身殃，是謂襲常。

第五十三章（書十九）

使我介然有知，行於大道，唯施是畏。
大道甚夷，而人好徑。
朝甚除，田甚蕪，倉甚虛，服文采，帶利劍，厭飲食，資財有餘，是謂盜夸。
盜夸，非道也哉！

第五十四章（書十五）

善建者不拔，善抱者不脫，
子孫以祭祀不輟。
修之於身，其德乃真；
修之於家，其德乃餘；
修之於鄉，其德乃長；
修之於邦，其德乃豐；

修之於天下，其德乃普。
故以身觀身，以家觀家，
以鄉觀鄉，以邦觀邦，
以天下觀天下。
吾何以知天下之然哉？以此。

第五十五章（書九、書二十六）

含德之厚，比於赤子，
蜂蠆虺蛇不螫，猛獸不攫，攫鳥不搏。
骨弱筋柔而握固，未知牝牡之合而朘作，精之至也。
終日號而不嗄，和之至也。
精和曰常，知常曰明；益生曰祥，心使氣曰強，謂之不道，不道蚤亡。

第五十六章（書十一）

知者不言，言者不知。
塞其兌，閉其門，挫其銳，解其忿，和其光，同其塵，是謂玄同。
故不可得而親，不可得而疏，
不可得而利，不可得而害，
不可得而貴，不可得而賤，
故為天下貴。

第五十七章（書五、書十三、書二十三）

以正治國，以奇用兵。
以無事取天下。
吾何以知其然哉？以此：
天下多忌諱，而民彌畔。
民多利器，國家滋昏。
民多技巧，奇特滋起。
法令滋章，盜賊多有。
故聖人云：我無為而民自化，
我好靜而民自正，

我無事而民自富，
我無欲而民自樸。

第五十八章（書十九）

其政悶悶，其民淳淳；其政察察，其民缺缺。
禍兮，福之所倚；福兮，禍之所伏。
孰知其極？其無正也？
正復為奇，善復為妖。
人之迷，其日固久。
是以聖人方而不割，廉而不劌，直而不肆，光而不耀。

第五十九章（書三）

治人事天，莫若嗇。
夫唯嗇，是以蚤服道。
蚤服道，是謂重積德。
重積德，則無不克。

無不克，則莫知其極。
莫知其極，則可以有國。
有國之母，則可以長久。
是謂深根固柢，長生久視之道。

第六十章（書十四）

治大國若烹小鮮；
以道蒞天下，其鬼不神。
非其鬼不神，其神不傷人。
非其神不傷人，聖人亦不傷人。
夫兩不相傷，故德交歸焉。

第六十一章（書二十六）

治大國若居下流，譬之在天下，猶川谷之於江海也。
大國者，天下之所流，天下之所交也。
天下之牝，牝常以靜勝牡，以其靜，故為下也。

故大國下以小國，則取小國；
小國以下大國，則取大國。
故或下以取，或下而取。
大國不過欲兼蓄人，小國不過欲入事人。
夫兩者各得其所欲，大者宜為下。

第六十二章（書十五）

道者萬物之奧，善人之寶，不善人之所保。
美言可以市尊，美行可以化人。
人之不善，何棄之有！
故立天子，置三公，
雖有拱璧，以先駟馬，不如坐進此道。
古之所以貴此道者何？
不曰以求得，有罪以免邪？
故為天下貴。

第六十三章（書八）

天下難事，必作於易；天下大事，必作於細；
圖難於其易，為大於其細。
是以聖人蚤從事焉。
夫輕諾必寡信，多易必多難，
是以聖人猶難之，故終無難矣。

第六十四章（書八）

其安易持，其未兆易謀，其脆易泮，其微易散。
為之於未有，治之於未亂。
合抱之木，生於毫末；
九成之台，起於累土；
千里之行，始於足下。

第六十五章（書十三）

古之善為道者，非以明民，將以愚之。

民之難治，以其智多。
故以智治國，國之賊；
不以智治國，國之福。
此兩者，亦楷式也。
常知楷式，是謂玄德。
玄德深矣，遠矣，與物反矣，乃至大順。

第六十六章（書十七）

江海所以能為百谷王者，以其善下之，故能為百谷王。
是以聖人欲上民，必以言下之；欲先民，必以身後之。
故聖人處上而民不重也，處前而民不害也，天下皆樂推而不厭也。
非以其不爭與？以其不爭，故天下莫能與之爭。

第六十七章（書十四）

吾有三寶，持而寶之：
一曰慈，二曰儉，三曰不敢為天下先。

夫慈故能勇，儉故能廣，不敢為天下先，故能為成器長。
今舍慈且勇，舍儉且廣，舍後且先，是謂入死門。
夫慈以戰則勝，以守則固。
天將以慈救之，以慈衛之。

第六十八章（書二十五）

古之善為士者不武，
善戰者不怒，
善勝者不與，
善用人者為之下。
是謂不爭之德，
是謂用人之力，
是謂配天之極。

第六十九章（書十八）

古之用兵者有言曰：吾不敢為主而為客，不敢進寸而退尺。

是謂執無兵，行無行，攘無臂，扔無敵。
禍莫大於輕敵，輕敵幾亡吾寶。
故抗兵相若，讓者勝矣。

第七十章（書二十七）

天下皆謂吾道大，不肖。
夫惟大，故不肖，若肖，久矣其小也夫！
吾言甚易知，甚易行；
天下莫能知，莫能行。
言有宗，事有君。
夫惟無知，是以不我知。
知我者希，則我貴矣。
是以聖人被褐而懷玉。

第七十一章（書六）

知不知，上矣；

不知知，病矣。
夫惟病病，是以不病。
聖人不病，以其病病，
是以不病。

第七十二章（書二十六）

民不畏威，則大威至矣。
無狎其所居，無厭其所生。
夫唯無厭，是以不厭。
是以聖人自知不自見，自愛不自貴，故去彼，取此。

第七十三章（書十八）

勇於敢則殺，勇於不敢則活。
此兩者，或利或害，天之所惡，孰知其故？
是以聖人猶難之。
天之道，不爭而善勝，不言而善應，不召而自來，默然而善謀。

天網恢恢，疏而不漏。

第七十四章（書二十六）

民不畏死，奈何以死懼之？
若使民常畏死，而為奇者，吾得執而殺之，孰敢？
若民常畏死，當有司殺者殺。
夫代司殺者殺，是代大匠斫。
夫代大匠斫，稀有傷其手者矣。

第七十五章（書二十六）

民之饑，以其上食稅之多，是以饑。
民之難治，以其上之有為，是以難治。
民之輕死，以其上求生之厚，是以輕死。
夫唯無以生為者，是賢於貴生。

第七十六章（書十）

人之生也柔弱，其死也剛強；
草木之生也柔弱，其死也枯槁。
故柔弱者生之徒，剛強者死之徒。
是以兵強則滅，木強則折。
故剛強處下，柔弱處上。
強梁者不得其死，
吾將以為教父。

第七十七章（書六）

天之道，其猶張弓與？
高者抑之，下者舉之；有餘者損之，不足者補之。
天之道，損有餘以補不足；
人之道則不然，損不足以奉有餘。
孰能損有餘以奉天下？唯有道者。
是以聖人不積，既以為人己愈有，既以與人己愈多。
天之道利而不害，聖人之道為而不爭。

第七十八章（書十）

天下柔弱莫過於水，
而攻堅，莫之能先。
以其無以易之。
弱之勝強，柔之勝剛，
天下莫能知，莫能行。
故聖人之言云：受國之垢，是謂社稷主；
受國不祥，是謂天下王。
正言，若反。

第七十九章（書十五）

和大怨，必有餘怨。
大小多少，報怨以德，安可以為善。
是以聖人執左契，而不責於人。
故有德司契，無德司徹。
天道無親，常與善人。

第八十章（書二十一）

小國寡民，使有什伯之器而不用；
使民重死而不遠徙；
雖有舟輿，無所乘之；
雖有甲兵，無所陳之；
使民復結繩而用之。
至治之極，民各甘其食，美其服，安其居，樂其業；
鄰國相望，雞狗之聲相聞，民至老死不相往來。

第八十一章（書二十二）

信言不美，美言不信。
善言不辯，辯言不善。
知者不博，博者不知。
聖人不積，既以為人己愈有，既以與人己愈多。
天之道利而不害，聖人之道為而不爭。

〈後記〉

我為什麼要寫《老子這樣說，這樣活》

人們多愛貼標籤，或說把人歸類，聽說我寫了《老子這樣說，這樣活》一書，朋友就說我是一個文化保守主義者。這當然省事。只是我不知道文化有什麼需要保守的，那些聲稱需要保守文化的人其實是在玩弄文化，使得窮苦匱乏的心靈深受污染、毒害。文明的每一次大創造之後，都會產出不肖子孫來敗家造孽，偉大的五四諸子之後即如此，偉大的先秦諸子之後也如此。我寫老子，希望能夠藉老子的人生來示範一種文明或人生常識。

時至今日，愈來愈多的人明白，我們的現代轉型是一種僭越人生常識的仿生生活，一個偽現代笑話。這其中有錯誤，更有罪行。用西方人的話，人民都犯下這樣那樣的罪錯了；用我們東方人的話，這是我們的共業。我們共同的業力帶來了共同的報應，水的污染、空氣的污染、食品的污染、土地的污染，地火水風或說金木水火土都污染了，天怒地怨……這個笑話通過手機、網路、電視等傳媒，無遠弗屆地傳遞給大家，大家笑過後繼續造業。

我帶著我的《老子這樣說，這樣活》回到闊別兩年的「首善之區」或所謂的文明社會，仍為房價等盛世現象吃了一驚。聽著八〇後朋友說開車堵車的憤怒和無奈，看著那些權貴或超級富豪們一樣堵在人生的路上，聽說少有人知的知識分子將有長達十一年的和諧歲月，學者也不得不做電話訪問……禁不住想到我的類人孩們，他們或我們至今仍無走路權也不會走路，沒有交友權也無意集會，沒有說話權也不敢自由放肆，我明白共業之於當代的意義。

在上海，我跟朋友去新落成的虹橋一號機場時，朋友們走進平行滾動梯裡，我則在一邊昂首闊步，結果我遠遠地走到了朋友的前面。朋友們出了便捷的滾動梯後一臉沮喪，問我為什麼有先見之明。我說，無他，看見了前面有三個人高馬大的「類人孩」，只要有三個以上就會擠作一團，自然會把滾動梯裡的快步通道擋住。

我同樣仍為媒體的無恥和勢利而吃驚。一個義大利朋友說，你出去這麼久，沒看到你們的媒體更垃圾了吧。那麼多的小說、養生、中醫騙子……都是有毒的啊。是的，我確實看到了那麼多談身心健康的書刊，看到了那麼多跑馬場繼續無恥地跑馬圈占同胞的頭腦和心智，看到那麼多養生班、生命調理一類的講座。治國去之，亂國就之，醫門多疾。但這都是怎樣的醫者和媒者？捨本求末地指導同胞的生活、裝模作樣地妖魔化我們的祖先。而五四一代和八九一代，這社會的中堅兩代，多少都受過相當的教育，卻也仍緣木求魚地、隨波逐流地關懷自己所謂的身心健康。

我知道有權的媒體仍在威福，無勢的媒體在裝孫子做二丑地媚俗或媚雅；只是確實仍為我的朋

友參與其中的罪行吃驚，雖然我的媒體朋友多半不會同意我的意見，我一些媒體朋友甚至感覺好極了悲壯極了文化極了。媒體不願意發表年輕無名者的思想，不願給精神生長的空間，它們說，那樣的文字太慢，那樣的文字需要解釋，那樣的文字沒有市場……它們追求把大家的眼光抓住的速食文字，讓大家的心跳、腳步、呼吸、生活節奏加快，再告訴大家要注意平和、身心健康；它們提倡文化，它們自己從不曾有三天安靜的狀態去讀書思考親近自然；它們污染讀者和市場，卻說是在為讀者和市場服務。它們不覺得自己是一個笑話，不覺得自己在造業。

我在《非常道》裡收了有關魯迅的一則軼事：在他去世前兩三年，他跟朋友談論最多的話題是「中國式的法西斯」，他跟人說：「我有生以來，從未見過近來這樣的黑暗，網密犬多，獎勵人們去當惡人，真是無法忍受。非反抗不可。」但他又悄聲對朋友說：「遺憾的是，我已年過五十。」我經常想起這條言行，因為我自己也年過不惑，我日益面對自己失去新銳敏感的心靈而無能自已。

是的，我已經日益脫敏。我不願意冒犯我的朋友，不敢冒犯我們的媒體。我不再是一個敏感詞了。但這一切付出了多麼大的代價啊。我的身心疲憊。我跟同胞一道犯下業力。生態、世態、心態秩序完全失衡，我們多多少少參與了這種種罪行。我寫了龔自珍以來的「中國男」，讀者朋友好意地理解為是我呼喚純爺們的作品，其實我哪裡還有那樣的心力。

在一個污染的時代，個人有何作為？我經歷了中年喪亂，在窮窘孤絕的狀態裡，我回到自己的文明源頭，我寫《老子這樣說，這樣活》，我知道只有能夠面對自己的人才有解救之道。我在公開場合盛讚存在主義思想家毛喻原是「中國的齊克果」，毛先生說一個人的幸福程度在於他面對自己時微笑示意的程度。我希望我的《老子這樣說，這樣活》能夠救贖自己，我們必須先把自己救出來。確實，在寫作《老子這樣說，這樣活》的日子裡，我對自己的微笑最多了。那確實是開心的日子。我希望我寫的文字能夠慰藉人類的良心。吁嗟默默，誰知吾之廉貞？有朋友說，《老子這樣說，這樣活》是我回向社會的溫情之作，我同意。老子本來就是一個有著至情的人類之子。就像人們對我的誤解，說我是中國精神的最大破壞者一樣，人們對老子的誤解也是令人悲憫的。

據說老子的《道德經》的西文譯本有兩百多種，在西方的傳播非我們所能想像。大數學家陳省身先生在一篇文章中說，他當年進愛因斯坦的書房，看到愛因斯坦的書不算多，卻有德文版老子的《道德經》。時隔半個世紀，陳先生還記得那一情景。但從黑格爾、尼采、托爾斯泰到愛因斯坦、海德格，都未必讀懂了老子。卡夫卡坦言：「老子的格言是堅硬的核桃，我被它們陶醉了，但是它們的核心對我卻依然緊鎖著。我反覆讀了好多遍。然後我卻發現，就像小孩玩彩色玻璃球遊戲那樣，我讓這些格言從一個思想角落滑到另一個思想角落，而絲毫沒有前進。通過這些格言玻璃球，我其實只發現了我的思想非常淺，無法包容老子的玻璃球。這是令人沮喪的發現……」我希望這些往而願返的現代精神能夠在我的書中找到呼應、安慰和歸宿。

我在上海短暫逗留的時候，北大的朋友給我出了一個上聯：海上繁華難破老子寂寞。我對的下聯是：山中雲水願征諸君深情。

歷史大講堂
老子這樣說，這樣活

2012年2月初版　　定價：新臺幣320元

著　者　余世存
發行人　林載爵

出版者	聯經出版事業股份有限公司	叢書主編	簡美玉
地址	台北市基隆路一段180號4樓	校對	陳龍貴
編輯部地址	台北市基隆路一段180號4樓		呂佳真
叢書主編電話	(02)87876242轉211	內文組版	不倒翁設計
台北聯經書房	：台北市新生南路三段94號	封面設計	陳文德
電話	：(02)23620308		
台中分公司	：台中市健行路321號		
暨門市電話	：(04)22371234ext.5		
郵政劃撥帳戶第0100559-3號			
郵撥電話	：(02)23620308		
印刷者	文聯彩色製版印刷有限公司		
總經銷	聯合發行股份有限公司		
發行所	：台北縣新店市寶橋路235巷6弄6號2樓		
電話	：(02)29178022		

行政院新聞局出版事業登記證局版臺業字第0130號

本書如有缺頁，破損，倒裝請寄回台北聯經書房更換。　ISBN 978-957-08-3951-7 (平裝)
聯經網址：www.linkingbooks.com.tw
電子信箱：linking@udngroup.com

國家圖書館出版品預行編目資料

老子這樣說，這樣活/余世存著．初版．
臺北市．聯經．2012年2月（民101年）．
416面．14.8×21公分（歷史大講堂）
ISBN 978-957-08-3951-7（平裝）

1.（周）李耳 2.道德經 3.學術思想 4.傳記

121.31 101000126